吉 岡 正 道 著

固定資産評価論
―フランス資産評価基準を基軸として―

東京 森山書店 発行

#　序　文

　会計は，企業の取引を財務報告書に忠実に写像する技法である。ここでの技法は，取引を会計処理する方法であり，これを体系化したものが会計基準である。会計責任者は，会計基準を適用し，会計情報を作成する。したがって，会計としての特徴は，会計基準という物的属性と会計責任者としての信義と判断という人的属性に依存することになる。ここで，会計の特徴を式で示すと，次のとおりになる。

　　　　会計の特徴＝物的属性＋人的属性

　すなわち，会計情報は，会計責任者の技術的な処理能力，誠実な対応能力に依存することになる。そこに，フランス会計の特徴があるといえる。

　本書で取上げている評価の基準は，キャッシュ・フローを基軸とした固定資産評価の基準である取得原価基準，再評価基準および公正価値基準を捉えている。すなわち，会計責任者は，固定資産の取得時のキャッシュ・フローに基づき当該資産の価額を記帳し，そして，評価替時のキャッシュ・フローに基づき記帳し直す。そこで，本書は，次のとおり固定資産評価の基準を時系列的に捉えている。

(1)　取得原価基準の合理性

　フランス制度会計は，資産評価の基準として取得原価基準を取入れている。その主な理由として，次のことが考えられる。すなわち，評価基礎となる取得原価は，現実になされた取引価格であるから検証可能である。このことは，会計情報の信頼性を確保する面での合理性がある。

(2)　再評価基準の合理性

　第2次世界大戦以降，価格変動と技術革新に特徴づけられるフランス経済では，その影響による経済的歪みが生じていた。とりわけ，企業内部に長期間にわたって使用ないしは保有されていた固定資産は，簿価と現在価値の間に著し

い乖離が生起していた。その乖離幅を是正するために，資産再評価基準が定められた。したがって，再評価基準は，取得原価基準の限界を克服するための評価の基準である。

(3) 公正価値基準の合理性

公正価値基準は，再評価基準の限界を克服するための評価の基準といえる。すなわち，現実に固定資産の評価値を検証できないことが多くみられるので，企業は，当該資産によって得られるキャッシュ・フローを見積もり，その見積額を評価値とする。したがって，資産の評価にあたって，企業は，一般物価水準変動に基づきながらも企業固有の経営事情を考慮して，将来において取得するであろうキャッシュ・フローを現在価値に割引き，その数値を当該資産の現在価値とする。なお，本書は，国際的な会計基準が定めるところの公正価値を批判し，固定資産の取得時から評価時までに取得したキャッシュ・フローを割増しし，その数値を当該資産の現在価値とする。

本書は，「会計を科学する」という視点から次のことを解明する。

① 会計基本原則の視点から財貨・用役を資産として認識する合理性を解明する。
② 会計基本原則の視点から資産価値を評価する合理性を解明する。
③ キャッシュ・フローの視点から資産価値を見積もる妥当性を解明する。

上述のことを解明するアプローチが，「仮説検証型アプローチ」である。すなわち，このアプローチには規範理論と実証理論の組合せによって成立っている。先ず，会計責任者は，会計基準から演繹的に仮説を構築する。次に，この仮説をデータに基づき検証する。仮に，データに基づき仮説が検証されたとしても，後日，反証されることも起こりうる。本書は，土地の評価額を具体的な例として取上げ，仮説検証型アプローチによる論理構成を試みる。

本書は，次の3編から構成される。

　第Ⅰ編　フランス会計の基本構造―取得原価基準による資産計上―
　第Ⅱ編　資産の時価基準―再評価基準による資産計上―
　第Ⅲ編　資産の公正価値基準―見積益基準による資産計上―

第Ⅰ編では，固定資産価値を分析する会計原則の役割を解明する。このことは，企業が固定資産の計上能力を表す評価の基準を選択し適用するための判断基準を示すことになる。また，フランス会計における基本的な計算構造を解明し，固定資産の計上能力を表す評価の基準として，会計原則の視点から取得原価基準を採択する合理性を解明する。

　第Ⅱ編では，固定資産の再評価基準を導入した歴史的経緯を明らかにし，再評価益を貸借対照表の「純資産の部」に計上する根拠を解明する。また，基本原則の視点から再評価基準が採択する合理性を解明する。

　第Ⅲ編では，国際的な会計基準が定める公正価値基準には，会計的な合理性がないことを指摘し，再評価基準の基本的構造を踏襲したかたちであらたな公正価値基準を提案する。また，基本原則の視点から公正価値基準の合理性を解明する。

　ところで，私には，5人の指導教授がいる。森川八洲男先生（明治大学）には，研究者としての生きる姿勢を学んだ。「学問に恋する！」といっては，常に向上心をもって研究に取組む後ろ姿をみてきた。今でも，森川先生にお会いすると，背筋がピット伸びるよう気がする。

　高山朋子先生（東京経済大学）には，東京経済大学に在学中，日本社会固有の構造的仕組みを学んだ。研究者になるなら，当代一流の研究者のもとで研究するよう勧められた。当時の私には，研究者としての目利きがなく，高山先生のアドバイスが将来の研究者としての道しるべとなった。

　嶌村剛雄先生（明治大学）には，肩を張らずに，悩むべきことと悩んでもどうにもならないことの見極めを学んだ。当代一流の研究者として尊敬していたものの，嶌村先生は，釣りの話とかマージャンの話しかしなかった。ときおり，気が向くと研究指導をしていたような気がする。ただ，嶌村先生の著書『資産会計の基礎理論』を読んだ後は，嶌村先生に対する評価が一変した。

　岸悦三先生（広島修道大学）から，博士論文『フランス会計原則の史的展開』を授かり，私の研究者としての夢を実現させることができた。東京理科大学は，博士の学位をもってして研究者の第一歩という風潮がある。会計学の世界

では，博士の学位を取るのは至難の業ではない。個人的には，学位の取得は，東京理科大学での研究者として第一歩が踏出せたような気がする。

　杉山晶子先生（新姓：石川　東洋大学）に初めてお会いしたのは，明治大学大学院の嵩村研究室での研究会のときである。グリーンのカーデガンを着た紅一点の院生が真剣な眼差しで研究する姿を垣間見た。大学院を終えてから暫くの間，共同研究することがなかった。その後，財団法人産業経理協会から委託研究を受けた「調査研究委員会」の委員として共同研究をしてきた。杉山先生と共に歩んできた研究生活のなかで，ロジカル・チャートによる論文の構成方法を確立し，仮説検証型アプローチによる規範理論と実証理論の有機的な組合せを確立してきた。研究者として生き残れたのも，杉山先生の格別な尽力によるものと深く感謝している。

　2009年度財団法人産業経理協会の寄付による出版助成を受けることができた。当時の日本会計研究学会長の斎藤靜樹先生ならびに現会長の平松一夫先生には特別な配慮を頂き感謝の意を表す。また，幹事の米山正樹先生および林隆敏先生には，出版助成の手続きなどを教えて頂いた。財団法人産業経理協会事業部長の小野均氏とは，私が研究者に成立ての頃から懇意にして頂き，経営戦略会計研究委員会の立上げ，ならびに調査研究委員としての委託研究を頂いた。

　本書の出版にあたって，格別にご尽力頂いた有限会社森山書店代表取締役の菅田直文氏，編集長の土屋貞敏氏に心よりお礼申し上げる。また，本書の作成段階から校正に至るまで，東京理科大学講師の野口教子先生，同大学生涯学習センター講師の原田雄一郎先生，同大学大学院の末原聡氏，稲垣勝也氏ならびに仁木めぐみ氏のご協力を得たことをここに記す。

　2010年7月20日　埼玉県久喜キャンパス　吉岡研究室にて

博士（学術）吉岡　正道

目　　次

序　章　分析の視点 …………………………………………………………… 1
　0-1　基　本　原　則 ……………………………………………………… 1
　　0-1-1　基本原則の歴史的変遷 ……………………………………… 1
　　0-1-2　会計規則の階層化 …………………………………………… 2
　0-2　資産の計上能力に関する歴史的変遷 …………………………… 4
　0-3　資産評価の合理性に関する歴史的変遷 ………………………… 6
　　0-3-1　取得原価基準の合理性 ……………………………………… 6
　　0-3-2　再評価基準の合理性 ………………………………………… 6
　　0-3-3　公正価値基準の合理性 ……………………………………… 7
　0-4　仮説検証型アプローチ …………………………………………… 9
　　0-4-1　仮説の構築 …………………………………………………… 9
　　0-4-2　仮説の検証 …………………………………………………… 11
　　0-4-3　仮説の判定 …………………………………………………… 13
　0-5　全体の構成 ………………………………………………………… 14

第Ⅰ編　フランス会計の基本構造―取得原価基準による資産計上―

第1章　フランス会計基準設定機関 ……………………………………… 19
　は　じ　め　に ……………………………………………………………… 19
　1-1　会計基準の階層化 ………………………………………………… 20
　1-2　国家会計審議会 …………………………………………………… 22
　　1-2-1　国家会計審議会の役割 ……………………………………… 22
　　1-2-2　国際会計基準への対応 ……………………………………… 23
　1-3　会計規定委員会 …………………………………………………… 24
　　1-3-1　会計規定委員会の役割 ……………………………………… 25
　　　(1)　財務情報の透明性 ……………………………………………… 25

(2) 会計基準の統一化 …………………………………………………… *26*
　　　(3) 新会計基準の作成 …………………………………………………… *26*
　1-3-2 会計規定委員会の構成員 ………………………………………… *27*
むすび …………………………………………………………………………… *28*

第2章　フランス会計原則 ……………………………………………… *30*
　　　―1982年一般会計プランによる
　　　　　　　　正規性，誠実性および忠実性―

はじめに ………………………………………………………………………… *30*
2-1　1982年一般会計プランによる正規性と誠実性 ……………………… *31*
　2-1-1　正規性の原則 ……………………………………………………… *31*
　2-1-2　誠実性の原則 ……………………………………………………… *33*
　2-1-3　正規性と誠実性の関係 …………………………………………… *34*
2-2　1982年一般会計プランによる忠実性 ………………………………… *35*
　2-2-1　相対的忠実性の意義 ……………………………………………… *35*
　　　(1) 会計の利用目的に基づく相対性 …………………………………… *35*
　　　(2) 会計技術に基づく相対性 …………………………………………… *36*
　2-2-2　商法第9条の解釈 ………………………………………………… *36*
　　　(1) 正規性と誠実性の要請 ……………………………………………… *37*
　　　(2) 補足情報の要請 ……………………………………………………… *38*
　　　(3) 離脱の要請 …………………………………………………………… *38*
　2-2-3　慎重性，正規性，誠実性および忠実性の関係 ……………… *39*
　　　(1) 慎重性の定義 ………………………………………………………… *39*
　　　(2) 慎重性，正規性，誠実性および忠実性の関係 …………………… *39*
むすび …………………………………………………………………………… *40*

第3章　フランス財務報告書の分類構造 …… 42
――一般会計プランによる貸借対照表項目，成果計算書項目および資金調達表項目の分類機能――

は　じ　め　に …… 42
3-1　貸借対照表項目の分類表記 …… 44
　3-1-1　貸借対照表の定義 …… 44
　3-1-2　資金源泉とその運用 …… 45
　3-1-3　貸借対照表と勘定分類 …… 49
3-2　財務報告書間の関連 …… 50
　3-2-1　成果計算書の計算機能 …… 50
　　(1)　成果計算書の定義 …… 50
　　(2)　経営活動成果の分析 …… 51
　　(3)　貸借対照表と成果計算書との関連 …… 52
　3-2-2　資金調達表の計算機能 …… 53
　　(1)　資金使途・源泉表の定義 …… 53
　　(2)　勘定式資金調達表 …… 53
　　(3)　貸借対照表と資金調達表との関連 …… 54
む　す　び …… 55

第4章　貸借対照表の計上能力――財産・財政状態の表示―― …… 57

は　じ　め　に …… 57
4-1　財産状態の表示 …… 59
　4-1-1　貸借対照表の定義 …… 59
　4-1-2　貸借対照表の計上項目 …… 61
4-2　非財産状態の表示 …… 63
　4-2-1　擬制資産の表示 …… 64
　4-2-2　危険・費用引当金の表示 …… 65
　4-2-3　調整勘定項目の表示 …… 65

4-2-4　その他勘定の表示 …………………………………… 67
　4-3　取得原価基準による資産計上 ………………………………… 68
　　4-3-1　財産の評価規準 ……………………………………… 68
　　4-3-2　固定資産の評価規準 ………………………………… 72
　　4-3-3　棚卸資産の評価規準 ………………………………… 73
　　4-3-4　債権の評価規準 ……………………………………… 74
　　4-3-5　有価証券の評価規準 ………………………………… 75
　　4-3-6　営業権の評価規準 …………………………………… 75
　4-4　貸借対照表と成果計算書の表示関係 ………………………… 76
　　4-4-1　制度会計における表示能力 ………………………… 76
　　4-4-2　財産・非財産分離表示 ……………………………… 78
　む　す　び ……………………………………………………………… 81

第5章　成果計算書の計上能力―利益計算構造― …………… 83
　は　じ　め　に ………………………………………………………… 83
　5-1　収益・費用の認識規準 ………………………………………… 84
　　5-1-1　収益の認識規準 ……………………………………… 85
　　5-1-2　収益の具体的な認識規準 …………………………… 87
　　5-1-3　費用の認識規準 ……………………………………… 88
　5-2　収益・費用の評価規準 ………………………………………… 90
　　5-2-1　収益の評価規準 ……………………………………… 90
　　5-2-2　費用の評価規準 ……………………………………… 91
　　5-2-3　リース契約の会計処理 ……………………………… 92
　5-3　分配可能利益 …………………………………………………… 93
　　5-3-1　分配可能利益の計算 ………………………………… 93
　　5-3-2　成果計算書の様式 …………………………………… 95
　む　す　び ……………………………………………………………… 97

第Ⅱ編　資産の時価基準—再評価基準による資産計上—

第6章　固定資産の認識規準
　　　　　—経営活動の継続性に適する固定資産の認識概念— ……… *101*
　はじめに …………………………………………………………… *101*
　6-1　取引の法的実態 …………………………………………… *102*
　　6-1-1　法的財産性の原則 …………………………………… *102*
　　6-1-2　固定資産の法的認識 ………………………………… *103*
　6-2　取引の経済的実態 ………………………………………… *105*
　　6-2-1　経済的財産性の原則 ………………………………… *105*
　　6-2-2　固定資産の経済的認識 ……………………………… *106*
　6-3　取引の財務的実態 ………………………………………… *107*
　　6-3-1　財務的財産性の原則 ………………………………… *107*
　　6-3-2　固定資産の財務的認識 ……………………………… *108*
　むすび ……………………………………………………………… *109*

第7章　固定資産の強制再評価基準 ……………………………… *112*
　はじめに …………………………………………………………… *112*
　7-1　再評価基準の歴史的背景 ………………………………… *114*
　　7-1-1　EC第4号指令前の再評価基準 ……………………… *114*
　　7-1-2　EC第4号指令の再評価基準 ………………………… *115*
　　7-1-3　EC第4号指令後の再評価基準 ……………………… *117*
　7-2　強制再評価基準の史的展開 ……………………………… *117*
　　7-2-1　旧強制再評価基準の導入時期 ……………………… *117*
　　7-2-2　1976年強制再評価基準の導入時期 ………………… *118*
　7-3　強制再評価基準の適用条件 ……………………………… *120*
　　7-3-1　対象企業 ……………………………………………… *120*
　　7-3-2　対象資産 ……………………………………………… *121*

  7-3-3 再 評 価 日 ……………………………………………………………… *121*
  7-3-4 現 在 価 値 ……………………………………………………………… *122*
  7-3-5 再 評 価 差 額 …………………………………………………………… *122*
 7-4 強制再評価基準の妥当性 ……………………………………………………… *124*
  7-4-1 再評価差額計上の妥当性 ………………………………………………… *124*
  7-4-2 再評価差額表示の合理性 ………………………………………………… *127*
  7-4-3 1966年フランス会社法との整合性 ……………………………………… *129*
   (1) 正規性による妥当性 …………………………………………………… *129*
   (2) 誠実性による合理性 …………………………………………………… *130*
 7-5 具 体 例 …………………………………………………………………… *132*
  7-5-1 再 評 価 積 立 金 ……………………………………………………… *133*
   (1) 再評価積立金を資本金に組入れない場合 …………………………… *133*
   (2) 再評価特別積立金の全部を資本金に組入れる場合 ………………… *134*
   (3) 再評価積立金の一部を資本金に組入れる場合 ……………………… *134*
  7-5-2 再評価特別引当金 ………………………………………………………… *136*
 む　す　び ……………………………………………………………………………… *139*

第8章　固定資産の任意再評価基準 …………………………………… *142*
 は　じ　め　に ………………………………………………………………………… *142*
 8-1 任意再評価基準の史的展開 …………………………………………………… *143*
  8-1-1 旧任意再評価基準の導入時期 …………………………………………… *144*
  8-1-2 任意再評価基準の導入時期 ……………………………………………… *144*
 8-2 任意再評価基準の適用条件 …………………………………………………… *145*
  8-2-1 適 用 企 業 …………………………………………………………… *145*
  8-2-2 対 象 資 産 …………………………………………………………… *145*
  8-2-3 再 評 価 日 …………………………………………………………… *146*
  8-2-4 現 在 価 値 …………………………………………………………… *146*
  8-2-5 再 評 価 差 額 ………………………………………………………… *147*

8-3 任意再評価基準の妥当性 …………………………………… 148
8-3-1 正規性による妥当性 ……………………………………… 148
8-3-2 誠実性による妥当性 ……………………………………… 149
8-3-3 慎重性による妥当性 ……………………………………… 150
8-3-4 忠実性による妥当性 ……………………………………… 151
(1) 会計技術に基づく相対性 ………………………………… 151
(2) 1983年フランス商法第9条による解釈 ………………… 151
8-4 具 体 例 …………………………………………………… 153
8-4-1 フランス現行法による会計処理 …………………………… 153
(1) 任意再評価額を資本金に組入れない場合 ……………… 153
(2) 任意再評価差異の全額を資本金に組入れる場合 ……… 156
(3) 任意再評価差異の一部を資本金に組入れる場合 ……… 158
8-4-2 財産・非財産分離表示法による会計処理 ………………… 160
(1) フランス制度会計における表示能力 …………………… 160
(2) 財産・非財産分離表示法における表示能力 …………… 161
む　す　び ……………………………………………………………… 163

第9章　金融固定資産の任意再評価基準 …………………………… 166
は　じ　め　に ………………………………………………………… 166
9-1 金融資産の定義 …………………………………………………… 167
9-1-1 金融資産の種類 …………………………………………… 167
(1) 資 本 参 加 証 券 …………………………………………… 168
(2) ポートフォリオ固定証券 ………………………………… 168
(3) その他固定証券 …………………………………………… 168
(4) 売買目的有価証券 ………………………………………… 169
9-1-2 金融資産の評価規準 ……………………………………… 169
(1) 財産への流入原価 ………………………………………… 169
(2) 棚 卸 価 値 ………………………………………………… 169

9-2 資本金組入の制度的根拠 …………………………………… *170*
　9-2-1 資本の充実 ……………………………………………… *170*
　9-2-2 運転資金の計算 ……………………………………………… *172*
9-3 資本金組入の経済的根拠 …………………………………… *173*
　9-3-1 フラン購買力の推移 …………………………………… *173*
　9-3-2 フランス証券市場における名目一般指数の推移 ………… *174*
む　す　び ……………………………………………………………… *176*

第10章　無形固定資産の任意再評価基準 …………………… *177*

は　じ　め　に ………………………………………………………… *177*
10-1 無形固定資産の属性 ……………………………………… *178*
　10-1-1 無形固定資産の分類 ……………………………………… *179*
　10-1-2 無形固定資産の定義 ……………………………………… *179*
　　(1) 擬　制　資　産 ……………………………………………… *179*
　　(2) 契　約　資　産 ……………………………………………… *180*
　　(3) 営 業 基 盤 資 産 ……………………………………………… *181*
10-2 任意再評価基準の内容 …………………………………… *181*
　10-2-1 無形固定資産の取得時の現金流入額 ………………… *181*
　10-2-2 無形固定資産の再評価時の現金流入額 ………………… *182*
10-3 具　体　例 ………………………………………………… *183*
む　す　び ……………………………………………………………… *185*

第11章　再評価差益の開示 ………………………………………… *187*

は　じ　め　に ………………………………………………………… *187*
11-1 再評価差益の属性 ………………………………………… *188*
11-2 再評価差額の表示 ………………………………………… *188*
む　す　び ……………………………………………………………… *191*

第Ⅲ編　資産の公正価値基準—見積益基準による資産評価—

第12章　フランスにおける国際会計基準への収斂 ………… 195
 は　じ　め　に …………………………………………………… 195
 12-1　会計基準設定の状況 ………………………………… 197
  12-1-1　一般会計プランの国際的歩み ……………………… 197
  12-1-2　会計規定委員会の役割 ……………………………… 197
   (1)　会計環境への適用 ………………………………… 198
   (2)　会計基本文の統一化 ……………………………… 198
  12-1-3　一般会計プランの国際的収斂 ……………………… 198
   (1)　国際的収斂の手続き ……………………………… 200
   (2)　旧会計基準の適用領域からの除外 ……………… 200
   (3)　一般会計プランによる吸収不能な箇所 ………… 200
 12-2　会計概念フレーム・ワーク ………………………… 202
  12-2-1　財務報告書の基本概念 ……………………………… 203
   (1)　忠実性（Fidèlité）………………………………… 203
   (2)　信頼性（Fiabilité）………………………………… 204
   (3)　検証性（Vérifiabilité）…………………………… 204
   (4)　誠実性（Sincérité）………………………………… 204
   (5)　中立性（Neutralité）……………………………… 204
   (6)　慎重性（Prudence）……………………………… 205
   (7)　質の組合せ（Combinaison des qualités）……… 205
   (8)　信用性（Crédibilité）……………………………… 205
  12-2-2　資産・負債・純資産・費用・収益の定義 ………… 206
   (1)　資　産　の　定　義 ……………………………… 206
   (2)　負　債　の　定　義 ……………………………… 206
   (3)　純　資　産　の　定　義 ………………………… 206
   (4)　費用・収益の定義 ………………………………… 206

むすび ……………………………………………………………………………… 206

第13章　キャッシュ・フロー基準による資産性 …………… 208
─フランス固定資産再評価への適用─

はじめに ……………………………………………………………………… 208

13-1　キャッシュ・フロー基準 ……………………………………… 209
13-1-1　キャッシュ概念 ………………………………………… 209
13-1-2　キャッシュ・フロー ……………………………………… 210

13-2　資　産　性 ………………………………………………………… 211
13-2-1　資産の定義 ……………………………………………… 211
13-2-2　資産のグルーピング ……………………………………… 212
13-2-3　資産性の概念 …………………………………………… 213

13-3　フランス固定資産再評価への適用 …………………………… 214
13-3-1　キャッシュ・フロー基準による固定資産再評価 ………… 214
13-3-2　数　値　例 ……………………………………………… 215
　　　(1)　全資産の割増過去キャッシュ・インフロー累計額に係わる算定 … 216
　　　(2)　各資産の過去キャッシュ・インフロー割増累計額 ……… 217
　　　(3)　各資産の減価償却累計額に係わる算定 ………………… 218
　　　(4)　各資産の再評価差異累計額に係わる算定 ……………… 218
　　　(5)　各資産の再評価額に係わる算定 ………………………… 219

むすび ……………………………………………………………………… 220

第14章　企業活動の持続可能性に係る情報開示 ……………… 222
─キャッシュ・フロー情報の開示システム─

はじめに ……………………………………………………………………… 222

14-1　会計の計算構造 …………………………………………………… 223
14-1-1　計算構造の変容 ………………………………………… 223
14-1-2　キャッシュ・フロー精算表の作成 ……………………… 225

14-2　時間の計算構造 ……………………………………………… *230*
　　14-2-1　キャッシュの定義 ………………………………………… *230*
　　14-2-2　キャッシュ・フローの修正 ……………………………… *231*
　　14-2-3　異次元キャッシュ・フロー計算書の比較可能性 ……… *232*
　む　す　び ……………………………………………………………… *235*

第15章　仮説検証型アプローチによる公正価値の合理性 …… *236*
　　　　　　―土地に係わる再評価価値と公正価値の相関関係―
　は　じ　め　に ………………………………………………………… *236*
　15-1　公正価値の規範理論 …………………………………………… *237*
　　15-1-1　資　産　の　定　義 ……………………………………… *237*
　　15-1-2　公正価値の定義 …………………………………………… *238*
　　15-1-3　公正価値の評価 …………………………………………… *239*
　15-2　公正価値の実証理論 …………………………………………… *239*
　　15-2-1　仮　説　の　構　築 ……………………………………… *239*
　　15-2-2　仮　説　の　検　証 ……………………………………… *243*
　　　　（1）第1の仮説検証 ……………………………………………… *244*
　　　　（2）第2の仮説検証 ……………………………………………… *244*
　　15-2-3　仮　説　の　判　定 ……………………………………… *245*
　む　す　び ……………………………………………………………… *246*

終　章　資産評価基準の歴史的変遷 ……………………………… *247*
　　　　　―取得原価基準から公正価値基準への展開―
　16-1　取得原価基準による資産計上 ………………………………… *247*
　　16-1-1　正　規　性　の　役　割 ………………………………… *247*
　　16-1-2　取得時の資産価値 ………………………………………… *248*
　　16-1-3　取得原価基準の合理性 …………………………………… *249*
　16-2　再評価基準による資産計上 …………………………………… *251*

xvi 目　　次

　16-2-1　誠実性の役割 ……………………………………………………… *251*
　16-2-2　再調達時の資産価値 …………………………………………… *251*
　16-2-3　再評価基準の合理性 …………………………………………… *252*
16-3　公正価値基準による資産計上 ……………………………………… *253*
　16-3-1　忠実性の役割 ……………………………………………………… *253*
　16-3-2　現在価値割引時の資産価値 …………………………………… *254*
　16-3-3　公正価値基準の合理性 ………………………………………… *255*
　　(1)　会計技術に基づく相対性 ……………………………………… *255*
　　(2)　1983年フランス商法第9条による解釈 …………………… *256*

引用文献(*259*)
索　　引(*265*)

序章

分析の視点

0-1 基本原則

0-1-1 基本原則の歴史的変遷

　フランスにおける企業会計に関する法規制は，1673年フランス商事勅令が制定されて以来，経済社会の発展変化を反映して，たび重なる改正を経て，今日に至っている。財務報告書の作成に関するフランス基本原則の発展経緯は，大きく次の3段階に区分できる。

　第Ⅰ段階は，「正規性」および「正確性」が定められた時期である。第Ⅱ段階は，損益法思考の規定を大幅に導入するために，「誠実性」が定められた時期である。第Ⅲ段階は，1957年ローマ条約に基づき，欧州共同体加盟国の会計法を統一化するために，1948年イギリス会社法の「相対的に真実かつ公正な写像（a true and fair view）（以下，真実性・公正性と称する）」が1983年フランス会社法に「相対的に忠実な写像（une image fidèle）（以下，忠実性と称する）」として定められた時期である。

　従来の研究では，各段階で定められた基本原則を個別に検討してきた。その成果として，財務報告書の作成にあたって，「正規性」，「正確性」，「誠実性」，「真実性・公正性」および「忠実性」の各機能がある程度まで解明されてきたといえる。しかし，従来の研究手法では，解明できなかった研究課題として，主に次の3つが挙げられる。

① 「正確性」と「誠実性」の関係
② 「真実性・公正性」と「忠実性」の関係

③ 「正規性」・「誠実性」と「忠実性」の関係

第Ⅰ編では，上記の研究課題を解明するために，フランス基本原則を歴史的に考察する手法を用いることにした。第1に，「正確性」と「誠実性」の比較によって，「誠実性」の機能を解明することができる。1807年フランス商法で定められた「正確性」が，1953年の商法改正によって廃止され，その代替として，「誠実性」が定められた。両者の相違点を個別的に検討することにより，「正確性」の限界が解明される。そして，その限界を補う基本原則として定められた「誠実性」に備わっている優れた機能をも演繹的に解明されることになる。第2に，「真実性・公正性」と「忠実性」の比較によって，「忠実性」の機能を解明することができる。1948年イギリス会社法で定められた「真実性・公正性」は，EC第4号指令に導入された後に，1983年フランス会社法に「忠実性」として定められた。従来の研究では，「真実性・公正性」は「忠実性」と同意語であり，同機能をもつといわれてきた。しかし，第Ⅰ編では，この研究成果を批判しつつも摂取しながら，慣習法で構築されてきた「真実性・公正性」が成文法に「忠実性」として定められたことにより，「忠実性」の機能が変容したことを解明する。その解明する手がかりが，フランスにおける伝統的な基本原則である「正規性」・「誠実性」と「忠実性」の関係にある。これは，第3の課題とも結付く。「忠実性」は，新たに定められた基本原則ではなく，伝統的なフランス基本原則の収斂であるといわれる。したがって，「忠実性」と「正規性」・「誠実性」の関係を解明することによって，「忠実性」の機能が解明される。

0-1-2 会計規則の階層化

会計規則は，企業の経営実態を忠実に写像するという会計目的を頂点とし，4つの階層から体系化される。すなわち，第1階層の会計原則は，良質な会計情報を作成するための指導的な役割を果たす基礎概念である。例えば，忠実性，正規性，誠実性，慎重性の原則などが挙げられる。第2階層の会計公準

は，会計慣行ともいわれる。この慣行は，会計情報の作成に係る公理であり，暗黙の前提としての公準ともいえる。公準に対しては，証明を求めず，かつ反証があっても受入れなければならない。例えば，継続企業の原則などが挙げられる。

通説では，第1階層を会計公準とし，第2階層が会計原則となる。すなわち，フランス会計は，フランス国内の会計慣行を体系化した帰納的な一般会計プラン(注1)を構築した。ところが，欧州規模での国際化を図るため，フランス会計は，欧州会計が目指すところの会計理念を初めに定め，その理念からの演繹的に一般会計プランを再構築してきた。その結果，第1階層に会計の基礎概念を置き，第2階層に会計公準を位置付けた。

第2階層の会計公準は，第3階層の会計規準を支配することになる。ここでの規準は，良質な会計情報を作成するための具体的な拠り所となるため，会計慣行と直接的に結付く。すなわち，第3階層の会計規準は，会計慣行が目指す会計行為を設定する会計目標となることから，会計処理原則と称することになる。例えば，資産の評価規準，総額規準，実現利益の計上規準などが挙げられる。しかも，第3階層の会計規準は，具体的な会計処理手続である第4階層の会計基準とも密接に結付くことになる。すなわち，第4階層の会計基準は，目標が設定された会計行為に対する達成程度を判断する会計指標となることから，会計処理方法と称することになる。例えば，収益・費用の認識に係る実現基準，蓋然基準，資産の評価に係る取得原価基準，再評価基準，公正価値基準

第1階層：財務報告書の作成に関する基本概念（会計原則）
第2階層：財務報告書の作成に関する会計慣行（会計公準）
第3階層：具体的な会計処理の原則（会計規準）
第4階層：具体的な会計処理の方法（会計基準）

図0-1　会計規則の階層化

などが挙げられる。なお，「図0-1」は会計規則の階層化を示す。

会計規則は，会計に係る規定が文章化されているものとなる。すなわち，会計原則，会計公準，会計規準，および会計基準が，一般会計プラン，会社法，租税法などに文章として規定されている。

つまり，本書における会計原則は，資産の計上能力および資産の評価規準を分析する視点として次のとおり位置付けられる。

① 会計原則の視点から資産として計上する能力を明らかにする。
② 会計原則の視点から資産価値を評価する合理性を明らかにする。

0-2 資産の計上能力に関する歴史的変遷

フランス会計は，財産管理を目的とした伝統的な会計理論を基本的な枠組みとしながらも，経営の継続性を前提として，損益法の思考を取入れた会計規則を体系化した，それを制度として設定したのが一般会計プランである。その会計報告の基本目的は，企業資本の効果的運用となる。そこで，企業の潜在的収益力を表示するものとして貸借対照表が，最も重要な財務報告書として位置づけられてきた。今日の貸借対照表における表示能力は，企業の財産状態から財政状態へと拡張された。この拡張によって，とりわけ，資産の認識規準・評価規準に関する見直しが問題となった。

従来の研究では，貸借対照表の側面から利益を計上せずに，成果計算書の側面から利益を計上する試みがなされてきた。そこでは，収益の認識規準である実現の内容および費用の認識規準である実現可能，すなわち蓋然の内容が従来の研究課題となっていた。また，資産の評価規準である取得原価基準，再評価基準，公正価値基準も研究課題となっていた。その背景には，財産法から損益法への移行，収益・費用アプローチから資産・負債アプローチへの移行が会計制度の発展であると認知されていたからである。損益法の導入度合いが会計の近代化のバロメータであり，また，資産・負債アプローチの導入度合いが会計

の現代化のバロメータであると解されてきた。

　フランス制度会計では，財産法の基本的な枠組みを堅持しながらも損益法の思考を取入れてきた。今でも最も重要な財務報告書は，貸借対照表である。なお，フランスは，伝統的に正の財産および負の財産という視点から会計理論が構築されてきた。すなわち，財産法の基本的な枠組みの中で資産・負債アプローチが運用されてきたと解される。

　貸借対照表の構成項目のうちで，基軸となるが資産である。そこで，従来の研究手法では，解明できなかった研究課題として主に次の3つが挙げられる。

① 資産価値の増加に関する実現基準
② 資産価値の減少に関する蓋然基準
③ 貸借対照表の表示能力

　第Ⅱ編では，資産価値の増減に関する認識規準・評価規準が研究課題となる。このうちの認識規準には，実現基準と蓋然基準および実体概念と名目概念がある。第1に，資産価値の増加は，実現基準によって認識される。この実現基準には，実体概念と名目概念がある。実現基準における実体概念では，資産価値が物理的に増加した後も，その増加が確定的であるならば，そのときに認識される。また，そこでの名目概念は，資産価値が市場との関係で経済的に増加した後に，その増加が確定的であるならば，そのときに認識される。第2に，資産価値の減少は，実現基準と蓋然基準によって認識される。実現基準の内容は上記と同じ内容である。この蓋然基準には名目概念だけが残る。蓋然基準における名目概念では，資産価値が経済的に減少した後に，その減少が実現する可能性が高ければ，そのとき認識される。

　第3に，貸借対照表の表示能力が，企業の財産状態から財政状態へと拡張されたことにより，資産としての計上能力が検討課題となった。フランス制度会計では，資産は，正の経済価値をもつ財産項目が資産であると定義される。この定義を論理展開すると，貸借対照表の純化に繋がる。そして，貸借対照表は，財産状態を表示する財産貸借対照表と財務状態を表示する非財産貸借対照

表とに分離できる。第Ⅱ編では，貸借対照表分離法を提唱する。

0-3　資産評価の合理性に関する歴史的変遷

0-3-1　取得原価基準の合理性

　フランス制度会計は，資産評価の基準として取得原価基準を取入れている。その主な理由として，次のことが考えられる（嶌村［1989］p.25）。

　評価基礎となる取得原価は，現実になされた取引価格であるから検証可能であり，このことは，会計情報の信頼性を確保する面での合理性がある。すなわち，取得原価は，資金運用の結果をそのまま示す意味で経営者の受託責任報告の面から合理性をもつとともに，資産の評価替えによる未実現利益の計上を排除することから処分可能利益計算の面からもその制度上の合理性があるといわれる。

　他方，非貨幣性資産やその費消を示す費用の価額が評価時点における資産の価値とは無関係な取得原価を基礎とするために，貸借対照表の財政状態を表示する機能および成果計算書の経営成果を表示する機能がきわめて限られたものになる。

0-3-2　再評価基準の合理性

　第2次世界大戦以降，価格変動と技術革新に特徴づけられるフランス経済では，その影響による経済的歪みが生じていた。とりわけ，企業内部に長期間にわたって使用ないしは保有されていた固定資産は，簿価と現在価値の間に著しい乖離が生起していた。その乖離幅を是正するために，資産再評価基準が定められた。

　再評価基準は，取得原価基準の限界を克服するための評価の基準である。資産および費用の評価にあたって，企業は，個別物価変動または一般物価水準変動を反映させる。個別物価変動会計は，一般に評価時点における取替原価を基礎とするところから取替原価会計ともよばれる。一方，一般物価水準変動会計

は，その性質から貨幣価値修正会計とも呼ばれる。厳密な意味では，再評価基準は，個々の資産とその費消額の評価時点における価値評価に基づく評価の基準であるから，個別物価変動会計をいうことになる。

　再評価基準は，企業資産の評価時の財産状態を表わし，経営成果を客観的に表示できる。したがって，再評価基準は，利害関係の意思決定に有用な会計情報を提供することができる。しかし，多くの場合，固定資産の評価額を検証することが著しく困難である。

　なお，フランスにおける再評価基準は業績開示型である。すなわち，再評価基準は，取替原価評価に基づき評価額を計算し，この額と簿価とを比較して差額が生じれば，純資産の内訳項目または利益の内訳項目として開示する。

　従来の研究では，強制再評価の規定を大幅に継承した任意再評価基準について，その適用によって生じる開示効果が解明されてきた。ところが，任意再評価基準の導入理由およびその適用によって生じた再評価差額を戻入れする根拠が，未だに解明されていない。そこで，従来の研究手法では，解明できなかった研究課題として，主に次の2つが挙げられる。

① 「忠実性」による再評価基準の合理性
② 再評価差額を戻入れする実現基準の役割

0-3-3　公正価値基準の合理性

　公正価値基準は，再評価基準の限界を克服するための評価の基準となる。すなわち，現実に固定資産の評価額を検証できないことが多くみられるので，企業は，当該資産によって得られるキャッシュ・フローを見積もり，その見積額を評価額とする。したがって，資産・負債の評価にあたって，企業は，一般物価水準変動に基づきながらも企業固有の事情を考慮して次のことを決めていく。

① キャッシュ・フローの生成最小単位：キャッシュ・フローを産出す最小の資産群

② 見積期間：資産の取得時から評価時までの会計期間
③ 過去キャッシュ・フローの見積額：資産の取得時から評価時までの間に，資産が獲得した過去キャッシュ・フローの累計額
④ 割引率：一般物価水準変動率に企業固有の事情を考慮した時間価値

公正価値基準は，企業の財産状態について過去から現在への割増価値を示し，このことによって実質的な経営成果を表示することができるようになる。なお，本書で取上げる公正価値基準は，国際的な会計基準が定めるところの公正価値基準と次のことが異なる。

① 見積期間：資産の評価時から5年後の会計期間
② 将来キャッシュ・フローの見積額：資産の評価時から5年後の間に，当該資産が獲得するであろう将来キャッシュ・フローの累計額

なお，「表0-1」は，国際的な会計基準が定める公正価値基準と本書が提案する公正価値基準の違いを示す。

表0-1 国際的な会計基準と本書による公正価値基準の相違

会計基準　　　　　　　　　　項目	見積期間	キャッシュ・フローの見積額
国際的な会計基準による公正価値基準	評価時から5年先	将来キャッシュ・フローの見積額
本書による公正価値基準	取得時から評価時まで	過去キャッシュ・フローの見積額

本書の公正価値基準は業績開示型である。すなわち，過去キャッシュ・フローの見積額を現在価値に割増し，この割増額と簿価とを比較して差額が生じれば，純資産の内訳項目または利益の内訳項目として開示する。

従来の研究では，再評価基準を継承した公正価値基準について，その適用によって生じる開示効果が解明されてきた。ところが，再評価基準の導入理由およびその適用によって生じた見積益を「純資産の部」に表示する根拠が，未だに解明されていない。そこで，従来の研究手法では，解明できなかった研究課題として，主に次の3つが挙げられる。

① 「忠実性」による公正価値基準の合理性
② 見積益を「純資産の部」に計上する合理性
③ 見積損を「費用の部」に計上する合理性

第Ⅲ編では，貸借対照表の表示能力が，企業の財政状態から市場価格を反映する状態へと拡張されたことにより，資産評価の合理性が検討課題となった。フランス制度会計は，原則としてキャッシュ・フローに基づく資産計上を承認してこなかった。本編では，資産の再評価額が資産としての計上能力と見做す。すなわち，当該資産の使用によって獲得されたキャッシュ・フローの累計額を現在価値に換算した額を再評価時の資産として表示することになる。したがって，貸借対照表は，公正価値を表示する市場貸借対照表となる。なお，本編では，国際的な会計基準と異なる公正価値基準を提唱する。

0-4 仮説検証型アプローチ

0-4-1 仮説の構築

企業は，会計基準に従って財務報告書を作成する。そして，作成された財務報告書は，企業の経営実態を写像する。そこで，本節は，財務報告書の作成にあたり，数学領域である写像理論を次のとおり援用することにする。すなわち，経営活動（X），関数として機能する会計規準（F）および会計情報（Y）は，次のとおり定める。

・経営活動（X）：決算時に固定資産を評価額とするという取引 x
・会計規準（F）：固定資産評価の取引 x に対する3つの会計基準 f
　　　　　　　（取得原価基準 f_{HC}，再評価基準 f_{RV}，公正価値基準 f_{FV}）
・会計情報（Y）：固定資産評価の取引 x に対する3つの勘定科目 y
　　　　　　　（取得原価勘定科目 y_{HC}，再評価勘定科目 y_{RV}，公正価値勘定科目 y_{FV}）

経営活動（X）　　　会計規準（F）　　　会計情報（Y）

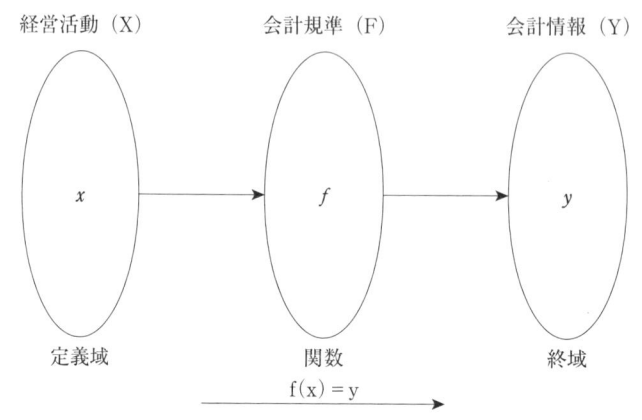

　　x　　　　　　　　f　　　　　　　　y

　定義域　　　　　　関数　　　　　　　終域
　　　　　　　　　f(x) = y

図0-2　経営活動（X）から会計情報（Y）への写像

なお，「図0-2」は，経営活動（X）の取引 x，会計規準（F）の会計基準 f および会計情報（Y）の勘定科目 y の関係を示す。

会計の第1過程は，会計規準（F）を関数として定義域である経営活動（X）から終域である会計情報（Y）への写像を明らかにする過程である。会計の第2過程は，会計規準（F）を関数として終域である会計情報（Y）から定義域である経営活動（X）への原像を明らかにする過程である。ここで，経営活動（X）から会計情報（Y）への写像 $f(x)$ を検討する。

会計情報（Y）の勘定科目 y に対する経営活動（X）の取引 x は y の原像である。また，x に対する y は x の写像である。ここで，会計情報の作成過程に該当する，経営活動（X）から会計情報（Y）への写像 $f(x)$ を式で示すと，次のとおりになる。

　　　$f(x) = y$ ……………………………………………①

式①を会計的に解釈すると，決算時に固定資産を評価するという取引 x の実態を明らかにするために，企業に定められた評価に係わる3つの基準 f の中から1つの基準を選択適用する。その処理結果として，勘定科目 y が定まることになる。

上述のことから,仮説は次のとおり立てられる。

帰無仮説 $H_0: x = f_{HC}$ 企業は,決算時に固定資産を評価するという取引 x に対して3つの会計基準(取得原価基準 f_{HC},再評価基準 f_{RV},および公正価値基準 f_{FV})の中から常に取得原価基準 f_{HC} を選択し適用する。その結果,3つの勘定科目(取得原価勘定科目 y_{HC},再評価勘定科目 y_{RV},および公正価値勘定科目 y_{FV})の中から常に取得原価勘定科目 y_{HC} が選択されることになる。

対立仮説 $H_1: x = f_{HC}$ 企業は,決算時に固定資産を評価するという取引 x に対して2つの会計基準(再評価基準 f_{RV} と公正価値基準 f_{FV})の中から1つの会計基準を選択し適用する。その結果,2つの勘定科目(再評価勘定科目 y_{RV} と公正価値勘定科目 y_{FV})の中から当該取引の実態を忠実に写像する1つの勘定科目が選択されることになる。

0-4-2 仮説の検証

会計の領域では,会計監査が仮説の検証という役割を担うことになる。会計監査は,会社法によって実施が定められている。財務報告書は,会計理念から演繹的に導いて作成されたものであり,会計監査は,監査理念から演繹的に導いて監査されるものである。その担い手となるのが被監査企業の外部者である監査人である。この監査人が仮説を検証することになる。すなわち,監査人による会計監査は財務報告書の適正性を検証し,財務報告書が企業の経営実態を表しているのかを次のとおり検証する。

経営活動(X)から会計情報(Y)への写像 $f(x)$ は,会計規準(F)を媒体として,(X)から(Y)の上への1対1の写像となる。この根拠は次のとおりである。

x から y への写像は,f を適用する。その結果,(X)から(Y)の上への写像が1対1になるので,(Y)に(X)を対応させる $f(x)$ の逆写像 $f^{-1}(x)$ が定まる。

ここで,会計情報の検証過程に該当するところの y に x を対応させる f の逆写像 f^{-1} を式で示すと,次のとおりになる。

式①のとき　$f^{-1}(y) = x$　………………………………①′

　式①′を会計的に解釈すると，決算時に固定資産を評価するという取引 x の勘定科目 y は，選択適用された評価の基準 f という網の目を通して x の実態を明らかにする。会計情報の利用者は，y をみることによって，x の内容を推定できる。

　検証アプローチには，広義と狭義がある。広義検証アプローチは，決算時に固定資産を評価するという取引 x に勘定科目 y を突合わせることで，勘定科目が固定資産の評価額を映出することを明らかにすることである。このアプローチは，会計規準（F）を特定化せずに，会計情報（Y）から企業の経営実態である経営活動（X）が把握できるという会計情報の検証過程を重視した手法である。しかし，検証過程は式①′で明らかなように，y に対する x が y の原像となるためには，f が y と x との関数として介在しなければならない。

　他方，狭義検証アプローチは，決算時に固定資産を評価するという取引 x に評価の基準 f を突合わせることで，選択適用された評価の基準が固定資産の評価額を映出することを明らかにすることである。このアプローチは，会計情報の作成過程を重視した手法である。この過程では，式①で明らかなように，取引 x に対する勘定記入 y が x の写像となるのは，評価の基準 f が x と y との関数として介在するからである。なお，「図0-3」は，広義検証アプローチと狭義検証アプローチを示す。

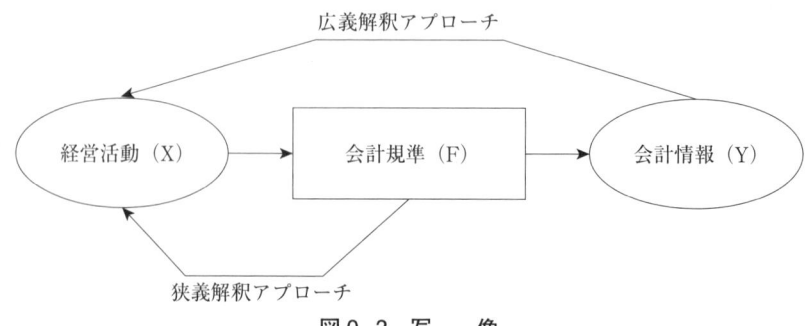

図0-3　写　　像

表 0-2　統計的有意水準

採否＼仮説	帰無仮説 H_0	対立仮説 H_1
採　択	$1-\alpha$	β（第2種の過誤） 不忠実な写像
棄　却	α（第1種の過誤） 忠実な写像	$1-\beta$

　統計的な仮説検定では，真の帰無仮説 H_0 を棄却することを第1種の過誤（α）といい，偽の対立仮説 H_1 を採択することを第2種の過誤（β）という（鈴木［2008］p. 319 参照）。なお，「表0-2」は，第1種の過誤と第2種の過誤を示す。

　第2種の過誤は，現行の会計基準に従って適正な会計処理をしても不忠実な写像を得てしまうことである。したがって，企業は，現行の会計基準から離脱して新たな処理方法を適用しなければならなくなる。

0-4-3　仮説の判定

　株主総会は，株式会社の最高意思決定機関であり，その基本的な事項について意思決定する。その意思決定は，株主総会が複数の株主から構成されるため決議というかたちでなされている。財務報告書は，株主総会における普通決議の対象となり，総会に出席した株主の議決権の過半数をもって承認される。したがって，株主総会が仮説の判定という役割を担うことになる。

　株主総会は，次のとおり仮説を判定する。

① 　企業は，会計理念から演繹的に導いて財務報告書を作成する。
② 　監査人は，企業が作成した財務報告書を監査理念から演繹的に導いて監査し，その意見表明をする。
③ 　株主総会は，監査人の意見書を参照し財務報告書を承認することで，仮説を判定したことになる。なお，監査人の不適正意見が提示されたとして

も，株主総会は，財務報告書を承認することができる権利を有している。

0-5 全体の構成

本書は，次の3編から構成される。
第Ⅰ編　フランス会計の基本構造―取得原価基準による資産計上―
第Ⅱ編　資産の時価基準―再評価基準による資産計上―
第Ⅲ編　資産の公正価値基準―見積益基準による資産計上―

　第Ⅰ編では，固定資産価値を分析する基本原則の役割を解明する。このことは，企業が固定資産の評価額を測る評価の基準を選択し適用するための判断基準を示すことになる。また，フランス会計における基本的な計算構造を解明し，固定資産の評価額を測る評価の基準として，基本原則の視点から取得原価基準を採択する合理性を解明する。

　第Ⅱ編では，固定資産の再評価基準を導入した歴史的経緯を明らかにし，再評価益を貸借対照表の「純資産の部」に計上する根拠を解明する。また，基本原則の視点から再評価基準が採択する合理性を解明する。

　第Ⅲ編では，国際的な会計基準が定める公正価値基準には，会計的な合理性がないことを指摘し，再評価基準の基本的構造を踏襲したかたちであらたな公正価値基準を提案する。また，基本原則の視点から公正価値基準の合理性を解明する。なお，「ロジカル・チャート0-1」は，評価規準の流れを示す[注2]。

序章　分析の視点　15

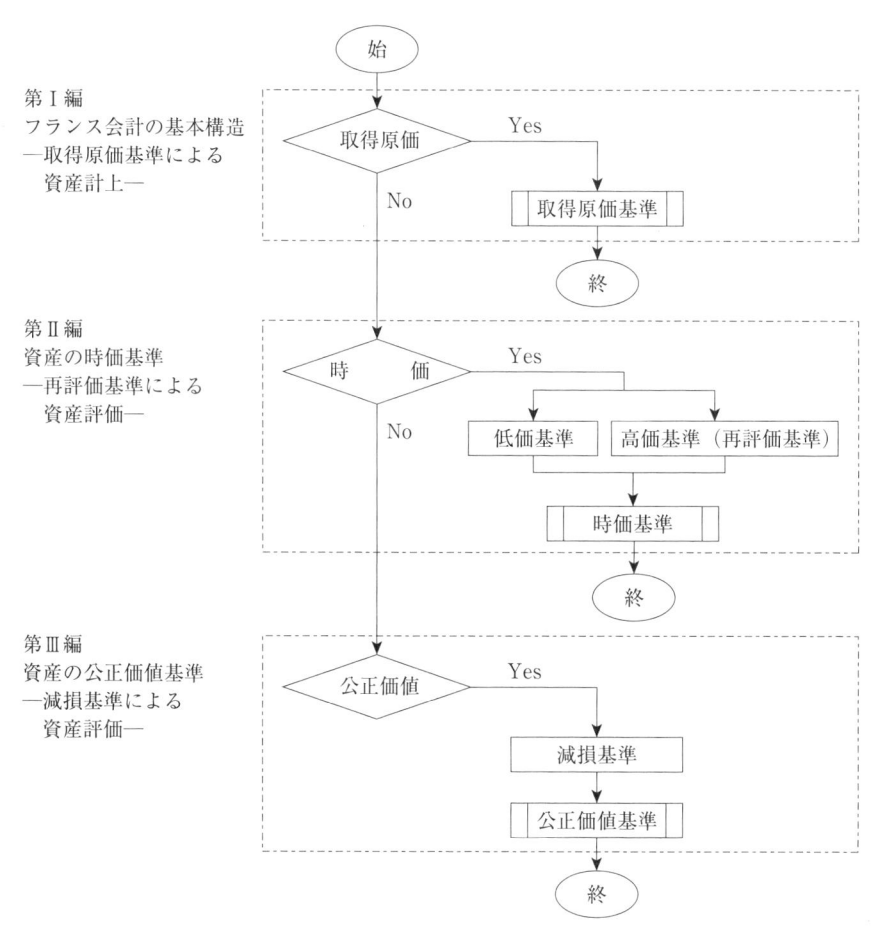

第Ⅰ編
フランス会計の基本構造
—取得原価基準による
　資産計上—

```
         始
          ↓
      取得原価 ──Yes──→ 取得原価基準
          │                    │
          No                   ↓
          │                    終
```

第Ⅱ編
資産の時価基準
—再評価基準による
　資産評価—

```
          ↓
       時　価 ──Yes──┬─────────────┐
          │          ↓             ↓
          No    低価基準    高価基準（再評価基準）
          │          │             │
          │          └──────┬──────┘
          │                 ↓
          │             時価基準
          │                 ↓
          │                 終
```

第Ⅲ編
資産の公正価値基準
—減損基準による
　資産評価—

```
          ↓
       公正価値 ──Yes──→ 減損基準
                             ↓
                         公正価値基準
                             ↓
                             終
```

ロジカル・チャート 0-1　現行の資産評価規準

注

（注1）　本書では，Plan Comptable Généralを「一般会計プラン」と訳する。ここでの一般会計とは，国の予算のうち最も基本的な経費の収支を扱う会計である。これに対し，特別会計がある。フランスは，個々の企業による収益性・資産性を集計し，それを国全体の経済力と見做し，その経済力を測るための会計を一般会計と称する。ゆえに，「会計プラン」に「一般」という文言を付け加える。

（注2）　ロジカル・チャートの記号は，次のとおり使う。

○	論理の開始・終了を表す。
◇	条件により2以上に分岐する論理を表す。
▭	論理の途中結果を表す。
▭	論理の最終結果を表す。

第Ⅰ編　フランス会計の基本構造

―取得原価基準による資産計上―

第1章

フランス会計基準設定機関

はじめに

　フランスは，伝統的に会計基準を成文化し，会計秩序の安定化を図ってきた。また，個々の企業が作成する財務報告書を集計すると，自動的に国の経済力を測るための国家の一般会計報告書が作成できるよう，会計計算システムを構築してきた。ところが，会計の世界が欧州規模から国際規模へと拡張していくと，従来型のフランス会計システムでは対応しきれなくなっていった。なぜなら，従来型の会計システムは税務会計，商務会計および財務会計から成立ち，その中核をなす税務会計が議会での承認事項となっているからである。すなわち，税務会計基準の草案から設定までに相当な時間を要し，その改廃にも相当な時間を要することになる。この時間的制約が，設定時期の趣旨と現状における要請との間に隔たりを生じさせることになる。

　21世紀初頭に，フランス国内の企業は，国際規模での資金調達を欲するならば，国際的な会計基準に従って財務報告書を作成しなければならなくなった。そこで，フランスは，国際的対応を可能とするために，企業規模に応じた斟酌すべき会計基準を定めた。すなわち，中・小規模企業は，税務会計基準を中核に据えた国家統制型の会計に従って財務報告書を作成する。また，大規模企業は，国際的な会計基準を斟酌して経済統制型の会計に従って財務報告書を作成する。このことは，国内的には会計のダブル・スタンダードを意味することになる。すなわち，課税所得計算と会計利益計算とが分離することになるのである。そこで，本章では会計利益計算を取上げる。

　フランスは，激変する会計環境に迅速に対応できる会計基準設定機関を設置

した。これが会計規定委員会である。当該委員会は，財務会計基準を独占的に設定する権限を有することになる。

本章の研究目的は，国際的な会計環境への対応という視点から，財務会計基準の設定手続きを解明することである。この目的を解明する研究手段は，法的アプローチによる会計規定委員会の役割を検討することである。すなわち，フランスは，従来から国家会計審議会が財務会計基準を設定してきた。しかし，これとは別に，新たに会計規定委員会を設けた。したがって，当該審議会と当該委員会との連携を明らかにすることで，フランスにおける財務会計基準の設定手続きが明らかになる。以下，激変する会計環境への対応という視点から，フランスにおける会計基準設定機関について検討していく。本章では次のことが論点となる。

① 会計基準は，その源泉先によって法的拘束力が異なる。
② 既存の国家会計審議会では，国際的な会計基準に対応できない。

1-1 会計基準の階層化

フランスは，1980年代に欧州規模での会計基準の国際化を成遂げた。その後，世界規模での国際化に迫られることになる。欧州規模では，EC会社法指令が国内法として導入された。その指導的役割を演じたのが，公的機関である議会，政府，国家会計審議会および証券取引委員会であった。会計法は，その強制力の度合に応じて，EC会社法指令，法律 (loi)，施行令 (décret)，省令 (arrêté ministériel)，命令 (réglements) の順に会計基準の階層化がなされる (Esnault et Hoarau [1994] p. 34)。ここで，順次，会計法の強制力を検討することにする。

EC第4号指令は，立法権をもつ議会において，国内法として可決された。これは，EC第4号指令調和化法（個別会計）として制定された。この調和化法は，後にEC第7号指令調和化法（連結会計）によって部分的に改められ

た。

　会計施行令は，行政権をもつ政府において，会社法を施行するために制定される。EC 第 4 号指令調和化施行令は，EC 第 4 号指令調和化法の実施規定を定めた施行令である。そして，この施行令は，同様に EC 第 7 号指令調和化施行令によって部分的に改められた。

　一般会計プランは，経済・財務大臣の諮問機関である国家会計審議会において作成された。このプランは経済・財務大臣の省令によって承認されることによって，その適用が初めて商工業企業に対して強制力をもつことになる。また，会計法を改廃するにあたっての基礎ともなる。このことからも，一般会計プランは，EC 第 4 号指令調和化施行令および EC 第 7 号指令調和化施行令を補完する会計規則集となる。

　命令は，上場企業に対する法的規制を行使できる証券取引委員会において施行される (Burlaud et. al. [1992] p. 13)。これは，有価証券を公募する法人に限定されるもので，その及ぼす範囲も自ずから限定されることになる。なお，「表1-1」は，会計基準の階層化を示す。

表 1-1　会計基準の階層化

会計基準	設定機関
EC 第 4 号指令　EC 第 7 号指令	欧州連合
法律　商法	国会
政令　省令　大臣意見書	政府
意見書　一般会計プランの職業別適用書	国家会計審議会
会計基本文	会計規定委員会
規定書　指令書　勧告書	証券取引所

出所：Burlaud et. al. ([1992] p. 14) 参照

　欧州規模の国際化を成遂げた後，フランスは，1990 年代から世界規模での国際化に取組んできた。1996 年に国家会計審議会を刷新し，2 年後の 1998 年に会計規定委員会を設置した (Compt [2001] p. 34)。

1-2 国家会計審議会

1-2-1 国家会計審議会の役割

国家会計審議会の役割は，1996年8月26日フランス施行令第96-794号第2条によって次のとおり定義される (CNCompta [1998])。すなわち，本審議会は，省庁，会計関連協会ないしは専門機関と連携し，次の4つのことを担うことになる。

① 国内要請に係わる先決意見書：

国家会計審議会は，会計要請の起源が国内ないし欧州共同体に拘わらず，会計基準の設定要請に係わる先決意見書 (avis préalable) を提案する。当該意見書は，省庁または公共団体，公共権力の指導のもとで設置される臨時委員会 (commission) または恒常委員会 (comité) において審議される。とりわけ，重要な委員会として，銀行・金融基準に係わる恒常委員会および国内保険審議に係わる臨時委員会が挙げられる。

② 国外要請に係わる意見書：

国家会計審議会は，国際的機関または外国の組織体が設定した会計基準について，当該基準を国内の会計基準として導入し適用するにあたり，当該基準に関する意見書を会計規定委員会に提案する。

③ 財務報告書に係わる技法：

国家会計審議会は，国内統計・予算および国家の一般会計報告書の作成という視点から，財務報告書の利用手段を提案する。なお，この手段は，企業および企業専門集団の便益に適うものでなければならない。

④ 理論と技法に係わる調整：

国家会計審議会は，会計基準の理論と処理方法を審議し，両者の調整と統合を検証する。また，財務報告書の適用と発展のために，会計教育，企画に係わる資料を配布する。

上述のとおり，国家会計審議会は，国内からの要請を受けて，国単位の視点

から財務報告書の作成・利用を検討する。また，国外からの要請を受けて，企業単位の視点から財務報告書の作成・利用を検討しなければならない。検討した結果は，先決意見書として，会計規定委員会に提案される。なお，「図1-1」は，国家会計審議会の役割を示す。

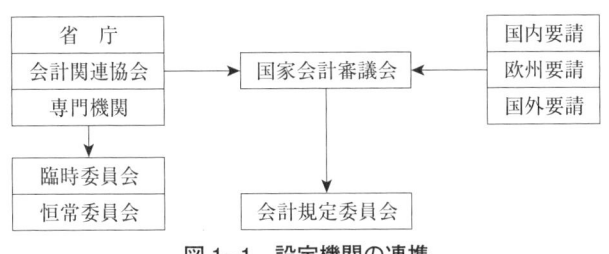

```
┌─────────────┐                      ┌─────────┐
│  省　　庁    │                      │ 国内要請 │
│ 会計関連協会 │ ──→ 国家会計審議会 ←── │ 欧州要請 │
│  専門機関    │                      │ 国外要請 │
└─────────────┘          ↓            └─────────┘
┌─────────────┐    ┌─────────────┐
│  臨時委員会  │    │ 会計規定委員会│
│  恒常委員会  │    └─────────────┘
└─────────────┘
```

図1-1　設定機関の連携

1-2-2　国際会計基準への対応

フランスは，税務会計を中核に据えた会計処理をおこなってきた (Nobes [1992] pp. 84-85)。フランスの企業は，税務会計基準に従って財務報告書を作成してきた。これは，個々の企業の財務報告書を集計することによって，自動的に国家の一般会計報告書が作成できるという国策に根差したものである。上述のことから，税務会計基準は，商務会計基準に影響を与え，かつ，個別会計基準にも影響力を行使している。加えて，商務会計基準は，個別会計基準に影響を与えているといえる。

ところが，今日では会計基準の国際化が問われるようになり，会計基準の柔軟性が求められるようになった。そこで，フランスは，財務会計の領域において国際化に対応することにした。その中核的役割を果たすのが国家会計審議会である。

国家会計審議会は，「2002年活動報告 (Rapport d'activité 2002)」において，国際会計基準委員会（以下，IASBと略する）の計画書に積極的に貢献することにした (CNCompta [2002])。すなわち，IASBは，2002年5月15日に調査結果「改良 (Improvement)」を公表した。この調査は，既存の会計基準を大幅に改訂し，

しかも随時改訂していくために実施された。そこで，国家会計審議会は4つの作業部会を設置した。その設置理由は，2002年8月20日の欧州財務報告書助言部会（European Financial Reporting Advisory Group，以下，EFRAGと略する）および9月16日のIASBへの回答を準備するためである。

調査結果「当初適用（Frist Time Application）」は，国家会計審議会を中心として設置された作業部会によって明らかにされた。この内容は，International Accounting Standards（以下，IASと略し，国際会計基準と訳する），International Financial Reporting Standards（以下，IFRSと略し，国際財務報告書基準と訳する）の当初適用に関わる標準計画である。当該計画の適用にあたり，その適用時期および財務報告書の様式は企業の判断に委ねられている。なお，適用対象は，欧州にある証券市場において資金を公募し，連結財務報告書を作成し公表する企業となる。また，該当企業は，2005年1月1日以降，IASよる財務報告書への転換が強制された。

結果的に，フランスは，国内向けの個別会計基準と国外向けの連結会計基準が共存することになった。なお，「図1-2」は，フランスにおける会計基準のダブル・スタンダードを示す。

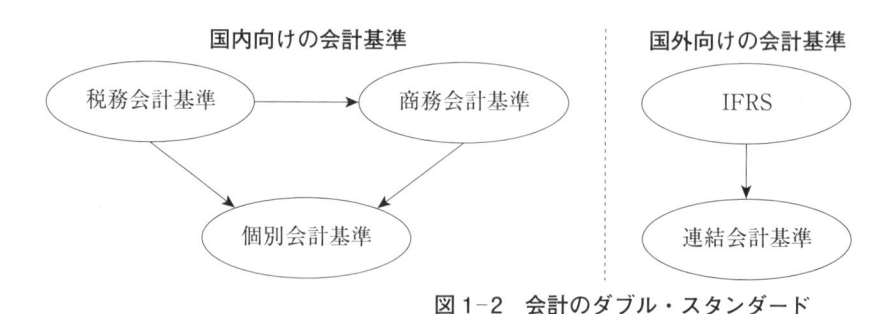

図1-2　会計のダブル・スタンダード

1-3　会計規定委員会

会計標準化の再構築は，1996年8月に国家会計審議会の刷新と緊急委員会

の設置によって始められ，会計規定委員会の設置によって成遂げられた。これは，1998年4月6日フランス法律第98-261号第1条-5条によるものである（Compt［2001］p.34）。

1998年10月14日フランス施行令第98-939号は，政府評議会（Conseil d'Etat）によって制定され，会計規定委員会の役割形態に係わる詳細な規定を明示した。すなわち，会計規定委員会の設置は次のことを可能にしなければならない（Compt［2001］p.34）。

① 会計環境への適用

フランス会計を取巻く環境が激変し，従来型の行政機関または租税機関では対応しきれなくなった。そこで，その激変に対応できる会計規定委員会を設置することになった。当該委員会には，会計基本文（textes comptables）を作成する権限が付与されている。

② 会計基本文の統一化

会計規定委員会は，会計基本文の作成に関して独占的立場をもつことになる。フランスは，一般会計プラン（1982年一般会計プラン）を改訂し，1999年に連結に係わる新基準を設定した。これによって，フランス会計基準の統一化が成されたことになる。

一般会計プランは，2007年12月14日に改訂された。その中で特質すべきことは，金融派生商品には公正価値（just valeur）が適用されることになったことである（PCG1982［2007］p.3）。

1-3-1 会計規定委員会の役割

(1) 財務情報の透明性

株主と同様に，会計の専門家といわれる会計監査人でさえも，財務報告書を理解するのが難しいと嘆いている（Compt［2001］p.34）。また，その作成基準の恒常性が欠如しているとの指摘も受けた。なぜなら，会計基準を適用し財務報告書を作成するにあたり，会計人による解釈の余地が残されているからである。

フランスでは、このことを「会計放浪 (vagabondage comptable)」と称している (Compt [2001] p. 34)。会計人による会計基準の解釈が介在することによって、時として外国の投資家は、フランスの企業を信頼できなくなり、悪印象をもつこともある。さらに、信頼性の欠如が国内における法的な不安要素となり、会計人は財務報告書の忠実な写像を示せなくなることも起こりえる。

そこで、フランスは、会計基準の解釈を統一化し、外国投資家からの信頼性を得るために、会計基準の解釈に係わる権限を有する専門機関を設置する必要性に迫られた。

(2) 会計基準の統一化

フランスにおいては、会計法の法源が分散されていた (Compt [2001] p. 34)。すなわち、施行令、大臣による省令、国家会計審議会の意見書、銀行・財務規定委員会の会計基準が混在していた。会計基本文の法源先が異なれば、その法的行使力も異なってくる。このことが、会計基準の明瞭性を害することになった。

そこで、フランスは会計基準を独占的に取扱う組織を設置する必要性に迫られた。この趣旨に添って、1999年11月22日フランス法律第99-957号は改められた。すなわち、会計規定委員会が新たに設けられ、そこで会計基準を独占的に定めることになったのである。

(3) 新会計基準の作成

会計規定委員会は、国家会計審議会と連携しながら、会計基準を作成する責務を負っている (Compt [2001] p. 35)。ところが、会計規定委員会は、会計基本文の全体を改訂する権限を有していない。すなわち、会計規定委員会が設定する会計基準は、省令と同等な法的拘束力を有するに過ぎない。したがって、会計規定委員会は、省令よりも優位にある法律または施行令を改めることができない。

会計規定委員会は、法律によって国家会計審議会との連携内容が定められている (Compt [2001] p. 35)。すなわち、会計規定委員会は、国家会計審議会から提案された勧告書または意見書を審議し、当該書に添った会計基準を採択しな

ければならない。なお，会計規定委員会は，国家会計審議会によって提案される会計基本文を修正する自由権を有している。もっとも，この自由権は限定されている。すなわち，会計規定委員会は，会計基本文の論理性に不備がある場合に限り，その不備を修正することができる。

実際に，会計規定委員会の役割は，原則として会計法（欧州指令，法律，施行令）を形成する会計基本文の階層化と会計基準との首尾一貫性を検証することにある。そして，会計規定委員会の目的は，会計技術（国家会計審議会に課せられる役割）よりも法的根拠を明らかにするところにある。

フランスでは，国家会計審議会が会計標準化の基軸となる。なぜなら，国家会計審議会は，現行の会計基準を改訂することができる会計基本文を提案できる任務を負っているからである。

なお，1999年フランス施行令（第4条）によると，国家会計審議会は，会計規定委員会による提案について6か月の期間以内に意見表明しなければならない。この期間以内に国家会計審議会からの回答がなければ，当該審議会は会計規定委員会の提案に賛成であると見做される。また，この期間が3か月に短縮されることもある。それは，会計規定委員会長による認識および国家会計審議会の既得権による言及によって緊急性があると認められるときに限られる。

1-3-2 会計規定委員会の構成員

会計規定委員会は，次の15名の委員から構成される（Compt [2001] p.35）。

① 国家機関（pouvoirs publics）からの代表者4名
・経済担当大臣またはその代理人である委員長
・法務大臣またはその代理人である副大臣
・予算担当大臣またはその代理人
・証券取引所の会長またはその代理人

② 司法権からの代表者3名任期3年（1998年10月14日フランス施行令第98-939号第1条）
・政府評議会（Conseil d'Etat）の会員1名：政府評議会長によって指名され

る。
- 会計検査院（Cour des comptes）の院員1名：会計検査院の首席院長によって任命される。
- 破毀院（Cour de cassation）の院員1名：破毀院の首席院長または法院検事長（procureur général）によって指名される。
③ 会計規定委員会長
④ 会計規定委員会員7名
- 会計専門家協会の上級委員会長またはその代理人
- 会計監査人の国内団体長またはその代理人
- 企業の代表者3名，労働組合の代表者2名：国家会計審議会の任期中（施行令第1条）に国家会計審議会長の提案で経済担当大臣の省令によって任命される。

　会計規定委員会は，国家会計審議会の会計基本文を採択するための投票規定を次のとおり定めている（Compt [2001] p. 35）。すなわち，会計規定委員会員の過半数が出席すると，定足数に達することになる（1999年フランス施行令第2条）。また，当該委員長は，経済担当大臣またはその代理人が務めることになっている。会計規定委員会は，出席した会員の投票数が過半数に達したときに意思決定できる。なお，投票数が同数の場合には，委員長の投票が優先される（1998年4月6日フランス法律第98-261号第5-Ⅱ条）。会計規定委員会によって採択された規定は，担当大臣（経済担当，司法，予算担当）の省令によって認可され，後に官報に公表される（Compt [2001] p. 36）。

む　す　び

　以上，激変する会計環境への対応という視点から，フランスにおける会計基準設定機関について検討してきた。
　フランスは，議会が制定する会計法を会計制度の中核に据えて，会計基準を

成文化してきた。ところが，成文法は，利点と欠点の両方を持合わせることになる。一方では会計秩序の安定が保たれた。他方では会計環境への対応が遅れがちになった。その欠点を補完するために，現行の会計基準の解釈によって新しい環境に対応してきた。もっとも，解釈には統一見解が求められていなかった。

フランスの国内では，税務会計を中核として，商務会計および財務会計が制度会計として存在している。ところが，国外での会計環境は激変している。この影響は国内の会計基準の改廃に直結し，著しい影響を与えていた。この影響に対し，フランスは，会計規定委員会を新たに設けて，省令という法的拘束力をもつ財務会計基準の改廃によって対応することになった。

会計規定委員会は，先ず国家会計審議会から提案された勧告書または意見書を審議する。次に，会計基準の法的根拠を明らかにする。また，現行の会計基準に対する解釈は，会計規定委員会が統一見解を出し，解釈の収斂化を目指した。このことによって，フランスは，成文法のもつ本質に附随する会計基準の硬直性を補完し，国際的な対応を図ることにした。

第2章

フランス会計原則
― 1982年一般会計プランによる正規性,誠実性および忠実性―

はじめに

　1966年7月24日フランス法律第66-537号（以下,1966年法と略する）第228条によって定められた会計監査役の職務との係わりで,フランス議会では「正確性」と「誠実性」のどちらの用語を採択するか議論され,最終的に「誠実性」の用語が採択された。同法第228条は1983年4月30日第83-353号（以下,1983年法と略する）によって改正され,「誠実性」の用語が継続して適用された。誠実性の概念は,Plan Comptable Général 1982（以下,1982年一般会計プランと訳する）が定義するまで明らかにされていなかった。
　1978年にヨーロッパ共同体理事会によって公布さたEC第4号指令は,イギリス会社法第149条の「相対的に真実かつ公正な写像」（a true and fair view）（以下,真実性・公正性と略する）を当該指令の会計全般に係わる基本概念として導入した。フランスにおいては,当該概念に相当するものが「相対的に忠実な写像」（une image fidèle）（以下,忠実性と略する）である。国家会計審議会は忠実性をフランス会計の最高規範として導入した1982年一般会計プランを作成し,1982年4月30日付の経済・大蔵大臣および予算担当大臣の省令によって公布された。1982年一般会計プランは財務報告書の作成に関する会計規則集であり,それ自体として直接の強制力をもたない。そこで1983年フランス法が,企業に1982年一般会計プランに基づく財務報告書の作成に関する法的義務を課した。
　1982年一般会計プランは,会計に関する一般規定の冒頭で,会計は企業実

態の忠実性を与える財務報告書(注1)を作成するために，慎重性の原則を遵守して正規性と誠実性を満たさなければならないと定めている。慎重性，正規性および誠実性はフランス会計の伝統的な原則であり，とりわけ正規性と誠実性は会計監査人の職務との係わりで重要な役割を担っている。忠実性は，実存哲学の概念から派生しており，会計の最高規範としての性格を有している。1982年一般会計プランによる誠実性は，忠実性をフランス会計の最高規範として導入したことにより，1966年フランス法による誠実性より明確になった。本章では次のことが論点になる。

① 1982年一般会計プランにおいて定められた正規性と誠実性の原則の役割を検討し，また両者の関係を検討する。
② 1982年一般会計プランにおいて定められた忠実性の概念を検討し，かつ慎重性，正規性，誠実性および忠実性の組合せによる各関係を検討する。

2-1 1982年一般会計プランによる正規性と誠実性

フランス証券取引委員会が1969年の報告書において正規性と誠実性の定義を公表して以来，その定義がフランスでは社会的合意を得られるようになった。しかしながら，誠実性の定義に関しては論者によって異なる見解もあった。1982年一般会計プランが正規性と誠実性を明確に定義したことにより，フランスにおいてこの定義に関する統一的な見解が見出されるようになった。本章において，「2-1-1」では1982年一般会計プランによる正規性の役割を検討し，「2-1-2」では1982年一般会計プランによる誠実性の役割を検討し，「2-1-3」では1982年一般会計プランによる正規性と誠実性の関係を検討する。

2-1-1 正規性の原則

正規性は，会計基準（règlementation）への準拠，ないしは会計基準がない場

合には一般に認められた会計原則への準拠と定義されている (Vienne [1983] p. 2)。正規性の原則はフランス法律の基本条文 (texte) に取入れられており, 法 (droit) および基準は公法, 私法および商業に関連するすべてのものを支配している (Vienne [1983] p. 2)。法による会計基準は, 原則として 1982 年一般会計プランと調整し, かつ 1982 年一般会計プランの適用を促進してきた。1982 年一般会計プランは, 会計原理 (doctrine) の基礎を体系化し, 伝統的な諸勘定の用語集および会計資料の様式を引継いだ会計基準から成立っている (Villeguérin [1983] p. 619)。1982 年一般会計プランはその利用者の同意と承認に基づいて作成された会計規範としての性格を有している。企業に対し, 1982 年一般会計プランの適用は強制され, その手段として, 議会での決議を通して制定された法律 (loi) を頂点として, 政府が公布した命令 (décret), 省令 (arrêtés ministériels), 裁判所の判決 (décision de tribunaux), そして権威ある専門機関の見解に従って階層的に実施される (Raffegeau [1984] p. 41)。

　正規性は準拠すべき会計方法の範囲によって狭義と広義に分類できる。狭義の正規性は, 法律, 政令, 省令および判例が定めた会計処理方法に準拠することである。広義の正規性は, 会計慣行として定着した会計処理方法をも含めて準拠することである。さらに, 会計慣行として定着した会計処理方法を体系化して作成ないし提案した機関によって, 狭義と広義に分類できる。狭義の会計慣行は, 国家会計審議会によって作成された 1982 年一般会計プランである。広義の会計慣行は, 専門職業機関, とりわけ証券取引委員会および専門会計士・認可会計士協会によって提案された会計処理方法である。

　1982 年一般会計プランは, 正規性の原則を「現行の基準および手続への準

正規性 ┤ 狭義：法律, 政令, 省令および判例への準拠
　　　　└ 広義：会計慣行への準拠
　　　　　　　　├ 1982年一般会計プラン
　　　　　　　　└ 専門職業機関による会計基準

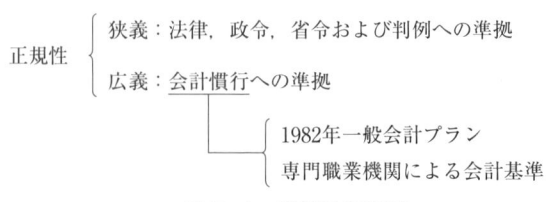

図 2-1　正規性の範囲

拠」と定義している（PCG1982 [1983] p. 5）。この定義から，正規性は会計原則への準拠性と解さる。しかし，そのなかには会計基準および手続の適用に関する会計責任者の判断基準が含まれていない。すなわち，会計基準および手続を適用する判断基準は誠実性に委ねられている。なお，「図2-1」は正規制の範囲を表わしている。

2-1-2 誠実性の原則

C. Pérochon（ペロション）は，主観的・客観的誠実性を次のように定義している（Pérochon [1983] p. 44）。主観的誠実性は人と結びつき，年度計算書に不備がある場合には人の悪意を証明しなければならない。これに対し，客観的誠実性は情報および年度計算書それら自体と結びつき，情報および年度計算書を作成する人から独立している。すなわち，会計は，年度計算書を閲覧する人に誠実な情報（information sincère）を提供しなければならず，その誠実な情報は企業の実態について相対的に的確な写像（une image correcte）を与える。

C. Pérochonによる誠実性の定義は，民法上の誠実性たる概念を援用したものと解される。主観的誠実性とは，会計責任者の悪意を問題としており，恣意的な会計操作をせずに，財務報告書の利用者に企業実態の報告を要請したものである。これに対し，客観的誠実性とは，会計専門家としての通常の払うべき注意義務を会計責任者に負わせることを要請したものである。

主観的・客観的誠実性は財務報告書を作成する手段であり，開示された財務報告書の結果からその妥当性が吟味されなければならない。主観的誠実性が満たされても客観的誠実性が満たされなければ，開示された財務報告書は企業実態を忠実に写像せず，逆に客観的誠実性が満たされるならば，必然的に主観的誠実性を満たすことになる。すなわち，客観的誠実性が満たされた場合のみ，財務報告書は企業実態を忠実に写像していると判断できる。

1982年一般会計プランは，誠実性の原則について，「企業の業務，事実および状況の実在性（réalité）と重要性（importance）について，会計責任者は通常もたなければならない知識（connaissance）に基づいて現行の会計基準および手

続を善意 (bonne foi) に適用しなければならない。」(PCG [1983] p. 5) と定めている。この定義は，客観的誠実性に該当し，会計責任者が現行の会計基準および手続を適用する際に会計専門家としての充分な会計知識をもたなければならないということを義務づけ，その充分な会計知識の修得を前提条件として会計責任者に現行の会計基準および手続に対し注意深い適用を要請したものである。この客観的誠実性は，現行の会計基準および手続を適用する際の合理性ないし妥当性の判断基準であり，とりわけ同一の会計事実について複数の代替的な会計基準および手続から選択し適用が認められている場合の選択の判断基準である。かさねて，現行の会計基準および手続から離脱すべきかどうかの判断基準でもあり，会計責任者の判断の質を保証する。したがって，1982年一般会計プランの誠実性たる概念は民法上の誠実性たる概念と一致する。

2-1-3 正規性と誠実性の関係

客観的誠実性の概念は，体系化された会計基準および手続のなかに柔軟性が存在する場合か，または同一の会計事実について複数の代替的会計基準および手続からの選択が認められている場合に適用される (Vienne [1983] p. 5)。

1982年一般会計プランへの優先的な準拠は，財務報告書の同質性を確保するのに役立ち，同一企業の期間比較および同種企業間の比較を可能にする (Vienne [1983] p. 5)。また，財務報告書を利用する人は多種・多様であり，正規性は，その利用者による財務報告書の解釈の相違を減少させて，財務報告書によって得られる判断の共通分母を構築する働きをもっている (Vienne [1983] p. 5)。

この点について，1982年一般会計プランは，会計の定義の中で，会計情報の質および内容を保証するために共通用語の使用を要請している (PCG [1983] p. 5)。

しかしながら，会計基準および手続の充分な知識および忠実な適用だけでは，多種・多様利害関係者に有用な会計情報を提供できない。会計情報が有用であるためには，先ず開示される財務報告書が多種・多様利害関係者によ

って十分に理解されることが必要である。次に多種・多様な利害関係者に提供する会計情報は，会計事実に適した会計基準および手続を選択し，企業の実態を忠実に写像する会計情報でなければならない。したがって，正規性は，有用な会計情報を作成するための必要条件であり，十分条件ではない。すなわち，正規性は誠実性によって補充される関係にある。

2-2　1982年一般会計プランによる忠実性

相対的に忠実な写像 (une image fidèle) は，「相対的に」(une)，「忠実な」(fidèle) および「写像」(image) の3つの単語から構成されており，「相対的に」とは複数の忠実な写像が存在していること，「忠実に」とは実在への準拠，そして「写像」とは知覚による映像を意味する。忠実性がフランス会計の最高規範として導入されたことにより，とりわけ誠実性の原則が明確になり，会計手段としての役割を担うことになった。本節において，「2-2-1」では相対的忠実性の意義を検討し，「2-2-2」では1983年に改正されたフランス商法第9条を解釈し，「2-2-3」では慎重性，正規性，誠実性および忠実性の組合せによる各関係を検討する。

2-2-1　相対的忠実性の意義
(1)　会計の利用目的に基づく相対性

1982年一般会計プランは，財務報告書の利用者の意思決定に有用な情報を提供することを要請している。D. Vienne（ヴィアン）は，その利用者として，管理者，株主，債権者，仕入先，銀行，国家，個人，経済情報を蒐集する国内ないし国外機関，課税当局などを挙げている (Vienne [1983] p. 14)。会計情報の利用者は，企業の財産，財務状況および経営成果に影響を与えるすべての事実について，同一の重要性を認めず，かつ財務報告書に表示されるすべての項目にても同一の重要性を認めない (Vienne [1983] p. 14)。なぜなら，その利用目的によって異なるからである (Vienne [1983] p. 14)。しかしながら，企業が

個々の利用目的に応じて会計情報を作成するなら，その数だけ財務報告書に記載しなければならず，1982年一般会計プランは会計規則集として成立しなくなる。したがって，財務報告書は個々の利用者の目的に応じて相対的にならざるをえない。

(2) 会計技術に基づく相対性

会計技術に基づく相対性については次の2つの理由が挙げられる。第1の理由として，企業は倒産や解散を前提とせず，半永久的に営業を継続して営むことを仮定しているので，一会計期間を人為的に区分し，期間収益とそれに対応する期間費用を算定する。このような期間計算のもとで，必然的に見積計算を伴い，そこでの計算結果は相対的にならざるをえない。第2の理由として，企業形態は多種・多様であり，一律な会計基準および手続の適用だけでは，個々の企業実態を忠実に写像することはできない。そこで，同一の会計事実について複数の代替的会計基準および手続から選択し適用を容認し，会計責任者の判断によって個々の企業実態に適した会計基準および手続が選択し適用される。したがって，同一の会計事実について複数の代替的会計基準および手続から選択し適用することを容認する。このことは，その選択適用された枠組み内で1つの忠実性を与えることになる。例えば，取得原価基準による1つの忠実性が存在し，かつ時価基準による1つの忠実性が存在する。

2-2-2 商法第9条の解釈

EC第4号指令による規定は，フランスでは1983年フランス法によって改正された。その改正内容がフランス商法第9条によって次のように取入れられている。

「第5項：年度計算書は，正規かつ誠実でなければならず，かつ企業の財産，財務状況および経営成果について相対的に忠実な写像を与えなければならない。

第6項：会計基準の適用が現行条文で言及している相対的に忠実な写像を与えるために不十分である場合には，補足情報を附属明細書に

提供しなければならない。
　　第7項：例外の場合，会計基準の適用が企業の財産，財務状況および経
　　　　営成果について相対的に忠実な写像を与えるのに明らかに不適切
　　　　であるならば，当該基準から離脱しなければならない。当該離脱
　　　　は，附属明細書に記載され，かつ企業の財産，財務状況および経
　　　　営成果に及ぼす影響を指摘することで，正当に理由づけられる。」

(1) 正規性と誠実性の要請

　同条第5項は，現行法の会計基準および手続に準拠し，それらを誠実に適用することを要請し，正規かつ誠実な年度計算書が企業の財産，財務状況および経営成果の相対的忠実性を与えることを要請している。このことは，正規性および誠実性が会計手段としての機能を明確にし，その手段を的確に履行するならば必然的に相対的忠実性が満たされることを示している。この場合の正規性は，現行法の会計基準および手続への厳格な準拠性であり，例外の場合には，企業実態と厳密に対応しない企業の表像（vision）を与えることになる。誠実性は，とりわけ同一の会計事実について2つ以上の会計基準および手続が認められている場合に，会計責任者が恣意的な会計操作をせずに企業の実態に適した会計基準および手続を選択し適用することを要請したものである。しかしながら，フランス商法および1982年一般会計プランは，相対的忠実性の概念をまったく定義していない。

　財務報告書は，その利用者の意思決定に有用な情報を提供しなければならず，企業の財産，財務状況および経営成果の相対的忠実性を財務報告書に与えることが必要条件である。その十分条件とは，与えられた会計情報がその利用者によって企業実態を解読かつ分析できる方法で総括的かつ重要な会計情報を提供することである。このことは，財務報告書によって与えられた写像がそれを利用するすべての人の期待に忠実であることである。この視点から第36回専門会計士・認可会計士全国大会において，相対的忠実性は現実を充分に知覚する検査であると示されている。この点について，D. Vienneは次のように述べている（Vienne [1983] p. 14 p. 18）。現実を充分に知覚する検査とは，財務報

告書を出発点として合理的な推理により，財務報告書の読み手によって理解される企業の写像を再構築する根拠となることである。この方法によって財務報告書の読み手が企業の充分な知覚にたどりつくことができるならば，その写像は企業実態に忠実であると認められる。

(2) 補足情報の要請

同条第6項は，会計責任者が現行法の会計基準および手続に準拠し，かつ的確に適用して作成した年度計算書では企業の財産，財務状況および経営成果の相対的忠実性を確保するのに不十分である場合に，附属明細書に補足情報を記載することによって相対的忠実性の確保を要請したものである。この点について，D. Vienne は，公表された財務報告書によってその利用者が企業についての充分な知覚が得られないときに，その原因を究明し，かつそれを改善して，附属明細書に補足情報を記載しなければならないと指摘している（Vienne [1983] p. 18)。この場合の補足情報には，説明 (explications) と補足 (compléments) がある (Pérochon [1983] p. 46)。説明とは，1982年一般会計プランによって定められた項目 (rubriques) について附属明細書に記載することである。この説明が附属明細書に記載されることによって，その利用者は貸借対照表と成果計算書の計数情報をより明らかに理解できる。また，補足とは，貸借対照表と成果計算書の計数ないし非計数情報について附属明細書に補充することである。この補充は，1982年一般会計プランによって定められた情報以外のものである。

(3) 離脱の要請

同条第7項は，会計責任者が現行法の会計基準および手続に準拠し，かつ的確に適用して作成した年度計算書でも企業の財産，財務状況および経営成果の相対的忠実性を確保できないことがあると明記したのである。すなわち，「相対的忠実性の要請」は「方法の要請」(obligation de moyens) より「結果の要請」(obligation de résultats) であることを示している (Pérochon [1983] p. 46)。

なお，同条第7項は，現行の会計基準および手続から離脱すべき状況下ではそれらから離脱しなければならないことを定め，離脱して作成された年度計算

書は正規である。当該状況のもとで離脱しなかった場合には，同条第7項から離脱することになる。

2-2-3 慎重性，正規性，誠実性および忠実性の関係
(1) 慎重性の定義
　1982年一般会計プランは，慎重性の原則を「企業の財産および経営成果を悪化させる現在の不確実性を将来に持越す危険を回避するために，事実を合理的に見積もることである。」(PCG [1983] p.5) と定めている。

　1982年一般会計プランがその冒頭で定めている「慎重性の原則を遵守して」とは，財務報告書を閲覧する人が承認している慎重性の原則の枠組み内で，相対的忠実性が得られることを意味している。すべての事実は必然的に会計事象になるのではなく，会計技術によって認識，評価されるものが会計事象となりうる。したがって，ある事実を認識する段階で慎重性の原則が適用されるので，慎重性の原則は相対的忠実性を制約することになる。

　D. Vienne は，慎重性の原則による弊害とその減少方法について次のように述べている (Vienne [1983] p.21)。すなわち，慎重性の原則により歪められた写像は，会計処理されなかった蓋然利益を附属明細書に記載することによって，その弊害を和らげることができる。

(2) 慎重性，正規性，誠実性および忠実性の関係
　1982年一般会計プランは，その冒頭で慎重性，正規性，誠実性および忠実性の関係を次のように記述している (PCG [1983] p.5)。「企業の財産および成果について相対的に忠実な写像を映出す報告書を提示するために，会計は，慎重性の原則を遵守して，正規性と誠実性を満たさなければならない。」

　慎重性の原則は会計基準および手続それら自体に反映されており，それらに準拠することが正規性の原則である。誠実性の原則はそれらの合理的な適用基準であり，慎重な判断を伴うので，慎重性の原則を包括している。したがって，忠実性は，慎重性，正規性および誠実性を包括した概念である。この点について，C. Pérochon は「忠実性は，新たに設けられた原則でなく，基本会計

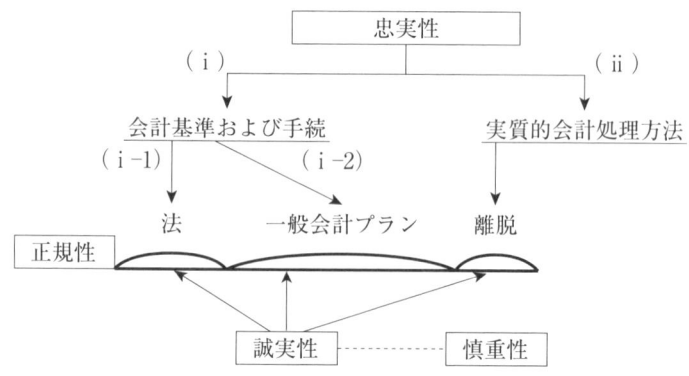

40　第Ⅰ編　フランス会計の基本構造

図2-2　慎重性，正規性，誠実性および忠実性の関係

原則の収斂である。」(Perochon [1983] p. 35) と述べている。

「図2-2」の (ⅰ) と (ⅱ) は財務報告書の作成順序を示している。

(ⅰ-1) 会計責任者は，法による会計基準および手続に準拠して財務報告書を作成する。したがって，法に準拠した「正規性」を満たすことになる。

(ⅰ-2) 会計責任者は，誠実性を拠り所として法に準拠しても当該報告書が忠実性を満たしていないと判断すると，1982年一般会計プランによる会計基準および手続に準拠して当該報告書を作成し直す。したがって，1982年一般会計プランに準拠した「正規性」を満たすことになる。

(ⅱ) 会計責任者は，誠実性を拠り所に1982年一般会計プランに準拠しても当該報告書が忠実性を満たしていないと判断すると，専門職業機関が提案した実質的会計処理方法に従って当該報告書を作成し直す。したがって，現行の会計基準および手続から離脱し，当該報告書を作成することになる。

む　す　び

以上，正規性，誠実性および忠実性の概念を検討してきた。正規性は，法に

定められた会計基準および手続だけに準拠するのではなく，一般に認められた会計基準への準拠をも含めて，広義に解釈されている。誠実性は，ある会計事実に適した会計基準を選択する会計責任者の客観的な判断基準である。とりわけ，同一の会計事実について複数の代替的会計基準および手続が認められている場合にそのなかから1つの会計基準および手続を選択適用する判断基準である。かつ，現行の会計基準および手続からの離脱すべきかどうかの判断基準でもある。慎重性は準拠すべき会計基準それ自体に反映されており，かつ会計基準を合理的に適用することを要請している。したがって，忠実性は慎重性，正規性および誠実性を統括した概念である。

注

(注1) 一般会計プランでは「財務報告書」，商法では「年度計算書」を使う。

第3章

フランス財務報告書の分類構造
―一般会計プランによる貸借対照表項目，成果計算書項目および資金調達表項目の分類機能―

はじめに

　Plan Comptable Général 1957（以下，1957年一般会計プランと訳す）は，一般目的について，「(1) 借方・貸方の財産状態（situation patrimoniale）を明らかにし，(2) 臨時損失・利益または過年度における損失・利益を加えて，当期経営総成果（résultats globaux d'exploitation de l'exercice）および当期最終純成果（résultat net final）を決定する機能を有する。」(PCG [1965] p. 21) と定めていた。1982年一般会計プランは，EC第4号指令を受けて制定された一般会計プランである。ここでの一般目的は，「(1) 借方・貸方の財産状態，(2) ある会計期間の経営成果を定期的に明らかにする。」(PCG1982 [1983] p. 21) と定めた。

　このとおり，1957年一般会計プランおよび1982年一般会計プランはそれぞれの一般目的においては同じ内容である。なお，1982年一般会計プランは，貸借対照表（Bilan），成果計算書（Compte de résultat）および附属明細書（Annexe）から構成される財務報告書の作成および表示に関する基準を次のとおり定めている。すなわち，「財務報告書は，いかなる状況下でも，企業の財産（patrimoine），財務状態（situation financière）および経営成果（résultats）[注1]の相対的に忠実な写像（une image fidèle，以下，忠実性と略する）を与えなければならず，たとえ，例外の場合でも『忠実性』を確保するためには，1982年一般会計プランの規定から離脱しなければならない。」(PCG1982 [1983] p. 153) としている。このとおり，1982年一般会計プランは財務状態の忠実性の確保を要請しており，この要請はいかなる財務報告書によって満たされるのかを検討

する必要がある。

　1957年一般会計プランには，基礎体系，略式体系および発展体系がある。発展体系を採用することが望ましい企業は，貸借対照表，成果計算書および附属明細書の作成が強制される。但し，当期自己資金調達能力表（Capacité d'autofinancement de l'exercice）および当期資金源泉・使途表（Tableau des emplois et des ressources de l'exercice）の作成は任意とされていた（PCG [1965] p. 189）。したがって，発展体系を採用する企業は，当期自己資金調達能力表および当期資金源泉・使途表を事実上作成することになる。

　これに対し，1982年一般会計プランは，「財務報告書は，情報利用者が企業の財産，財務状態および経営成果に関して判断するときに，その判断に影響を与えるすべての事実を開示しなければならない。」と定めている。なお，財務報告書を作成する際には，(1) 経営の継続性（continuité de l'exploitation），(2) 会計方法の恒常性（permanence des méthodes comptables）および (3) 会計期間の独立性（indépendance des exercices）が採用されることになる。仮にその他の会計公準が採用される場合には，当該公準を附属明細書に記載し，かつ詳細な説明が求められる（PCG1982 [1983] p. 153）。

　1982年一般会計プランによる財務報告書の目的は，(1) 企業の財産状態を明らかにすること，(2) 成果計算書に組込まれている諸勘定を基礎にして，一会計期間における総成果を表示することにある（PCG1982 [1983] p. 154）。

　本章の研究目的は，貸借対照表が財務報告書の中で基幹報告書であることを解明し，財務報告書の利用者が経営上の意思決定をするときに，貸借対照表，成果計算書および資金調達表が必要であることを解明する。本章では次のことが論点となる。

① 　貸借対照表は，一定日における企業の財産状態を表す。
② 　成果計算書は，一会計期間における企業の経営成果を表す。
③ 　資金調達表は，一定日における企業の財務状態を表す。
④ 　上述の3つの財務報告書の間には連携があり，その中で貸借対照表が基

幹的な役割を担っている。

3-1 貸借対照表項目の分類表記

貸借対照表に計上される資産，資本および負債の定義を検討し，そこに計上される項目の一覧表が企業の財産を忠実に写像することを検討する。本節では，先ず貸借対照表の定義，次に資金の源泉とその運用，最後にその勘定分類を検討する。

3-1-1 貸借対照表の定義

1982年一般会計プランによると，貸借対照表は，企業にとって一定日 (PCG1982 [1983] p. 154) における資産項目，負債項目および両項目の差額である資本項目の一覧表である。資産項目は，企業にとって正の経済価値 (valeur économique positive) を有する財産項目 (élèments du patrimoine) である。負債項目は，企業にとって負の経済価値 (valeur économique négative) を有する財産項目，すなわち，一般に外部負債 (passif externe) と呼ばれている (Villeguérin [1984] pp. 20-21)。なお，資産には実質資産 (actif réel) 項目と形式資産 (actif fictif) 項目とが含まれ，企業の資金の使途，すなわち，企業が自由に処分できる資本を表象する。ところが，法律は，企業にとって正の経済価値を有する財産項目を貸借対照表に計上することを原則としている。この原則から離脱する特定の場合として，「設立費」(frais d'établissement)，「研究・開発費」(frais de recherche et de développement) および「繰延費用」(charges à répartir sur plusieurs exercices) を資産として計上することが容認されている(注2)。したがって，貸借対照表には，作成日における (1) 企業の債権・債務状態および (2) 企業が活用する生産手段が表示される。

会計期間中に，「資本勘定」，「固定資産勘定」，「棚卸資産勘定」，「第三者勘定」，「負債勘定」，「費用勘定」および「収益勘定」は，複式簿記の原理を遵守しながら機能する。期末には，企業が決算手続，すなわち，企業が利益を得た

かまたは損失を被ったかを決定しなければならず，年度末の会計資料によってすべての勘定を整理しなければならない (KervilerI.=KervilerI. [1986] p. 81)。

3-1-2 資金源泉とその運用

1957年一般会計プランは，貸借対照表項目を単一の判断基準，すなわち，期限 (échéances) のみによって分類する。貸方項目は，債務性 (exigibilité) の低い順に計上される。負債の支払日がより遅くなるからである。借方項目は，流動性 (liquidite) の低い順に計上される。資産の収入日がより流動性の低い現金 (argent liquide) に転換されるからである (Kerviler I.=Kerviler L. [1986] p. 96)。なお，「図3-1」は，1957年一般会計プランによる単一判断基準を示す。また「表3-1」は，1957年一般会計プランによる機能的貸借対照表を示す。

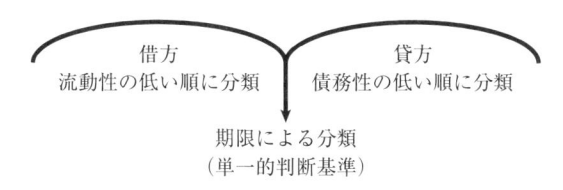

1957年一般会計プランの機能的貸借対照表において，借方は，最も長く存続する財貨・用役を最上位に固定資産として計上し，かつ流動性の高い財貨・用役は最下位に現金資金として計上する。貸方は，最も長期的な資金を最上位に資本金として計上し，債務性の高い負債は最下位に計上する。したがって，1957年一般会計プランの貸借対照表は，流動性および債務性を主要な判断基準と見做している。これに対し，1982年一般会計プランの貸借対照表は，流

```
         借方              貸方
    流動性の低い順に分類   債務性の低い順に分類
              期限による分類
              （単一的判断基準）
```

図3-1　1957年一般会計プランの貸借対照表

表3-1　1957年一般会計プランの機能的貸借対照表

借　方	y_n年度	貸　方	y_n年度
固定資産 棚卸資産 売掛金 現金資金		資本金 長期借入金 買掛金 当座借越	

動性および債務性を副次的な判断基準と見做し，企業の営業活動に必要な資金調達とその運用状態を表示（représentation）し，資金運用とその源泉の均等形式で借方と貸方の諸項目によって企業の財産状態を明らかにしている（Raffegeau et. al. [1988] p. 14）。したがって，1982年一般会計プランは，貸借対照表項目を段階的判断基準によって分類することになる。

　企業は，強制される多様な規制の枠組み内で生産手段を獲得し，その手段を活用して売上先に供給する財貨・用役を製造し，収支計算に基づいて一会計期間の経営成果を強調する。基本的には，企業は生産手段のすべてを獲得（資金運用）するために必要な資金調達（資金源泉）をおこなわなければならない（Raffegeau et. al. [1988] p. 13）。

　貸借対照表の貸方に計上される資金源泉には，(1) 経営者，構成員または株主によって拠出される資金（ressources）と，通常，企業によって恒常的に運用される資金，(2) 企業によって一時的に運用される資金，および (3) 企業が実現する利益（profit），という3種類がある（Raffegeau et. al. [1988] p. 13）。なお，「図3-2」は，企業資源の運動を示す。

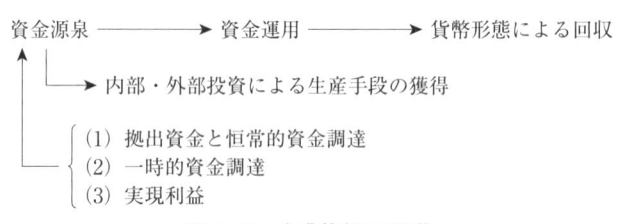

```
資金源泉 ──────→ 資金運用 ──────→ 貨幣形態による回収
   ↑         └─→ 内部・外部投資による生産手段の獲得
   │         ┌ (1) 拠出資金と恒常的資金調達
   └─────────┤ (2) 一時的資金調達
             └ (3) 実現利益
```

図3-2　企業資源の運動

　貸借対照表の貸方は，企業が所有する資金の源泉（origine）によって2つに分けられる。すなわち，第一次的判断基準は，貸方項目を源泉先別（provenance）に次のとおり分類計上することである。

① 自己資本：企業の所有者（株主）に対する負債
② 負債：企業の非所有者である外部者に対する負債

なお，企業にとっての第三者となる当座借越勘定 (comptes courants) は，負債の一部を構成し，所有者（株主）の負債額となる。但し，当座借越勘定に示される金額に対し，当該所有者の財務状態は，企業の財務状態を示すことになる。さらに，資本項目および負債項目は，その性質 (nature) によって再分類される。すなわち，第二次的判断基準は，貸方項目を性質別に次のとおり分類計上する。

① 資　　本：資本金（株主によって拠出される金額）
　　　　　　資本準備金（配当されない利益）
　　　　　　当期経営成果（利益準備金）
② 負　　債：金融負債
　　　　　　その他負債

なお，金融負債には社債借入（社債発行）および信用機関による負債（例えば，当座借越），その他負債には仕入負債，税務負債と社会負債（社会・個人保険に対する負債），固定資産負債（固定資産の仕入先に対する負債）が含まれる (Kerviler I.=Kerviler L. [1986] p. 93)。なお，「図 3-3」は，貸借対照表貸方項目の計上分類を示す。

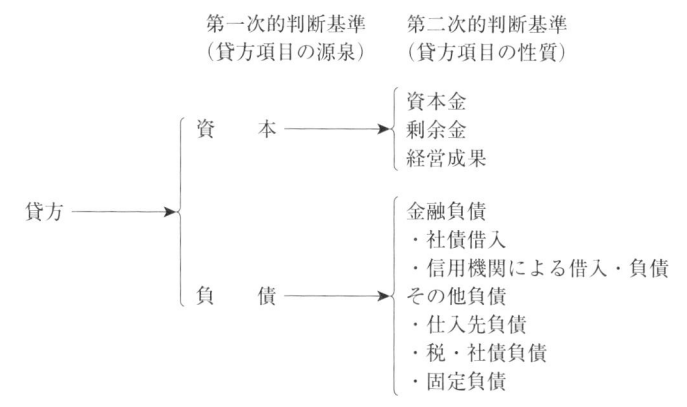

```
              第一次的判断基準      第二次的判断基準
              （貸方項目の源泉）    （貸方項目の性質）
                                 ┌ 資本金
                   ┌ 資　本 ────→│ 剰余金
                   │              └ 経営成果
         貸方 ────→│              ┌ 金融負債
                   │              │ ・社債借入
                   │              │ ・信用機関による借入・負債
                   └ 負　債 ────→│ その他負債
                                  │ ・仕入先負債
                                  │ ・税・社債負債
                                  └ ・固定負債
```

図 3-3　貸借対照表貸方項目の計上分類

貸借対照表の借方は，企業の資金運用状態を示し，恒常的運用（固定資産：土地，建物，資本参加証券，特許権など）と一時的運用（流動資産：債権，売買目的有価証券，現金など）とに分けられる。損失は，金融資金運用の一形態を構成する (Raffegeau et. al. [1988] p. 13)。借方は要素の使途先 (destination) によって2つに分けられる。すなわち，第一次的判断基準は，借方項目を使途先別に次のとおり計上分類する。

① 企業活動において恒久的活用に向けられる固定資産
② 流通するものに向けられる流動資産

さらに，固定資産および流動資産は，その性質により再分類される。すなわち，第二次的判断基準は，資産項目を性質別に次のとおり計上分類する (Kerviler I. = Kerviler L. [1986] pp. 91-92)。

① 固定資産：無形固定資産（例えば，営業権など）
　　　　　　有形固定資産（例えば，土地，建物，工業材など）
　　　　　　金融固定資産（例えば，子会社の参加証券など）
② 流動資産：棚卸資産（商人にとっては棚卸商品があり，製造業者にとっては原材料と完成品がある）
　　　　　　債権（特に売上先債権）
　　　　　　売買目的有価証券（証券とは企業が短期に現金を投入するために購入したものであり，原則として，相場が上昇すれば，ただちに企業は取得証券を売却するであろう）
　　　　　　当座資金 (disponibilité)（すべての現金資金勘定を統合する）

「図3-4」は，貸借対照表借方項目の計上分類を示す。

```
                第一次的判断規準      第二次的判断規準
               （借方項目の源泉）    （借方項目の性質）

                                    ┌ 無形固定資産
                        ┌ 固定資産 ──→│ 有形固定資産
                        │           └ 金融固定資産
           借方 ────────→│
                        │           ┌ 棚卸資産
                        │           │ 債権
                        └ 流動資産 ──→│ 売買目的有価証券
                                    └ 当座資金
```

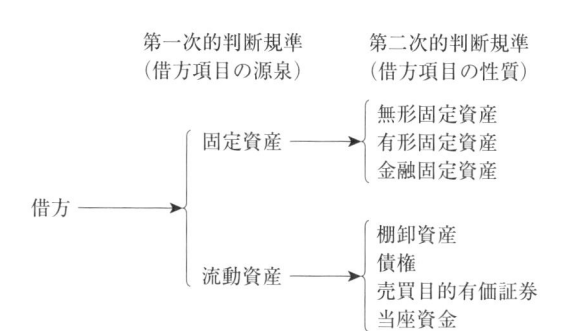

図 3-4　貸借対照表借方項目の計上分類

3-1-3　貸借対照表と勘定分類

　1982年一般会計プランは，貸借対照表を企業にとって一定日における資産項目，負債項目および両項目の差額である資本項目の一覧表であると定めている。当該日が，期間成果の処分前では期間成果が記載されるが，処分後では期間成果が記載されないことになる。期間経営成果の処分後には，貸借対照表の純状態が明示される。すなわち，①「資本勘定」，②「固定資産勘定」，③「棚卸資産勘定」，④「第三者勘定」および⑤「負債勘定」の5つの状態勘定は，会計年度末に統合される（Kerviler I.＝Kerviler L.［1986］p. 95）。なお，「表3-2」は，貸借対照表の勘定分類を示す。

表 3-2　貸借対照表の勘定分類

借　方		貸　方	
勘定分類 2	固定資産	自己資本	勘定分類 1
勘定分類 3	⎰ 流動資産	負債	
	⎱ 棚卸資産	金融負債	勘定分類 1
勘定分類 4	債権		
勘定分類 5	⎰ 売買目的有価証券	その他負債	勘定分類 5
	⎱ 当座資金		

　「表3-3」は，利益処分前の貸借対照表を示す。

表 3-3　利益処分前の貸借対照表

貸借対照表（処分前）

借　方	y_n 年度			y_{n-1} 年度	貸　方	y_n 年度	y_{n-1} 年度
	総額	償却	純額				
固定資産	××	××	××		資本	××	××
（無形・固定・財務）					資本金・準備金		
流動資産	××	××	××		繰越金		
調整勘定			××		成果項目		
社債発行差金			××		投資助成金		
借方換算差額			××		強制引当金		
					危険・費用引当金	××	××
					調整項目	××	××
					貸方換算差額	××	××
借方合計	××	××	××		貸方合計	××	××

3-2　財務報告書間の関連

　貸借対照表，成果計算書および資金調達表を比較しながら，成果計算書と資金調達表との計算機能を検討する。本節では，先ず成果計算書の計算機能，次に資金調達表の計算機能を検討する。

3-2-1　成果計算書の計算機能
(1)　成果計算書の定義

　1982年一般会計プランは，成果計算書を次のとおり定めている。すなわち，成果計算書は，一般経営勘定（comptes généraux de gestion）を基礎にして作成されるので，企業によって産出される総付加価値（valeur ajoutée brute）および総経営余剰（excédent brut d'exploitation）が直接的に計算できるようにする。また，自己金融力（capacité d'autofinancement）は総経営余剰から得られることになる（PCG1982 [1983] p. 154）。一般経営勘定は，「費用勘定」と「収益勘定」か

ら構成されるので，一定期間（原則として一会計期間）における（1）費用を計上する会計行為と（2）収益を計上する会計行為を区別し，その差額（利益または損失）を算定する。当該勘定によって算定される期間経営成果は，理論的に収益と費用の差額と期首と期末の資本変動額と一致する。しかし，実際には期間経営成果高に応じて課税されるという資本に直接影響する取引が介在するので，収益と費用の差額と期首と期末の自己資本変動額と一致するという検証が自動的に確認できなくなる（PCG [1983] p. 34）。具体的には，69勘定「従業員参加」と「所得税」が税引前当期成果から控除され，その次に税引後の期間経営成果高が計上されるからである。

(2) 経営活動成果の分析

貸借対照表は経営成果を明らかにする。但し，当該成果に関係する経営状況を示さない取引が存在するので，その取引を把握するために，会計が経営成果に影響を及ぼす取引を要約する成果計算書を利用することになる。すなわち，経営成果に影響する取引と影響しない取引とに区分する必要がある。なお，経

表3-4 成果計算書のひな型

成果計算書

費　用	収　益
営業費用	営業収益
60. 仕入	70. 売上高
61. 62. その他外部費用	71. 棚卸生産高（非棚卸）
63. 租税公課	72. 自家建設生産高
64. 人件費	74. 営業助成金
65. その他短期経営費用	75. その他短期経営収益
66. 財務費用	76. 財務収益
67. 臨時費用	77. 臨時収益
68. 減価償却費・引当金繰入額	78. 減価償却戻入額・引当金戻入額
69. ⎰ 従業員参加 ⎱ 所得税	12. 当期経営成果

営成果に影響を及ぼさない取引は，資金の運用またはその源泉の修正から成立つ。

① 支出・未収入項目

売掛金の入金（債権の減少・現金の増加）は資金運用の内容を修正する。

② 収入・未支出項目

為替手形の受取り（ある売掛金が同額で別の売掛金によって置換えられるが，その性質は異なる）は資金源泉の内容を修正する。

経営成果に影響を及ぼす取引は，企業が財貨・用役を供給して収益を獲得し，かつ財貨・用役を供給するために，企業はその他財貨・用役を消費して費用を算定する (Raffegeau et. al. [1987] p. 14)。

一会計期間における経営成果は，①企業の経常活動からなる経営活動，②直接的に経常活動の枠組内に入らない臨時経営活動，および③当期成果を修正する過年度損益修正項目から構成される (Raffegeau et. al. [1987] pp. 14-15)。1982年一般会計プランは，過年度取引に対し特別な取引区分を設けず，その性質により営業取引区分，財務取引区分および臨時取引区分に分けている (Kerviler I.=Kerviler L. [1986] p. 102)。

(3) 貸借対照表と成果計算書との関連

成果計算書は，企業活動から生じる一会計期間における資金源泉を表す貸借対照表の一勘定であり，単なる貸借対照表勘定の下位区分にすぎず，経営成果の諸要素に関する情報の要請に応じて作成される (Raffegeau et. al. [1987] p. 15)。したがって，成果計算書は利益処分前の貸借対照表の貸方に示される。

1982年一般会計プランの貸借対照表は，資産，負債および資本の差引勘定の関係を示す計算書ではない。各勘定は，独立して計算される。会計年度末に当期経営成果を算定するために，各勘定が貸借対照表に一括して計上される。残高表 (balance) は，借方合計と貸方合計が一致するので，検証機能を有し，記録される借方額の合計が貸方額の合計と対応することを保証する。したがって，残高表の残額は，「当期成果」が一方では貸借対照表，他方では成果分析勘定との関連を明らかにする (Raffegeau et. al. [1987] p. 21)。

3-2-2 資金調達表の計算機能
(1) 資金使途・源泉表の定義

　資金使途・源泉表 (tableau des emplois et des ressources de l' exercice) は，一会計期間における企業財産に影響を及ぼす資金運動を分析可能にするために作成される。資金使途・源泉表は，①投資の資金調達と運転資金の変動と②当座資金 (trésorerie) の調達方法とその使途を記述する。一会計期間における資金の流れの集計は「資金調達表」(tableau de financement) の形式を活用しておこなうことができる。かつ，資金調達表は一会計期間における自己金融力を基礎にして，期首貸借対照表と期末貸借対照表との財務連携 (liaison financière) を保証する。一会計期間における自己金融力は，資金調達表との連携機能表によって，「総経営余剰」である経営中間差額 (solde intermediaire de gestion) を基礎にして計算される。なお，自己金融力は，同様に一会計期間における成果を基礎にして計算することもできる (PCG1982 [1983] p. 188)。

(2) 勘定式資金調達表

　資金調達表は2部構成からなる。すなわち，第1部では企業の構造的手段に関する一会計期間の資金源泉とその運用が分析される。第2部では運転資金の諸要素の変動および当座資金調達の変動が分析される。(第2部で分析される)

表3-5 勘定式資金調達表のひな型

勘定式資金調達表

使　途	y_n 年度	y_{n-1} 年度	源　泉	y_n 年度	y_{n-1} 年度
期中支払充当金 固定資産取得費 　無形固定資産 　有形固定資産 　金融固定資産 数期間配分費用 資本減少額 (資本金減少・引出) 金融負債返済金			当期自己金融力 固定資産譲渡・減少： 　固定資産 　無形固定資産 　有形固定資産 　金融固定資産譲渡・減少 資本増加： 　資本金増加・出資金 　その他自己資本増加 金融負債増加		
使途合計	×××	×××	源泉合計	×××	×××
純運転資金変動合計額(純源泉)			純運転資金変動合計額(純使途)		

運転資金の純変動額は，(第1部で分析される) 資金源泉とその使途との差額に等しくなる。なお，当該変動額は，一会計期間における期末と期首との純運転資金の総額間の差額によって検証されなければならない (PCG1982 [1983] p. 188)。なお，「表3-5」は，勘定式資金計算書のひな型を示す。

(3) 貸借対照表と資金調達表との関連

既に指摘したとおり，資金調達表は，一会計期間における自己金融力を基礎にして，期首貸借対照表と期末貸借対照表との財務連携を保証する。なぜなら，資金調達表において計算される純運転資金の変動額は，期首・期末貸借対照表においても計算されるからである。勘定式貸借対照表においては，恒久資本 (純資本と長期負債額の合計) から固定資産額を減算して純運転資金の変動額を計算し，また流動資産額 (棚卸資産額，債権額および当座資金の合計) から短期資本 (短期負債) を減算して当該変動額を計算する (Cibert [1984] p. 187)。さらに，計算された純運転資金の変動額から必要な運転資金の変動額を減算して現金資金 (trésorerie) の変動額を計算する。報告式期末貸借対照表においては，資本金に減価償却費・引当金と金融負債額を加算して固定資産額を減算して純運転資金の変動額を計算する (PCG [1983] p. 246)。なお，「表3-6」

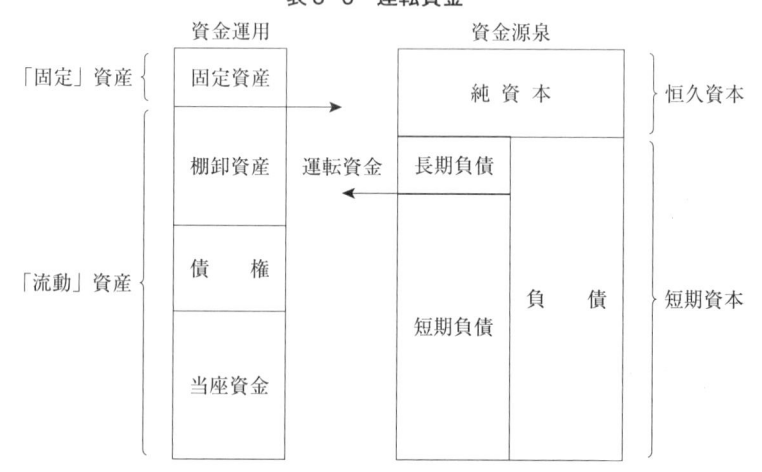

表3-6 運転資金

は，運転資金を示す。

むすび

　以上，貸借対照表項目の分類機能が企業財産，成果計算書項目の分類機能が企業の経営成果，かつ資金調達表項目の分類機能が企業の財務状態を明らかにすることを検討し，フランス制度会計における貸借対照表の役割を検討してきた。貸借対照表は，資産と資本・負債の有機的な諸勘定の集合体である。各勘定は，個別的に独立して計算される。したがって，貸借対照表の一勘定にすぎない成果計算書は，期首貸借対照表と期末貸借対照表とを連携させる役割を果たしている。資金調達表は，期首貸借対照表と期末貸借対照表との財務的連携を保証している。なぜなら，貸借対照表は企業財産を明らかにするが財務状態を示さないので，当該状態は資金調達表に委ねられるからである。

　1982年一般会計プランは，資金調達表の作成意義を充分に認知し，資金調達表を基礎体系に組込むことを考えていたにも拘わらず，実際には，基礎体系において貸借対照表，成果計算書および附属明細書を一組として作成することを定めていた。附属明細書は，財務報告書の利用者による有用性の視点から基礎体系に組込まれていると解される。しかし，資金調達表を除いて，貸借対照表と成果計算書との連携からは，フランス制度会計の有機的な計算構造が充分に見出されない。したがって，企業の営業状況を把握するためには，資金調達表も基礎体系に組込むことが望ましいことになる。

注

(注1)　résultat とは，1つの目標に向かって導かれる意識的な活動をおこなうことであり，企業会計の場合には勘定の差額として意味づけられる。本章では，résultat を「成果」と訳する。Henri COTTEZ, Josette REY-DEBOVE, Alain REY, "Le Petit Robert 1", Dictionnaires LE ROBERT, 1988, p. 1694.

(注2) provisions réglementées は，租税一般法によって定められているので，本章では「強制引当金」と訳する。なお，provisions légales は，商法典第14条によって定められているので「法定引当金」と訳する。

第4章
貸借対照表の計上能力
―財産・財政状態の表示―

は じ め に

　フランスは，EC 第 4 号指令を導入した後，1982 年に一般会計プランを改訂した。ここでの一般会計の目的は，「①財産としての積極側および消極側の状態，②一会計期間の経営成果」（PCG1982 [1983] p. Ⅶ）を定期的に明らかにすることと定められた。当該目的を達成するための具体的な手段として，1982 年一般会計プランは，貸借対照表（Bilan），成果計算書（Compte de résultat）および附属明細書（Annexe）から構成される財務報告書の作成およびその開示に関する規定を次のとおり定めた。すなわち，財務報告書は，あらゆる状況下でも，企業の財産（patrimoine），財政状態（situation financière）および諸成果（résultats）に対する忠実性を与えなければならない。たとえ，1982 年一般会計プランの規定から離脱してでも，忠実性が確保されなければならない（PCG1982 [1983] p. 153.）。すなわち，貸借対照表は，企業の財産および財政状態を忠実に写像しなければならない。かつ，成果計算書は，企業の諸成果を忠実に写像しなければならない。

　一般会計プランは，継続経営を前提とした会計理論に基づき体系化された会計システムであり，その基本的目的は企業資金の効果的運用となる。したがって，企業の潜在的収益力を表示する貸借対照表が財務報告書の中で最も重要な報告書として位置づけられることになる。そこで，貸借対照表に経済的な運用効果を明示するよう求めるならば，貸借対照表の計上能力は企業の財産状態から財政状態へと段階的に拡張されることになる。このことは，資産および負債

の認識を拡大解釈することになる。そして,資産概念が拡張し,貸借対照表積極側には,資産としての属性をもつ企業資金の具体的な運用状態,費用としての属性をもつ費消済みの資産,および収益としての属性をもつ給付請求が表示されることになる。このことが,企業資金の具体的な存在形態を不明瞭に導くことになる。また,負債概念が拡張し,貸借対照表消極側には,自己資本,第三者への返済義務がある債務とその義務のない見積負債および費用としての属性をもつ給付義務が表示される。このことが,企業資金の源泉形態を不明瞭に導くことになる。上述のことから,貸借対照表積極側には,正の財政状態が表示されるといわれることになる。それに対し,その消極側には,負の財政状態が表示されるといわれることになる。

　フランス制度会計は,企業の財産,財政状態および経営成果を忠実に写像する財務報告書の作成を要請する。そして,資産は正の経済価値をもつ財産項目,負債は負の経済価値をもつ負の財産項目と定めた。資産の計上能力は,形式的な開示機能と実質的な処分可能利益計算の視点から検討すべきである。少なくとも,フランス制度会計は,開示機能よりも処分可能利益計算を重視したかたちで資産評価の基準として取得原価基準を定めたものと解する。

　経済価値を資産の計上能力とする根拠を演繹的に論理展開すると,貸借対照表に記載されている財政項目は,財産項目と非財産項目に区分される。すなわち,前者の項目を記載したものを財産貸借対照表と称し,後者の項目を記載したものを非財産貸借対照表と称することにする。この表示法によると,貸借対照表は,財産貸借対照表と非財産貸借対照表に区分される。前者の財産貸借対照表は,現在の支払能力を表示できる。これに対し,後者の非財産貸借対照表は,将来の支払能力を現在化して表示できる。

　本章の研究目的は,フランス制度会計における貸借対照表の表示能力が企業の財産状態から財政状態へと拡張されたことによる財産状態の表示能力および非財産状態の表示能力を解明する。本章では次のことが論点となる。

　① 正の経済価値は,財産項目と非財産項目を包含する。

② 負の経済価値は，負の財産項目と負の非財産項目を包含する。
③ 取得原価基準は，経済価値を評価するための適正な評価の基準である。
④ 成果計算書は，貸借対照表の一勘定である。

4-1 財産状態の表示

　貸借対照表の積極側には，固定・流動資産，積極側調整勘定およびその他積極側勘定が記載される。これに対し，当該表の消極側には，自己資本，危険・費用引当金，債務，消極側調整勘定およびその他消極側勘定が記載される。ここに計上される諸項目が企業の財産状態ないしは非財産状態を忠実に写像しているのか否かを検討すべきである。本節では，貸借対照表のどの項目が企業の財産状態を忠実に写像するのかを解明するために，実在資産，資本および負債の計上能力を検討する。

4-1-1 貸借対照表の定義

　1982年一般会計プランによると，貸借対照表は，企業にとっての一定日における資産項目，負債項目および両項目の差額に相当する自己資本項目によって構成される一覧表である (PCG1982 [1983] p. 18 et p. 154)。貸借対照表の作成日には，①企業の権利と義務の状態 (situation de droits et obligations) および②企業が使用できる財産目録を表示する[注1] (PCG1982 [1983] p. 154)。

　資産項目，負債項目および資本項目の相互関係を明らかにするにあたって，会計の基本的な立場をあらわす概念である会計主体論 (森川 [1988] p. 33) を取上げる。これは，大別すると，株主側からの理論と株主から独立した企業側からの理論がある。

　先ず，株主の立場から体系化された理論によると，その基本的な立脚点は，企業が株主の所有物であるところにある。この理論は調達資金の源泉先に着目するので，資産は株主が所有する財産となる。負債は株主が負担する義務となる。そして，資本は株主による拠出資金および経営成果の内部留保額となる。

これらの三者の関係を式で示すと，次の資本等式となる。

$$A - D = K \quad \text{①}$$

（注）A：資産　　D：債務　　K：成果処分前純財産

　次に，企業の立場から体系化された理論によると，その基本的な立脚点は，企業が株主から独立した実体にあり，企業自身，権利義務の主体となれるところにある。この理論は調達資金の使途先に着目するので，資産は企業が所有する財産となり，債務は第三者から資金調達した企業資本となり，そして，資本は株主から資金調達した企業資本および経営成果の内部留保額となる。これらの三者の関係を式で示すと，次の貸借対照表等式となる。

$$A = D + K \quad \text{②}$$

　ところが，今日の企業観は，株主ないしは企業のいずれかの一方的な立場からだけでは説明できない。なぜなら，資産，負債の概念が拡張されて，その結果，自己資本の概念が拡張されたからである。③式で示すとおりに，資産概念がAから（A+A′）へと拡張されたことにより，資産は正の財政状態を表示するといわれる。また，負債概念がDから（D+D′）へと拡張されたことにより，負債は負の財政状態を表示するといわれる[注2]。そして，前者の2つの概念の拡張によって，資本概念がKから（K+K′）へと拡張された。

財産・非財産等式は，次のとおりである。

$$(A+A') - (D+D') = (K+K') \quad \text{③}$$

財産状態を表示する貸借対照表等式は，次のとおりである。

$$A - D = K \quad \text{④}$$

非財産状態を表示する貸借対照表等式は，次のとおりである。

$$A' - D' = K' \quad \text{⑤}$$

そこで，新たに提唱される会計主体論は，社会的な制度として存在する企業の立場を取りながらも，株主の立場を中核に据えた企業参加理論である。この理論には次の2つの特徴がある。すなわち，①中核的な位置づけとしての株主の立場，②社会制度としての企業体の認識である。先ず，株主と経営者の間におこなわれた資金の委託・受託関係を考慮せざるをえない。私有財産制度のもとでは，株主からの調達資金に対する配当が利益処分されるのに対し，第三者からの調達資金に対する負債が費用処理される。その結果，資金源泉の異なる資本と負債が区別されて会計処理される。次に，私有財産制度を基盤として成立する社会的制度の枠内では，株主の基本的な立場を考慮しながらも，社会的制度としての企業体を認識する。ここでの企業体は，株主から独立した実体として，社会にとって必要な財貨・用役の給付機能を果たす有機的結合体として存在する。資金源泉の異なる資本と負債は，それらの社会的給付機能の側面から，同一視する企業資本として認識される。

財産・非財産等式は，結果的に，資本等式を拡張したものである。Aは株主が現時点で所有する財産である。A′は，株主が所有する可能性の高い財産であるのに，現時点では株主に対して非財産である。Dは株主が現時点で負担する義務である。D′は，株主が負担する可能性が高い義務であるのに，現時点では株主に対して非債務である。そして，Kは株主による拠出資金および経営成果の内部留保額である。K′は，実現する可能性が高い内部留保額である。

4-1-2 貸借対照表の計上項目

貸借対照表積極側には，収益獲得能力という一般的な性質をもつ資産が計上されることから，実在資産 (actif réel) 項目，擬制資産 (actif fictif) 項目，積極側調整勘定項目およびその他積極側勘定項目が表示される。その内訳項目は，次のとおり定義される (Villeguérin [1984] pp. 20-21)。

① 実在資産は，個別譲渡性のある財産としての換金価値をもつ。

②　擬制資産は，資産としての法的効果を付与されたもので，法律によって「設立費」，「研究・開発費」および「繰延費用」の資産計上が容認される。
③　積極側調整勘定項目は，費用の繰延べおよび収益の見越しである。
④　その他積極側勘定項目は，社債償還差金および積極側換算差額である。

　上述のことから，積極側には，実在資産の計上による正の財産状態を表示し，それに加えて，擬制資産，積極側調整勘定項目およびその他積極側勘定項目を計上することで，正の財政状態を表示することになる。

　貸借対照表消極側には，自己資本，危険・費用引当金，債務，消極側調整勘定項目およびその他消極側勘定項目が表示される。その内訳項目は，次のとおり定義される。

①　自己資本は，株主からの拠出資金および経営活動から生じる成果の内部留保額である。
②　危険・費用引当金は，債務としての法的条件を備えていないが，企業の業績を表示する効果をもつ。
③　債務は第三者への返済義務という性質をもつ(注3)。
④　消極側調整勘定項目は，収益の繰延べおよび費用の見越しである。
⑤　その他消極側勘定項目は消極側換算差額である。

　上述のことから，負債の部には，負債の計上による負の財産状態を表示し，それに加えて，危険・費用引当金，消極側調整勘定項目およびその他消極側勘定項目を計上することによって，負の財政状態を表示することになる。また，自己資本の部には，株主からの拠出資金および経営活動から生じる成果の内部留保額を計上することによって，純の財産状態を表示する。それに加えて，再評価差額を計上することによって，純の財政状態を表示することになる。

　以上のことから，貸借対照表には，実在資産，負債および自己資本が計上されることで企業の財産状態が表示される。それに加えて，擬制資産，再評価差額，危険・費用引当金，債務，調整勘定項目およびその他勘定項目が計上され

表 4-1　財産・非財産分離貸借対照表

（積極側）　　　　　　　　　　　　　　　（消極側）

実在資産：	資本：
…………	…………
…………	再評価差額
…………	任意再評価差額
…………	再評価積立金
…………	当期成果
…………	再評価特別引当金
…………	
擬制資産	危険・費用引当金
組織費	債務：
研究・開発費	…………
調整勘定：	調整勘定：
前払費用	前受収益
未収収益	未払費用
期間配分費用	…………
その他積極側勘定項目：	その他消極側勘定項目：
社債償還差金	
積極側換算差額	消極側換算差額

ることで，企業の財政状態が表示されることになる。なお，「表4-1」は，財産と非財産の項目を区分した貸借対照表の雛型を示す。

つまり，一会計期間の期首に作成される貸借対照表は，その前期末に作成された貸借対照表と対応していなければならない (Villeguérin [1984] p.112)。

4-2　非財産状態の表示

フランス制度会計において，貸借対照表の積極側は，企業の正の財政状態を表示する。この財政状態を表示する項目には，その枠内で，正の財産状態を表示する項目と正の非財産状態を表示する項目が混在する。したがって，ある基準に従って2つの項目を区分する。後者の非財産状態を表示する項目は，繰越費用，見積費用ないしは見越費用という性質をもっている。具体的な項目として，擬制資産，積極側調整勘定およびその他積極側勘定が挙げられる。これに

対し，消極側の負債の部は，企業の負の財政状態を表示する。この財政状態を表示する項目には，負の財産状態を表示する項目と負の非財産状態を表示する項目が混在する。したがって，ある基準に従って2つの項目を区分する。後者の非財産状態を表示する項目は，見越費用，見積収益ないしは繰越収益という性質をもっている。具体的な項目として，危険・費用引当金，消極側調整勘定およびその他の消極側勘定が挙げられる。本節では，繰延べ・見越し・見積りの費用項目および繰延べ・見越し・見積りの収益項目が企業の財政状態を忠実に写像することを解明するために，これらの具体的項目を取上げて，それぞれの計上能力を検討する。

4-2-1 擬制資産の表示

1982年一般会計プランによると，資産は，企業にとっての正の経済価値となる財産項目であると定義された (PCG1982 [1983] p. 17)。これは，通常，取得時ないし決算時に評価されるもので，その時の市場性のある財貨・用役の効用によって得られる経済的便益であると解される。この定義には擬制資産が該当しない。なぜなら，擬制資産は，企業資金の運用結果として費用化された額を一定の基準で配分したものにすぎず，市場性のある財貨・用役の効用によって便益が得られるとは限らないからである。それにも拘わらず，擬制資産を貸借対照表積極側に計上するのは，継続経営を前提とする今日の企業において，使用目的で有償取得した財貨・用役を売却する意思がなく，その効用により発現する将来の便益に期待するからである。

以上のことから，おもに次の2点が指摘される。先ず，個別的譲渡性のない擬制資産を計上することにより，貸借対照表積極側は，正の財産状態だけではなく，正の非財産状態をも表示することになる。次に，支出時の費用として計上すべきところを数期間に割当て費用計上することにより，費用の平準化がおこなわれる。このとおりに費用操作の介入余地を残すことは，一方では，企業の経営的実態を忠実に写像する視点から否定される。他方では，多種・多様な利害関係者の利害を効果的に調整する視点から肯定されることもある。

4-2-2 危険・費用引当金の表示

1983年フランス商法によると，見積費用である危険・損失引当金（provisions pour risques et pertes）は，当期中に生じている危険・損失または次期以降に生じる危険・損失が当期の費用として会計処理されなければならず，たとえこれらの危険・損失が財務報告書の締切日とその作成日との間に確認されたとしても，当期の費用として処理されなければならないと定められている（同法第14条第3項）。同法における危険・損失引当金は，1982年一般会計プランにおける危険・費用引当金（provisions pour risques et charges）に相当する。

1982年一般会計プランによると，危険と費用は，実現する可能性の高い突発的な事実または進行中の事実から生じ，その対象については明確化されるのに，その実現が未確定なものであると定義される（PCG1982 [1983] p. 37）。この定義から，危険・費用引当金を設定するための4つの条件が明らかになる。

① 企業の財産と諸成果を悪化させる事実が取引の性質から生じていること
② この事実が将来において実現する可能性が高いこと
③ 危険と費用に対処する支出項目が限定できること
④ その支出額を合理的に見積もることができること

以上のことから，危険・費用引当金は，負債としての法的条件を備えていないが，負の非財産状態を表示するといえる。もっとも，実現する可能性が高い負債を計上することは，費用の慎重な会計処理につながるが，同時に，企業業績を表示する効果をもたらすことになる。なお，「表4-2」は，危険・費用引当金を示す。

4-2-3 調整勘定項目の表示

企業の非財産状態を明らかにするためには，経過勘定を用いて，貸借対照表を修正しなければならない。当期の経営活動に関連する費用および収益は，成果計算書を修正する必要がある。但し，当期に計上される費用および収益に限定する。具体的には，積極側の調整勘定項目における期間配分費用，前払費用

表4-2 危険・費用引当金

151　危険引当金
1511　係争引当金
1512　製品保証引当金
1513　先物取引損失引当金
1514　罰金・違約金引当金
1515　為替差損引当金
1518　その他危険引当金
153　年金等引当金
155　納税引当金
156　固定資産更新引当金（免許企業）
157　期間配分費用引当金
1572　特別修繕引当金
158　その他費用引当金
1582　有給休暇関連社会・租税公課引当金

(charges constatées d'avance) および未収収益 (produits ā recevoir)，そして，消極側調整勘定項目における未払費用 (charges ā constater) および前受収益 (produits constatés d'avance) が挙げられる (Raffegeau [1987] p. 13)。

　積極側の調整勘定項目には，前払費用である費用の繰延べおよび未収収益である収益の見越しがある。前者の繰延費用は，取引時での取引額を記録した後に，その契約期間が決算時までに終了せずに次期以降に継続する場合に計上される。決算期に取引開始時から決算時までの経過分に相当する支出の額が，当期の費用として計上される。これに対し，未経過分に相当する費用は，当期の資産として計上される。すなわち，契約期間の未経過分に相当する前払費用は，契約相手に対する財貨・用役の給付請求権である。これは，時の経過とともに必然的に費用化されるので，経過的に資産として計上される。実在資産と比較すると，前払費用は，決算時での市場性のない財貨・用役の効用による経済的便益であるから，実現する可能性の高い費用となる。したがって，企業の正の非財産状態を表示することになる。これに対し，後者の未収収益は，決算期に取引開始時から決算時までの経過分に相当する収入の額にも拘わらず，当期の収益として計上されていない。そこで，経過分に相当する収益が当期の資産として計上される。すなわち，契約期間の経過分に相当する未収収益は，契

約相手に対する給付済みの財貨・用役に相当する代金請求権である。これは，時の経過とともに必然的に収益化されるのに対し，その対価としての収入がおこなわれていないので，経過的に資産として計上される。実在資産と比較すると，未収収益は，未実現収益であるのに，実現する可能性の高い収益である。したがって，企業の正の非財産状態を表示することになる。

消極側の調整勘定項目には，未払費用である費用の見越しおよび前受収益である収益の繰越しがある。前者の見越費用は，決算期に取引開始時から決算期までの経過分に相当する支出の額である。契約期間の経過分に相当する未払費用は，契約相手に対する給付済みの財貨・用役に相当する支払義務であるので，時の経過とともに必然的に費用化される。ところが，その対価としての支出がおこなわれていないので，経過的に負債として計上される。これに対し，後者の繰越収益は，決算期に決算時から取引終了期までの未経過分に相当する収入の額である。契約期間の未経過分に相当する前受収益は，契約相手に対する給付済みの財貨・用役に相当する代金請求権であるので，時の経過とともに必然的に収益化される。ところが，その対価としての収入がすでにおこなわれているので，経過的に負債として計上される。実現負債と比較すると，前受収益は，未実現収益であるのに，実現する可能性の高い収益であるので，企業の負の非財産状態を表示することになる。

4-2-4　その他勘定の表示

その他積極側勘定項目には，社債償還差金および積極側換算差額がある。これに対し，その他消極側勘定項目には消極側換算差額がある。

1982年一般会計プランによると，外貨建債権・債務は，最終の為替相場に基づいて国内通貨に換算した後に，会計処理される (PCG1982 [1983] pp. 104-105)。決算日の換算率を適用して，会計処理済みの国内通貨の額を修正する場合には，将来の調整が予想された換算差額で経過勘定 (comptes transitoires) に表示される。潜在損失 (476勘定) に相当する差額は，貸借対照表の積極側に表示される。これに対し，潜在利得 (477勘定) に相当する差額は，その消極側に

表示される。潜在利得は成果の構成要素として組込まれないのに，潜在損失は為替損失による危険と認識される。これは，危険引当金の設定により計上される。以上のことから，積極側換算差額は企業の正の非財産状態に表示するのに対し，消極側換算差額は企業の負の非財産状態を表示することになる。

引当金の設定により計上される潜在損失に相当する額は，この計上をもってしても，企業の負の非財産状態についての忠実性が得られなければ，企業は，必要な修正をおこなわなければならない。この修正について，1982年一般会計プランでは，次の4つの場合を想定している（PCG1982［1983］p.105）。

① 為替変動による危険を回避するために，二重取引（opération parallèle）が双方でおこなわれた場合には，為替予約によって補填できない危険を限度として，引当金が設定される。
② 外貨建借入金について，潜在損失が確認され，その借入金と同じ貨幣単位をもつ国で固定資産を取得した場合には，原則として，その借入金によって生じる潜在損失に対する引当金は設定できない。
③ 潜在損失と潜在利得が類似取引から生じる場合には，潜在利得を超過する潜在損失を限度として，引当金は設定できる。
④ 外貨建借入金によって負担すべき財務費用が国内通貨で借入れたときより小さい場合に，計算上の費用と実際の費用との差額を限度として，一年間にわたる引当金繰入額が計上される。潜在損失が数年間に及ぶ場合には期間配分が可能である。

4-3　取得原価基準による資産計上

4-3-1　財産の評価規準

1983年フランス商法は，「第2篇　商人会計」で会計帳簿に記録すべき企業財産の価額について，取得時における評価の基準と決算時における評価の基準を定めた。固定資産については，代替可能資産（biens fongibles）を基準に，有

形，無形および金融とに分類した。なお，有形・無形固定資産については再評価基準を容認している。

1983年フランス商法第12条は，[資産評価規準] を定めている。その適用については，第4号指令調和化施行令第7条が [資産評価規準の補足事項] を定め，同法第8条は，[固定資産の減価基準] を定め，そして1983年フランス商事会社法第246条が [分配可能利益] を定めている (Code [1999] pp. 16-17)。

1983年商法第12条 [資産評価規準]
① 企業財産への流入日に，有償取得による取得原価，無償取得による財貨は市場価値で記録され，かつ製造財貨は製造原価で記録される。
② 固定資産諸項目について，棚卸時に維持される価値は，必要に応じて償却計画に従って計上されなければならない。
③ ある資産項目の価値が純簿価を下回るならば，その減価が確定であるか否かに拘わらず，純簿価は，当期締切日における棚卸価値として計上される。
④ 代替可能財貨は，取得または製造の加重平均原価法，先入先出法で評価される。
⑤ 財貨の棚卸価値と流入価値との差として認識される価値増加は，計上されない。有形・金融固定資産のすべてを再評価する場合，現在価値と簿価との差である再評価差額は，損失を塡補するために利用され得ない。この差額は，貸借対照表消極側に区別して表示される。

EC第4号指令調和化施行令第7条 [資産評価規準の補足事項]
商法第12条の適用のために，
① 取得原価は，財貨の購入価格にこれを使用可能な状態にするために必要な附随費用を加えたものに等しい。
② 製造原価は，費消材料の取得原価に製造の直接費と間接費配賦額を加えたものに等しい。固定資産の製造に投資するために借入れた資本について，

その利息が製造原価に含められるのは，当該利息がその製造期間と関連する場合である。流動資産項目について，本法第11条以下で定義されるとおり，この計上能力は，製造循環が一会計期間を必然的に超える場合に認められる。これらの算入の正当性およびその金額は，商法第8条第3項で定められた附属明細書に記載される。

③　無償で取得された財貨について，その市場価値は，市場の通常状況下で支払われるであろう価格に相当する。

④　現在価値は，市場および企業にとっての財貨の効用に応じて見積られる。

⑤　棚卸価値は現在価値に等しい。但し，非金融固定資産の棚卸価値がその純簿価を著しく下回らない場合には，当該純簿価が棚卸価値として採用される。

EC第4号指令調和化施行令第8条　[固定資産の減価基準]

①　固定資産の減価は，本条第2項の規定に該当する場合を除き，償却によって確認される。このことは，償却計画に従って，財貨原価を使用蓋然期間に配分することである。財貨の使用状態について有意な修正は，実施中の償却計画を変更させる正当な理由になる。

②　資産項目価値が減少し，その原因が不可逆的でないと判断された事実によるならば，この減価は減価引当金として計上される。

③　償却引当金と減価引当金は，これらに対応する項目を価値減価させる方法であり貸借対照表積極側に区別して表示される。

④　危険・費用について，その対象が明確に限定され，その事実が生起したかまたは生起中であり，しかもその実現可能性が高い場合に，当該費用・危険は引当金の設定によって計上される。

⑤　計上済みの引当金が成果に戻入されるのは，その設定理由が存在しなくなったときである。同様に，減価償却費についても成果に戻入れできるけれども，その場合は例外的であり，その理由が附属明細書に記載される。

1983年フランス商事会社法第346条［再評価差額の処理］

④ 再評価差額は分配されない。なお，当該差額は，その全部または一部を資本組入できる。

なお，「表4-3」は，企業財産の評価規準を要約した表である。

表4-3　企業財産の評価規準

```
(1) 取得日における評価：
  (a) 有償取得による財貨……取得原価
  (b) 無償取得による財貨……市場価値
  (c) 製造財貨………………製造原価
(2) 決算日における評価：
  (a) 固定資産（有形・無形・財務）
    ・純簿価＞棚卸価値の場合：
      減価原因が不可逆的であるとき……償却による費用を計上する
      減価原因が不可逆的でないとき……引当金による費用を計上する
      但し，非金融固定資産については著しい下落の場合に費用を計上する
    ・純簿価＜棚卸価値の場合：
      再評価による評価益を計上しない
      但し，有形・金融固定資産について評価益を計上する
  (b) 代替可能資産：加重平均原価法，先入先出法による棚卸価値を算出する。
    ・純簿価＞棚卸価値の場合：引当金による費用を計上する
    ・純簿価＜棚卸価値の場合：再評価による評価益を計上しない
```

　これらの評価規準は，固定資産と代替可能資産を含めて取得価額を基礎として評価する。非貨幣性資産の評価について，取得原価に基づく取得原価基準を採用することは，会計の基本的な計算目的である利益計算の原型を収支計算においていることを意味する。このことは，そこでの利益が投下資本（支出）の期間計算的な回収（収入）計算に基づいて回収剰余額として表れることを示すものである。

　このとおり，取得原価基準は，投下資本の期間計算的な回収剰余額としての利益計算構造を前提とした評価の基準であり，そのことはまたそこでの利益が制度的な特質として処分可能性であることを意味する。前掲の評価規準にみられるとおり，資産について，原則として時価の下落による相当の減額をおこな

う (1983年フランス商法第12条第2項) のは, 利益の処分可能性を根拠としているものとみることができる。また, これらの基準は債権者をはじめとした取引関係者の保護を目的とする商法の立法趣旨にも適うものである。なお, 非金融固定資産について,「棚卸価値が純簿価を著しく下回らない場合」(EC第4号指令調和化施行令第7条第5項) には, 純簿価を棚卸価値として採用する。

4-3-2 固定資産の評価規準

1983年フランス商法は, 固定資産の取得日における評価として, 次の3通りの場合を定めた (同法第12条第2項)。

① 有償取得による固定資産については, 取得原価で評価される。
② 無償取得による固定資産については, 市場価値で評価される。
③ 製造による固定資産については, 製造原価で評価される。

固定資産の減価について, その原因が不可逆的である場合とない場合では会計処理が異なる。前者は償却により費用計上し, 後者は引当金により費用計上する。

減価原因が不可逆的である場合に,「償却計画に従って計上」という文言は, 減価の原因などを分析調査したうえで会計的に予測された使用蓋然期間にわたって, 一般に認められた会計慣行として定着している直線償却 (amortissement linéaire), 逓減償却 (amortissement dégressif) および逓増償却 (amostissement progressif) といった減価償却方法に従って計算される規則的な償却計算を挙げているものと解される。なお, フランス租税一般法は, 企業が一般に認められる償却方法を適用しているならば, それを斟酌する (同法第39条第1項)。

他方,「財貨の使用状態について有意な修正」とは, 予測できなかった技術革新の急速な進行などによって急激な経済的減価が生じ, 陳腐化や適応化が生じた場合である。その場合の「有意な修正」(EC第4号指令調和化施行令第8条①) は, 予測しなかった陳腐化や不適応化に基づき臨時償却費として計上することによって会計処理されるものと解される。なお, 災害などによって有形固定資

産の一部もしくは全部が減失ないし損傷を受けた場合にも,「有意な修正」がなされるべきである。その場合の「有意な修正」は減失ないし損傷に基づき特別償却費として計上することによって会計処理されるものと解される。

減価原因が不可逆的でない場合には,減価引当金の設定により費用計上する (EC 第4号指令調和化施行令第8条第3項)。また,「危険・費用の対象が明確に限定され,その事実が生起したかまたは生起中であり,しかもその実現可能性が高い場合」には,費用・危険引当金の設定により費用計上する (同令第8条第4項)。

1983年フランス商法は,「財貨の棚卸価値と流入価値との差として確認される価値増加は計上されない。」(同法第8条第4項) と定めた。原則として評価益の計上は禁止されている。しかし,「現在価値と純簿価との差である再評価価値は,損失を塡補するために利用され得ない。」(同法第8条第4項) という条件のもとで,有形・金融固定資産については,再評価による評価益の計上が容認されている。つまり,評価益は貸借対照表の資本の部に表示されなければならない。但し,再評価差額は資本組入れが認められる。

4-3-3 棚卸資産の評価規準

1983年フランス商法は,棚卸資産の評価規準について,その取得日に,有償取得による財貨は取得原価,無償取得による財貨は市場価値,ならびに製造財貨 (biens produits) は製造原価 (coût de production) で記録される (同法第12条第1項) と定めた。すなわち,同法は取得原価基準を定めたことになる。また,同法は,「利益が計上されないかまたは計上されても不充分な利益である場合でも,計上すべき償却および引当金を設定しなければならない。」(同法第14条第2項) と定めた。この規定は,特殊な場合での評価規準を定めた。すなわち,同法は,棚卸価値が純簿価より低い場合に,棚卸資産減価引当金の設定により評価損を計上する,いわゆる低価基準の適用を強制する。なお,「表4-4」は,流動資産評価の基準を要約した表である。

1983年フランス商法は,原則的には取得原価,製造原価または市場価値を

表 4-4　流動資産評価の基準

原則規定：原価基準（取得原価，市場価値または製造原価） 強制規定：低価基準（減価引当金の設定）

付する。すなわち，同法は取得原価基準を定める。取得原価は，購入価額に取得財貨を使用状態にするために必要な附随費用を加算した額である。製造原価は，費消材料の取得原価に製造の直接費と間接費配賦額を加算した額である。および，市場価値は，通常の市場状況における支出額である（EC 第 4 号指令調和化施行令第 7 条第 1 項，第 2 項，第 3 項）。もっとも具体的には，加重平均原価法，先入先出法のいずれかを適用することになる。しかし，上掲のように，「引当金を設定」（1983 年同法第 14 条第 2 項）する場合には，その減価原因が「不可逆的（irréversible）でないと判断される事実（effets）」（EC 第 4 号指令調和化施行令第 8 条第 2 項）によるならば，純簿価と棚卸価値とを比較して低い方の価額で評価する。この処理方法は，会計慣行上，古くから一般に認められた評価の基準である。取得原価基準の会計制度のもとでも，低価基準は，慎重な会計処理を求める慎重性の原則（同法第 14 条第 1 項）の見地からその合理性が認められる。しかも，有用な原価を繰越すための処理方法として，その会計理論的な合理性が認められる。なお，そこでの時価については，再調達価額または正味実現可能価額のいずれかを選択する。このことは，会計慣行上容認されるが，客観性の面からは再調達価額の方に合理的がある。

4-3-4　債権の評価規準

1983 年フランス商法は，「引当金を設定」（同法第 14 条第 2 項）を定めた。売上先への財貨・用役に対する債権が回収不能となった場合には，回収不能債権損失（pertes sur créances irrécouvrables）を計上する。その債権が回収不能と予測される場合には，債権減価引当金の設定による評価損を計上する。

4-3-5　有価証券の評価規準

1983年フランス商法は,「引当金を設定」(同法第14条第2項) を定めた。有価証券について, 棚卸価値が純簿価より低く, その評価損が不可逆的でない場合には, 有価証券減価引当金を設定し, その評価損を計上する。

有価証券についても, 取得原価基準を原則的な評価の基準として定めること (1983年同法第12条第1項) は, 取得原価主義会計を計算の基礎構造とするかぎり当然の規定である。また, 流動資産に属する売買目的有価証券について時価下落時の強制時価評価の基準を設けている。このことは, 棚卸資産の評価の基準と同様に有用な原価の繰越しを測るものである。同様に, 固定資産に属する資本参加証券および投資証券についても, 減価引当金を設定し, その評価損を計上する。

4-3-6　営業権の評価規準

EC第4号指令調和化施行令は,「営業権 (fonds de commerce) に関する取得事項 (éléments acquis) は, 貸借対照表上の『営業権 (fonds commerciaux)』という項目で記録され, それ以外の項目で記録されない。」(同令第19条第3項) と定めた。すなわち, 同施行令は, 有償取得による営業権について記録すべき項目を指示したにすぎず, 償却規定については何も定めていない。

1982年一般会計プランは,「営業権は, 貸借対照表において独立した評価および会計処理の対象とならず, 企業の潜在的活動を維持ないし発展させるのに役立つ無形項目 (éléments incorporels) によって構成される。」(PCG [1982] p. 29) と定めた。そして, 同プランは,「この無形項目は, それに附随する一定価値を付与する法的保護を必然的に享受していない。」(PCG [1982] p. 120) と定めた。この無形項目は, 無形固定資産の下位勘定である勘定207『営業権』に記録される。なお, 自己創設の営業権に関する無形項目は, 会計処理されない (Villeruérin [1983] p. 422)。

営業権の償却に関する規定は, フランス制度会計にみられないけれども, EC第4号指令においては, 研究開発費に適用可能な償却規定を営業権にも適

用し,「加盟国は,5年を超える限定期間にわたって営業権を規則的に償却することを認める。」(同令第37条第2項)と定めた。すなわち,同指令は,規則的償却の適用による営業権の減価を指示している。なお,この償却期間については,「その使用期間を超えない。」(同指令第37条第2項)とも明示している。

上述の償却規定は,フランス国内法化されなかったけれども,E. de la Villeguérin (ヴィルゲラン) の見解によると,有償取得の営業権は償却可能であるとし,1982年一般会計プランも同様な解釈をとっていると指摘する (Villeruérin [1983] p. 423)。なぜなら,有償取得の営業権は,賃貸借権に属する無形資産であり,貸借対照表上,個別的な評価対象とならず,しかも一定価値を付与する法的保護を受けていないにも拘わらず,企業の収益力に貢献するからである。なお,1982年一般会計プランは,附属明細書に営業権の減価に関する会計処理方法を記載し,その減価の確定性を明示することを指示した (PCG1982 [1983] p. 164)。

4-4 貸借対照表と成果計算書の表示関係

貸借対照表は,企業の財産状態を表示していた。ところが,損益思考の面から資産と負債の概念が拡張されたことにより,資産と負債の階層化がおこなわれた。その結果,貸借対照表は,企業の財政状態を表示することになった。ここでは,資産と負債の概念を拡張せずに,財産項目と非財産項目を区分する基準を新たに確立する。すなわち,財産状態を表示する財産貸借対照表,および非財産状態を表示する非財産貸借対照表を作成する。本節では,フランス制度会計で作成される貸借対照表と成果計算書の関係を指摘し,資産と負債の概念を拡張するにあたっての弊害を解明した後に,財産と非財産の分離表示による貸借対照表分離法を提唱する。

4-4-1 制度会計における表示能力

貸借対照表は,企業の経営活動 (activité technique d'une société) に関する情報

を僅かしか提供していないのに，企業の財務力，信用，活動手段に関する概観を与えるので，財務領域の書類（document d'ordre fiancier）であるといわれる（Raffegeau [1987] p. 13）。成果計算書は，企業の財務的健全性（solidité financière）を近似的に示しているにすぎず，むしろ企業がどのような生産・流通の状態にあるかを明瞭に示しているので，経済領域の書類（document d'ordre économique）であるといわれる（Raffegeau [1987] p. 13）。

表4-5　貸借対照表と成果計算書の関係

貸借対照表

（積極側）	（消極側）
実在資産：	資本：
…………	…………
…………	再評価差額
…………	任意再評価差額
…………	再評価積立金
…………	当期成果
…………	再評価特別引当金
…………	…………
擬制資産	危険・費用引当金
組織費	債務：
研究・開発費	…………
調整勘定：	調整勘定：
前払費用	前受収益
未収収益	未払費用
期間配分費用	…………
その他積極側勘定項目：	その他消極側勘定項目：
社債償還差金	
積極側換算差額	消極側換算差額

成果計算書

（借方）	（貸方）
経営費用	経営収益
財務費用	財務収益
臨時費用	臨時収益
減価償却費	減価償却戻入額
引当金繰入額	引当金戻入額
従業員参加費	
所得税	
（利益）　当期成果　（損失）	

　一会計期間における資金源泉を表示する貸借対照表の一勘定である成果計算書は，貸借対照表勘定の単なる下位区分にすぎず，経営成果の諸要素に関する情報の要請に応じて作成される（Raffegeau [1987] p. 21）。したがって，成果計算書は，利益処分前の貸借対照表消極側に記載される。なお，「表4-5」は，貸借対照表と成果計算書の関係を示す。

4-4-2 財産・非財産分離表示

1982年一般会計プランは，資産を企業にとっての正の経済価値となる財産項目であると定義した（PCG1982 [1983] p. 17）。これは，通常，取得時ないし決算時に資産評価されるので，その時の市場性のある財貨・用役の効用性による経済的便益であると解される。資産の定義を財産性に着目して解すると，実在資産が財産性のある資産に該当する。これに対し，この定義を経済性に着目して解すると，擬制資産，積極側調整勘定項目およびその他積極側勘定項目が経済性のある資産に該当する。したがって，個別的譲渡性のない資産は，損益思考の面から資産計上される。具体的には，擬制資産には，繰延費用である組織費などが計上される。積極側調整勘定項目には繰延費用である前払費用，見越収益である未収収益などが計上される。そして，その他積極側勘定項目には，繰延費用である社債発行差金，見積費用である積極側換金差額などが計上される。

フランス制度会計は，貸借対照表積極側に実在資産および繰延費用・見越収益・見積費用を計上するので，企業の正の財政状態が表示されることになる。繰延費用・見越収益・予見費用は資産概念の延長線にあらず，それは個別的譲渡性のある資産とは異質なものである。そこで，財産・非財産分離表示法による財産貸借対照表積極側には，実在資産が計上される。これに対し，非財産貸借対照表積極側には擬制資産，積極側調整勘定およびその他の積極側勘定が計上される。なお，「表4-6」は，財産・非財産分離表示による貸借対照表と成果計算書の関係を示す。「表4-7」は，成果計算書分離法による貸借対照表と成果計算書の関係を示す。

1982年一般会計プランは，負債を企業にとっての負の経済価値となる財産項目であると定義した（PCG1982 [1983] p. 34）。これは，通常，取得時ないし決算時に資産評価されるので，その時の市場性のある財貨・用役の効用に対する犠牲であると解される。負債の定義を財産性に着目して解すると，実在債務が財産性のある資産に該当する。これに対し，この定義を経済性に着目して解すると，危険・費用引当金，消極側調整勘定項目およびその他消極側勘定項目が

表4-6　貸借対照表分離法による貸借対照表と成果計算書の関係

財産貸借対照表

（積極側）	（消極側）
実在資産： ………… ………… ………… ………… …………	資本： ………… 当期成果 ………… 当期非財産差額： 債務： …………

成果計算書

（借方）	（貸方）
費用 ………… ………… …………	収益 ………… ………… …………
（利益）　　当期成果　　（損失）	

非財産貸借対照表

（積極側）	（消極側）
再評価差額： …………	再評価特別引当金
擬制資産 　組織費 　研究・開発費	危険・費用引当金 債務： …………
調整勘定： 　前払費用 　未収収益 　期間配分費用	調整勘定： 　前受収益 　未払費用 　…………
その他積極側勘定項目： 　社債償還差金 　積極側換算差額	その他消極側勘定項目： 　………… 　消極側換算差額
当期非財産差額	

経済性のある資産に該当する。第三者への返済義務のない債務は、損益思考の面から負債計上される。具体的には、危険・費用引当金には、見積費用である危険引当金などが計上される。消極側調整勘定項目には、繰延収益である前受収益、見越費用である未払費用などが計上される。そして、その他消極側勘定項目には、見積収益である消極側換算差額などが計上される。

　フランス制度会計は、貸借対照表消極側の負債の部に実在債務および見積費用・繰越収益・見越費用・見積収益を計上するので、企業の負の財政状態が表示されるといわれる。これらの見積費用、繰越収益などは負債概念の延長線にあらず、それは第三者への返済義務のある債務とは異質なものである。そこで、財産・非財産分離表示法による財産貸借対照表消極側の負債の部には実在

表4-7 成果計算書分離法による貸借対照表と成果計算書の関係

貸借対照表

（積極側）	（消極側）
実在資産：	資本：
………	………
………	当期成果
………	処分可能成果
再評価資産	処分不能成果
………	危険・費用引当金：
	債務：
	………

実現成果計算書

（借方）	（貸方）
費用	収益
………	………
………	………
（利益）当期処分可能成果（損失）	

未実現成果計算書

（借方）	（貸方）
擬制資産：	再評価差額：
危険・費用引当金繰入：	任意再評価差額
………	再評価積立金
………	再評価特別積立金
………	………
………	………
調整勘定：	調整勘定：
前払費用	前受収益
未収収益	未払費用
期間配分費用	
その他積極側勘定項目：	その他消極側勘定項目：
社債償還差金	………
積極側換算差額	消極側換算差額
（利益）当期処分不能成果（損失）	

債務が計上される。これに対し，非財産貸借対照表消極側には，危険・費用引当金，消極側調整勘定項目およびその他消極側勘定項目が計上される。

再評価差額は，資産の経済的実態を開示する側面から，貸借対照表消極側に計上される。しかし，これを「資本の部」に計上する根拠がみあたらない。資本への計上項目は，株主からの拠出資金および経営活動から生じた内部留保利益である。よって未実現利益である再評価差額を資本の部には計上できない。ここで，本来の資本を貸借対照表消極側に計上することによって，実在資産と負債の差額に相当する額を表示できる。

フランス制度会計では，貸借対照表消極側の資本の部に未実現利益（再評価差額）が計上されるが，未実現利益は資本概念の延長線にあらず，それは本来

の自己資本とは異質なものである。そこで，財産・非財産分離表示法による財産貸借対照表消極側には資本と債務が計上される。但し，再評価差額は，非財産貸借対照表消極側に計上される。

む　す　び

　以上，企業の財政状態という視点から，貸借対照表の計上能力を検討してきた。企業の財産状態から財政状態へと拡張されたことにより，当該表の積極側には，実在資産，擬制資産，積極側調整勘定項目およびその他積極側勘定項目が計上される。これに対し，当該表の消極側には，自己資本，危険・費用引当金，債務，消極側調整勘定項目およびその他消極側勘定項目が計上される。

　企業の財政状態は，財産項目と非財産項目の計上によって明らかにされる。正の財政状態は，その中核をなす正の財産項目と正の非財産項目に区分表示される。前者の項目として実在資産，後者の項目として擬制資産，積極側調整勘定項目およびその他積極側勘定項目が計上される。これに対し，負の財政状態はその中核をなす負の財産項目と負の非財産項目および資本に区分表示される。負の財産項目としての債務が計上される。これに対し，負の非財産項目としての危険・費用引当金，消極側調整勘定項目およびその他消極側項目が計上される。さらに，正と負の項目の差額に相当する自己資本が計上される。この拡張によって，貸借対照表の積極側には，換金価値をもつ資産および使用価値をもつ資産が計上される。これに対し，当該表の消極側には，返済義務をもつ負債および返済義務をもたない負債が計上される。

　資産の計上能力を利益処分可能性と結付けて資産評価の基準を定めると，フランス制度会計が資産評価の基準として取得原価基準を定める合理性がある。

　財産・非財産分離表示法によると，財産貸借対照表は，資産，債務および両者の差額に相当する資本からなる有機的な勘定の集合体となる。非財産貸借対照表は，貸借対照表に計上されている項目で財産貸借対照表に計上されていない項目が計上されるので，企業の財政状態を表示することになる。

注

(注1) 貸借対照表の作成日が期間成果の処分前かまたは処分後かによって,「当期経営成果」が表示されたり, しなかったりする。期間成果の処分後に作成される貸借対照表には純資産状態 (situation nette) が明示される。

(注2) E. Villeguérin によると, 負債には営業負債 (dettes d'exploitation) と見積負債 (dettes provisionnées) がある。前者の営業負債は営業循環上, 生じる債務およびそれに類似する負債である。これが本来の負債といわれる。決算時に評価される後者の見積負債は, その対象が明らかであるけれども, その支払日またはその金額が未確定である。これが潜在的負債 (dettes potentielles) といわれる。これに該当するのが危険・費用引当金である (Villeguérin [1984] p. 313)。

(注3) I. Kerviler と L. Kerviler は, 企業の自治性を認めた立場を基本的な立脚点として, 資本が株主に対する債務であると述べている。ところが, 私有財産制度のもとでは, 資本は株主に対する債務ではなく株主による拠出資金であるので, その権利として配当請求権がある。今日の企業観は, 企業の立場からだけでは説明できない。

第5章
成果計算書の計上能力
―利益計算構造―

はじめに

　フランスは，欧州規模での国際化の波に揉まれる中で，EC 会社法指令の導入に向けて，自国の商法，会社法，1982 年一般会計プランなどの会計基準を大幅に改正してきた。EC 会社法指令には個別会計に関する規定および連結会計に関する規定がある。個別会計である EC 第 4 号指令は，1983 年 4 月 30 日に EC 第 4 号指令調和化法として国内法に導入された。従来から，フランスでは個別財務報告書が主要な計算書として位置づけられていた。しかし，アングロ・サクソン流の連結会計である EC 第 7 号指令が，1985 年 1 月 3 日に EC 第 7 号指令調和化法として国内法に導入されたことを契機に，フランスでも，連結財務報告書が主要な計算書として認識され始めた。

　1982 年一般会計プランは，財務報告書の作成目的について，「企業の状態および取引についての忠実な写像を映出す状態表を作成するために，企業が慎重性の原則を遵守して正規性および誠実性の要請を満たさなければならない。」(PCG [1982] p.I.5) と定めた。同プランは，慎重性の原則の枠内で会計目的を達成するよう要請した。また，フランスは，従来から財産状態の表示を重視してきた。このことは，「一般会計の目的は，企業財産に影響を与える取引のすべてを記録すること」(PCG [1982] p.II.2) の規定からも明らかである。

　しかし，財産性の原則を固守することが，反対に取引の経済的実態，財務的実態を反映させる会計処理の適用を妨げることもある。とりわけ，今日の信用経済制度の下では，複雑化する取引の実態への対応が難しくなってきている。

この経済環境の変化に対応するかたちで，制度上，EC第4号指令調和化法とEC第7号指令調和化法との比較を通して，取引の経済的実態を重視する傾向が鮮明になる。取引の経済的実態を重視することは，会計行為の領域でも重要な課題である。すなわち，財貨・用役の計上時を最初に決めてから，次に計上額を決める会計行為の手順に対し，その反対の手順も起りうる。

フランス制度会計において，財産性の原則への遵守が基本的な原則といわれる。このことは，取引の法的実態を重視することである。したがって，財貨・用役の計上時が所有権移転の完了時となる。他方，取引の経済的実態を反映させる会計処理を採用するならば，財貨・用役の所有権移転の有無よりも，むしろ財貨・用役の所有権移転と同じ経済的効果の発現が重要視されるべきである。取引の経済的実態を重視する具体例として，工事完成割合基準による収益の計上，リース資産の計上などが挙げられる。

本章の研究目的は，慎重性の原則の枠内で，企業活動の経済的実態を忠実に写像する成果計算書の計上能力を解明することである。本章では次のことが論点となる。

① 発生基準の視点から収益・費用の計上根拠を検討してきた従来の研究手法とは異なり，実現基準の視点から収益・費用の計上根拠を検討する。
② 実現する可能性の高い収益の計上，すなわち蓋然収益の計上を検討する。
③ 利益の処分可能性の視点からは蓋然収益の計上を禁止しているのに対し，情報開示の視点からは計上可能となる仕組みを検討する。

5-1 収益・費用の認識規準

1982年一般会計プランは，慎重性の原則の枠内で会計目的の達成をするよう要請した。また，フランス商法は，「年度計算書は，慎重性の原則を遵守しなければならない。」(同法第14条) と定めた。同法は，慎重性の原則に従って

年度計算書の作成を要請した。慎重性の原則による論理を収益・費用の認識に応用すると,「一会計期間における成果には,実現するかまたは蓋然である価値減少が計上されるべきであるが,価値増加については実現したものだけが計上されるべきである。」(Kerviler [1986] p. 43) という解釈が成立つ。本節では,企業への価値流入の事実という側面から収益の認識規準を解明する。また,企業からの価値流出の事実という側面から費用の認識規準を解明する。なお,価値の流入・流出の事実が確実でないときには,評価の信頼性が求められることを検討する。

5-1-1 収益の認識規準

　収益の認識について,「一会計期間の締切日に実現された利益 (bénéfices réalisés) だけが年度計算書に表示できる。」(フランス商法第 15 条) と定めた。このことによって,収益認識の基本的規定が実現基準であると明示される。収益実現の要件は,所有権移転の完了である (Viandier et Lauzainghein [1993] p. 273)。なお,所有権移転の完了には次の2つの条件が付く。

① 財貨の引渡しまたは用役の提供
② 対価としての取得資産の適格性

　第1の条件である財貨の引渡しまたは用役の提供について,通常,財貨引渡しの時点または用役提供の時点で所有権移転が完了するので,実現の要件が満たされる。ところが,所有権留保条項 (clauses de réserve de propriété) 付き信用販売 (vente à crédit) は,財貨引渡しの時点または用役提供の時点と所有権移転の時点とが一致しない。この場合,前者の財貨引渡しの時点または用役提供の時点を優先する考え方と後者の所有権移転の時点を優先する考え方がある。前者を優先する考え方は,「法的外観よりも経済的実態への優先」(OEC, p. 45) を根拠として,取引の経済的実態を重視する。他方,後者を優先する考え方は,「購入者の債権者に対し,所有権留保条項から生じる抗弁力の基準が肯定される。」(1985 年 1 月 25 日フランス法律第 80-98 号第 222 条) を根拠として,取引の法

的実態を重視する。

　第2の条件である対価としての取得資産の適格性について，支払手段充当性よりも確定性を重視する視点から，企業への流入価値の事実に関する確実性が求められる（嶌村［1991］p. 177）。場合によっては，企業への流入価値の評価に関する信頼性が求められる。取得資産の適格性にとっての基本的な条件は，流入価値の事実に関する確実性である。この確実性は，法的側面と経済的側面とから考察されなければならない。場合によっては，取引の法的実態と経済的実態との間に歪みが生じるときがある。仮に，両者の間に歪みが生じたとき，企業は，法的実態を反映させる最適な法規よりも経済的実態を優先する処理方法を採択する見解がある（Viandier et Lauzainghein［1993］p. 275）。法的実態よりも経済的実態を優先すると，確実性の補充条件として流入価値の評価に関する信頼性が求められる。つまり，両者は，事実の法的確実性が相対的に低くなれば，評価の経済的信頼性が相対的に高く求められる関係にある。

　フランス商法第15条では，EC第7号指令調和化法第17条によって改められた。同法によると，工事完成契約基準の原則の例外規定として，工事完成割合基準の適用が認められるようになった。工事完成割合基準による収益の認識について，「計上できるのは，棚卸し後に，部分的に施行され，かつ双務契約者によって認知された取引から生じた実現利益である。」（同法第15条）と定めた。工事に必要な全工程が完了したときに，初めて工事が完成する。全工程が完了する前に，全工程の内の一工程が完了したときに，その完了した工程に相当する収益を認識するのが完成割合基準である。この基準を適用する状況下では，流入価値の事実に関する法的確実性が相対的に低くなる。したがって，法的確実性を補充するために，流入価値の評価に関する経済的信頼性が相対的に高く求められる。制度的にも，「利益の実現が確実であり，見積りに必要な会計資料を活用して，取引の総利益を充分な信頼性をもって評価する可能性があるとき」（同法第15条）と定めた。評価の経済的信頼性が求められている。

　実現基準が収益認識の基礎とされる根拠は，経営活動の継続性にある。フランス商事会社法では，「会社の存続期間は99年を超えることができない。」（同

法第2条）と定めた。1回の存続期間を99年と限定しているが，更新が可能なので，実質的には経営活動の継続性が企業の最大目標となる。この目標は，慎重性の原則に表れている。つまり，この原則によると，当期成果には潜在収益が含まれなくなるので，分配のときに擬制配当する危険性がなくなる (Kerviler [1986] p. 44)。擬制配当は，純資産の目減りを招くことになり，長期的には企業の経営活動の継続性を脅かすことなる。但し，経営活動の情報開示からは，蓋然収益を計上すべきである。

　フランス制度会計では，計上される利益が，すべて処分の対象となることから慎重性の原則に反するのである。計上利益を処分の対象となるものと対象とならないものとに区別すれば，慎重性の原則に反せず，しかも経営活動の情報開示が確保できる。

5-1-2 収益の具体的な認識規準

　実現基準は収益認識の基本的規定を示すものである。具体的な適用にあたっては，取引の特殊性に応じた認識規準が認められる。普通の販売形態をとるならば，現金取引ないしは信用取引に拘わらず，販売時点，すなわち商品の引渡しと現金または現金同等物の受領という要件の具備時点で収益が認識される。したがって，ここでは販売基準が適用されることになる。

　信用販売には，通常，所有権留保条項が付いている (Colasse [1996] p. 81)。所有権留保条項は，購入者が財貨の全額を完全に支払い終わるまで，所有権の移転を遅らせる効果をもつ。財産性の原則を厳格に適用するならば，支払いが完了するまで，財貨が販売者側の貸借対照表積極側に計上され続けなければならない。これに対し，取得者側の貸借対照表積極側には計上することができない。このことは，貸借対照表の内容と取引の経済的実態との間に重大な歪みを引起こすことになる。この歪みを是正するために，フランス制度会計は，財産性の原則に対する容認基準として，支払いが完了する前に財貨を取得者側の貸借対照表積極側に計上することを認めた (Colasse [1996] p. 81)。

　他方，長期請負工事について，工事の部分的完成の割合に応じて収益が認識

される。この部分利益の計上条件として,次の3つが挙げられる (Kerviler [1986] p. 16)。

① 仕掛中の工事現場を保持すること
② 部分的に実施された工事が双務契約者によって認知されること
③ 工事の総利益が信頼性をもって評価できること

なお,工事完成割合基準の適用によって計上される部分利益は,工事原価の費消割合 (Raffegeau et al. [1990] p. 147) に基づいて算出されるのが一般的である。工事原価の費消割合は,次のとおりに進行度合 (degré d'avancement) の式で示される。決算時における分子の実現工事原価は,貸借対照表に表示される仕掛中の工事額に相当し,分母の製造物・用役見積総合原価は,契約上の製造原価の合計に相当する。

$$進行度合 = \frac{決算時実現工事原価}{製造物・用役見積総合原価}$$

5-1-3 費用の認識規準

費用の認識については,「決算時に赤字であるときか,もしくは僅かな黒字であるときでも,必要な減価償却および引当金の手続きをしなければならない。」(フランス商法第14条) と定めている。この規定は次のとおりに解される。すなわち,減価償却費は,確実的なまたは不可逆的な減価 (dépréciations certaines ou irreversibles) の事実をもって認識される。これに対し,引当金は,蓋然的なまたは可逆的な減価 (dépréciations probables ou réversibles) の事実をもって認識される (Kerviler [1986] p. 44)。費用認識の基本的規定は実現基準である。そして,実現基準の延長線にあるのが蓋然基準である。これも費用認識の基本的規定となる。費用認識の要件には,企業資産の運用過程における消費資産の適格性という条件が付くので,以下,費用の実現基準と蓋然基準とに分けて論述していく。

費用実現の要件について，企業からの流出価値の事実に関する確実性が求められる。場合によっては，企業からの流出価値の評価に関する信頼性も求められる。流出価値の事実に関する確実性が取得資産の適格性にとっての基本的な条件である。そして，確実性の補足条件として，流入価値の評価に関する信頼性が求められる。例えば，償却可能資産は，いずれ必然的に無価値化が確定するが，短期的にはその費消事実を確認することができない。この場合，流出価値の事実に関する確実性が相対的に低くなるので，流入価値の評価に関する信頼性は減価償却費の計算手続を制度化することによって強化される。

　費用蓋然の要件について，企業からの流出価値の事実に対する高い実現可能性が求められる。かつ，企業からの流出価値の評価に関する信頼性が求められる。流出価値の事実に対し，高い実現可能性が取得資産の適格性にとっての基本的な条件となる。そして，高い可能性の補充条件として，流入価値の評価に関する信頼性が求められる。例えば，引当可能資産は，その消費が起きる原因の事実を確認することができるが，それ以降に消費する保証はない。この場合，流出価値の事実に関する確実性が相対的に低くなるけれども高い可能性を維持しているので，高い可能性を補充する意味でも，流入価値の評価に関する信頼性が相対的に高く求められる。

　実現基準および蓋然基準が費用認識の基礎となる根拠は，経営活動の継続性を前提とする利益の処分可能性および経営活動の情報開示にある（嶌村［1991］p.136）。実現基準による費用認識では，企業からの流出価値の事実が確実である費用を計上し，また，短期的には確認できないが長期的には確実となる費用を計上するので，未実現費用の計上が避けられる。未実現費用は予定どおりに実現するとは限らないので，利益の処分可能性を重視する限り，実現基準で費用が認識されることになる。また，蓋然基準による費用認識では，企業からの流出価値の評価に信頼性が求められるが，企業からの流出価値の事実が高い可能性で実現する。したがって，蓋然費用の計上となるが限りなく実現する可能性が高い費用が計上される。この蓋然費用は，予定どおりに実現する費用であるから，経営活動の情報開示を重視する限り，蓋然基準で費用が認識されるこ

とになる。

5-2　収益・費用の評価規準

　従来の研究では収益・費用の認識と評価とが独立した会計行為である見解が支配的であった。ところが，今日では評価という会計行為が認識という会計行為を補佐ないしは補充する役割を備えてきた。フランス制度会計でも，連結会計の重要性が社会的に認知されるようになってから，取引の法的実態よりも経済的実態を重視する評価規準がみられるようになった。本節では，取引の経済的側面から収入額に基づく収益の評価規準を検討する。また，支出額に基づく費用の評価規準をも検討する。併せて，個別会計と連結会計とで処理方法が異なるリース契約を取り上げて検討する。

5-2-1　収益の評価規準

　会計が取上げる取引は，実現した取引 (opérations réalisées) である (Colasse [1996] p. 103)。収益の評価規準による計上額は，現実になされた当事者間での合意に基づく実現価格である。実際の取引価格は，過去の収入額，当期の収入額および将来の収入額から構成される (嶌村 [1991] p. 120)。過去の収入額には，前受金，進捗受金 (acomptes sur commande en cours) などの振替項目がある。進捗受金は，受注の一部が実現したものに相当する額を売上先から受取る額である (Colasse [1996] p. 103)。当期の収入額には，商品売上，資本参加収益などの収益項目の大部分が入る。そして，将来の収入額には，受取手形，売掛金などの資産項目がある。

　実際の取引価格には，現金取引による価格と信用取引による価格とがある (嶌村 [1991] p. 121)。後者の価格は前者の価格よりも割高になる。なぜなら，分割払いを前提とする信用取引では，取引価格の支払いが完了するまで，時の経過とともに利息，回収費用などの複合費が生じるからである。複合費については次の2通りの見解がある。すなわち，複合費を収益に含めるべきでないと

いう見解がある。これに対し，複合費を含めた価格は，現実に取引者間の合意を得た取引価格であるから，取引価格の信頼性を重視するならば，複合費をも収益に含めることができるという見解もある。

5-2-2　費用の評価規準

　フランス制度会計は，企業への価値流入の評価額を支出額に基づいて計上することを定めた。実際の取引価格は，過去の支出額，当期の支出額および将来の支出額から構成される（嶌村［1991］p. 138）。過去の支出額は，取得済みの資産を保有し，運用した結果として，その保有期間にわたって計上される当期の費用である。一般的には，固定資産の減価償却が取上げられる。フランス商法は，「棚卸のときに保持される価額は，必要に応じて，償却計画に従って計上されなければならない。」（同法第12条第2項）と定めた。規則的償却による費用計上が指示された。当期の支出額は，財貨・用役の取得時に支出した全額をその期に計上する当期の費用である。当期の支出額には，商品の仕入，給料などの費用項目の大部分が入る。そして，将来の支出額は，次期以降に生じる危険・損失に備えて計上される当期の費用である。次期以降に生じる危険・損失の計上について，「当期または次期以降に生じる危険・損失は計上されなければならない。たとえ，これらの危険・損失が当期締切日と計算書作成日との間に生じたとしても計上されなければならない。」と定めた。引当金の設定によって蓋然費用の計上が可能になる。流動資産の評価についても，「ある資産項目の価額が純簿価を下回るならば，その減価が確定しているか否かに拘わらず，純簿価として当期締切日における棚卸価額が計上される。」（同法第12条第2項）と定めた。引当金の設定による評価損の計上が強制される。

　個別会計で規定される評価規準は，連結会計にも同様に定められる。フランス会社法は，連結財務報告書の作成について，「商法の会計原則および評価規準に従って作成される。」（同法第357-7条第1項）と定めた。同法は，評価規準の同質性を求めた。なお，連結財務報告書は，連結の対象となる企業の年度計算書を基礎として作成されるので，連結固有の処理が必要となる（同条第2項）。

連結企業は，原則として，フランス商法第 12 条〔評価規準〕，第 13 条〔総額規準〕，第 14 条〔慎重性の原則〕および第 15 条〔実現利益の計上〕を遵守して連結報告書を作成する。必要に応じて，「価格変動または取替価額を斟酌する。」，「後入先出を考慮しながら代替可能財を評価する。」，あるいは「商法第 12 条から第 15 条までに決定される基準と合致しない基準の採択を許容する。」(同法第 357-8 条) ことが政府審議会施行令によって認められた。

5-2-3 リース契約の会計処理

リース契約については，個別企業での処理方法と連結企業での処理方法とが異なる。リース契約は賃貸借契約である (Colasse [1996] p. 80)。リース契約の目的は，借手側がリース料の分割払いによって，賃貸財貨の取得を容易にすることである。リース契約の実質的内容は，借入により調達資金し，その資金での購入取引である。借手側は，財貨の所有者と同じ経済的効果を享受できる。しかし，少なくとも購入選択権の行使までは貸手側の業者が所有者であり，借手側の企業はリース財貨を貸借対照表積極側に計上することができない。

リース契約の会計処理は，リース契約の法的側面を重視するのか，それとも経済的側面を重視するかのいずれかによって異なる。商人一般を対象とする商法は，リース財貨が賃貸借による保有と見做す立場を取っている。この立場は取引の法的実態を重視している。財貨の所有権が利用者の財産として移転されない限り，財産性の原則により借手側の貸借対照表積極側に計上することができない (Raffegeau et al. [1989] p. 152)。

ところが，EC 第 7 号指令調和化施行令により改められたフランス商事会社施行令は，「連結企業がリース契約またはそれに類似した取引形態で保有する財貨は，信用で取得したものと見做して，連結貸借対照表および連結成果計算書に計上することができる。」(同令第 248-8 (e) 条) と定めた。この規定によって，借手側の貸借対照表積極側への計上が認められることになった。この立場は，リース財貨が信用購入であると見做し，取引の財務的性質を重視している (Raffegeau et al. [1989] p. 152)。リース契約は信用購入の特殊な形態である。財

貸の所有権が利用者の財産として移転されなくても，法的外観よりも経済的実態の優先性の原則により，借手側の貸借対照表積極側に計上することができる。この原則は，所有者固有の危険およびその優位が賃貸借を通して賃借人 (preneur) に移転される側面を重視している。

5-3 分配可能利益

分配可能利益の中核をなすのが当期利益である。当期利益は，実現収益から実現費用・蓋然費用を控除したものである。但し，蓋然収益は，当期利益の計算項目として含まれていない。なぜなら，含めると，慎重性の原則に違反するからである。違反すると，擬制配当となる。仮に，成果計算書に処分可能利益と処分不能利益とを区分して計上するならば，経営活動の情報開示が明らかとなる。併せて，擬制配当をも避けることができる。本節では，先ず分配可能利益の構成項目を取上げて分配可能利益の計算構造を解明し，次に成果計算書の様式を明らかにする。

5-3-1 分配可能利益の計算

分配可能利益の計算については，「『当期利益』(1983年4月30日フランス法律第81-353号) を基礎として，当期利益から繰越損失および法律または定款の適用による準備金として算入されるべき額を差引き，これに繰越利益を加えたものである。」(フランス会社法第346条第1項) と定めた。なお，「式①」は，当期利益の計算式を示す。

  当期利益 = (実現収益) − (実現費用 + 蓋然費用) ……①

分配可能利益の計算では，当期利益から控除される項目が繰越損失および法定準備金である。反対に，加算される項目が繰越利益である。繰越損失は，当期成果が負であれば当期利益から控除される。また，法定準備金が会社資本金の1/10に達するまでは，当期利益から少なくとも1/20の控除が強制される

(同法第345条第1項)。繰越利益は，当期成果が正であれば当期利益に加算される。さらに，分配可能利益に加算される項目について，「株主総会で処分できる準備金取崩額を分配に充てることができる。」と定めた。この規定によって，取崩される準備金項目が明示される。準備金取崩額は，配当が優先的に当期分配可能利益から差引かれるという条件が付くものの，分配可能利益に加算される。なお，「式②」は，分配可能利益の計算式を示す。

$$\text{分配可能利益} = \text{当期利益} - (\text{繰越損失} + \text{法定準備金}) + (\text{繰越利益} + \text{準備金取崩額}) \quad \cdots\cdots\cdots ②$$

準備金には，法定準備金以外にも定款・契約積立金，強制積立金，その他積立金がある (Colasse [1996] p. 100)。定款・契約積立金は，企業定款または他の企業との契約条項によって定められたもので，当期利益からの控除額である。強制積立金は，租税規定による当期利益からの強制的な控除額である。長期保有利得に対しては，15％の課税額が当期利益から控除され，組入れられなければならない。そして，その他積立金は，主に固定資産の更新のために強制積立金に組入れられる。よって，自己保険の性質をもつといわれる。その他積立金取崩額は，減価償却費に加算されて，固定資産の更新を可能にする。

強制引当金は分配できない利益を示す (Colasse [1996] p. 101)。分配できない利益は，利益に対する課税控除の暫定措置と位置づけられる。例えば，従業員による企業成長への参加の枠内で，企業が無税で投資引当金を設定できる。投資引当金は資本参加の積立金 (1967年フランス大統領令) として活用される額の一部に充てられる。

経営活動の情報開示の視点から，当期成果を考察すると，収益については実現収益および蓋然収益を計上すべきである。実現収益は検討済みであるので，ここでは蓋然収益について検討する。蓋然収益は，企業への流入価値の事実が可逆的であるが，将来において実現する可能性が高く，流入価値の評価が信頼できるものである。例えば，固定資産再評価差額などが挙げられる。蓋然収益が当期成果に計上されると，情報開示が高められるが，利益の処分可能性に違

反するので処分不能利益として成果計算書に計上する。なお,「式③」は,業績利益の計算式を示す。

(実現収益＋蓋然収益)－(実現費用＋蓋然費用)
＝(実現成果＋蓋然成果) ……………………………③

5-3-2 成果計算書の様式

　成果計算書の様式について,「一会計期間における収益と費用とは,経常成果項目と臨時成果とを明瞭に区分した成果計算書において分類される。」(EC第4号指令調和化施行令第14条)と定めた。この規定によって,成果計算書の様式が明示された。臨時成果については,「その実現が企業の当期経営と関連していないものである。」(同令第14条)と定めた。この様式には,「勘定式(forme de tableaux)ないし報告式(forme liste)」(フランス商法第9条第2項)がある。後者の様式については,「商法第9条第2項の規定に従って報告式で表示される成果計算書は,同様に経営成果,金融成果,税引前当期成果および臨時成果の配列で表示可能でなければならない。」(同令第16条)と定めた。この規定に基づく成果計算書の要点を列挙すれば,次のとおりである。

① 経常成果の部および臨時成果の部による構成
② 粗経営余剰の部および経営成果の部によって構成される経常成果の部
③ 経常成果に臨時成果を加減した税引前当期成果の記載
④ 税引前当期成果から拡張貢献従業員参加額,法人税などを控除した当期成果の記載
⑤ 当期成果後の譲渡収益または損失の計算

　費用については,「経営費用,財務費用,臨時費用ならびに拡張貢献従業員参加額および法人税」(EC第4号指令調和化施行令第15条)を明らかにする。とりわけ次のことが区分可能としなければならない。すなわち,経営費用については,「商品仕入,原料・その他調達品仕入,その他仕入・外部費用,法人税を

表 5-1 成果計算書のひな型

成果計算書

（借方）	（貸方）
経営費用	経営収益
金融費用	財務収益
臨時費用	臨時収益
減価償却費	減価償却戻入額
引当金繰入額	引当金戻入額
従業員参加費	
所得税	
（利益）　　当期成果　　（損失）	

除く租税，税金・その類似税，従業員および役員への報酬，社会費用，経営に関連する償却繰入額・引当金繰入額」（同令第 15 条）を区分表示する。財務費用については，「財務項目に関連する償却繰入額・引当金繰入額，利息・その類似費用，為替差損・売買目的有価証券売却損」（同令第 15 条）を区分表示する。そして，臨時費用については，「この属性を備えている取引であり，管理取引，資本，償却費または引当金の取引」（同令第 15 条）を表示する。

収益については，「経営収益，財務収益および臨時収益」（同令第 15 条）を明らかにする。とりわけ次のことを区分可能としなければならない。すなわち，経営収益については，「商品売上高，財貨・用役販売用生産高，売上純額，固定資産生産高，経営助成金・経営に関連する引当金戻入」（同令第 15 条）を区分表示する。財務収益については，「資本参加収益，その他有価証券収益・長期債権収益，その他利息・その類似収益，財務項目関連引当金戻入，為替差益ならびに売買目的有価証券売却益」（同令第 15 条）を区分表示する。そして，臨時収益については，「この属性を備えている取引であり，管理取引，資本または引当金の取引」（同令第 15 条）を表示する。最後に，費用と収益との差額である当期成果を表示する（同令第 15 条）。なお，「表 5-1」は，基礎体系の成果計算書様式を示す。

む　す　び

　以上，忠実性の視点からフランスにおける成果計算書の計上能力を検討してきた。利益計算の中核をなすのは当期利益である。当期利益は，収益から費用を控除して算出される。収益および費用は，フランス制度会計が目標とする会計目的に照らして，認識および評価という2つの会計行為の領域で検討されなければならなかった。従来の研究では，認識と評価とは独立した会計行為と見做されてきた。本章は，取引の複雑化・多様化にともない，評価が認識の条件に加わることを解明した。通常の取引は，法的実態と経済的実態とが一致している。仮に，取引の法的実態と経済的実態とが乖離している状況下でも，法的実態を重視した会計処理を採択すれば適法であった。ところが，フランス制度会計において，EC会社法指令を国内法に導入する過程で，適法性と同様に適正性が求められるようになった。このことは，取引の経済的実態をも把握することが要請されることを意味する。すなわち，従来の法的実態を重視する立場を堅持しながらも，経済的実態を採入れる会計処理がみられる。取引の経済的実態を重視することは，企業への流入価値の事実を確認する手段が所有権移転の完了とは限らなくなる。したがって，新たに流入価値の評価に関する信頼性が求められることになる。本章は，具体的に完成契約基準に代わる工事完成割合基準の容認，個別企業での貸借対照表へのリース資産の計上禁止に代わる連結企業での貸借対照表へのリース資産の計上容認を取上げた。

　取引の法的実態よりも経済的実態を優先する延長線には，蓋然収益の認識がある。フランス制度会計は，実現収益から実現費用・蓋然費用を控除した当期利益を計上する。蓋然利益が計上されない根拠は，擬制配当を回避するためである。擬制配当の回避は，企業の最終目的である経営活動の継続性に合致する。そこで，取引の経済的実態および擬制配当の回避を反映した会計処理は，収益の階層化に繋がる。すなわち，実現収益は処分可能利益に算入されるが，蓋然収益は算入されない。したがって，処分可能利益に算入されない蓋然収益

は，取引の経済的実態を表し，擬制配当の回避に繋がる。

第Ⅱ編　資産の時価基準

―再評価基準による資産計上―

第6章

固定資産の認識規準
―経営活動の継続性に適する固定資産の認識概念―

は　じ　め　に

　フランス制度会計は，企業の継続的な経営活動を前提とするので，資産の再評価基準が重要な課題となる。現実に，フランスでは，あらゆる企業が資産の任意再評価基準を適用できる (1983年フランス商法第8条)。任意再評価の対象となる資産は有形・金融固定資産である (同法第12条)。但し，無形固定資産は任意再評価の対象から除かれる。固定資産の任意再評価基準は，①再評価差額を貸借対照表消極側に計上すること，②減価償却を通して再評価差額が実現したものと見做されて取崩されること，③再評価差額を取替前に資本金組入することができる。

　従来の研究では，固定資産の認識ないしは計上能力が法的帰属性の側面および経済的帰属性の側面から検討されてきた。その研究成果として，収益は，使用目的資産である個々の固定資産が有機的で総合的に運用されて，初めて産出されることが明らかになった。個々の固定資産は，それぞれの保有目的に応じた個別的活動能力を発現する。これに対し，企業の統一的な活動能力は，個々の固定資産による個別的活動能力の累積として発現する。したがって，固定資産の活動能力は，企業目的のレベルでの統一的な活動能力と保有目的のレベルでの個別的な活動能力との二重構造になっている。ところが，統一的な活動能力は，個々の固定資産による個別的活動能力の有機的な結合を前提とした特質であるから，個々の固定資産による個別的活動能力を客観的に認識するのが困難である。そこで，固定資産の保有目的である使用価値の増減を法的側面およ

び経済的側面から認識する理論が確立されてきた。しかし，経営活動の継続性に適する固定資産の認識概念が充分に検討されてきたとはいえない。固定資産の特質として，その取得時から無価値化までの期間が長期にわたることが指摘される。すなわち，経営活動の継続性を前提とする企業にとって，固定資産の取得時と除去時との時間的ズレから生じる。したがって，除去時での取替えに必要な資金調達の手段が重要な問題として残されている。

本章では，固定資産の任意再評価基準による会計処理において，とりわけ重要な「再評価差額を計上する論拠」を解明していく。1982年一般会計プランは，資産を「企業にとって正の経済的価値をもつ財産項目」(PCG1982 [1983] p.I.19) と定めた。この定義から，財産性の原則が資産概念にとって基本的要件となる。今日の信用経済制度のもとでは，財産性の原則を法的側面だけではなく，経済的側面からも検討しなければならない。また，継続的な経営活動を維持したいならば，財務的側面からも検討しなければならない。本章では次のことが論点となる。

① 固定資産は，企業への流入価値の適格性という要件を満たす。
② 固定資産は，企業への流入価値事実の確実性という要件を満たす。
③ 固定資産は，企業への流入価値評価の信頼性という要件を満たす。

6-1 取引の法的実態

今日の信用経済制度のもとでは，取引形態が多様化し，複雑化してきている。多様化，複雑化した取引を法的側面から考察すると，企業の財産状態が明らかになる。本節では，固定資産の財産状態を解明するために，法的財産性の視点から固定資産の認識規準を検討する。

6-1-1 法的財産性の原則

法的側面からの財産性は，個別的な換金性または譲渡性の存在を明確に確認

できる経済的価値である。この経済的価値を大別すると，物権と債権とに区分することができる。そこで，法的財産性の原則を物権と債権に適用してみる。

物権 (droits réels) には主物権と従物権がある (中村他監訳 [1996] p.121)。前者の主物権は所有権と結付いている。所有権には，ある物の支配権，収取権および処分権が含まれている。これらの3つの権利が分割可能である。例えば，使用収益権の源泉となる用役権 (usufruit) は，他人の所有物を，その本体を変えることなく一定期間使用して収益を独占する権利である (中村他監訳 [1996] p.1408)。後者の従物権は債権の回収を担保とする。例えば，目的物の引渡しを受けずに，その上に優先弁済権を確保する約定担保権がある (竹内他 [1988] p.1016)。物権については，所有権が認められたときに貸借対照表に計上することができる (Viandier et Lauzainghein [1993] p.272)。すなわち，所有権移転の完了日が財貨の取得日となる。

債権 (droits personnels) は，第三者に給付を請求する権利である (中村他監訳 [1996] p.121)。債権については，用役請求権が認められたときに貸借対照表に計上することができる。これに対し，計上された用役請求権は，消滅するまで貸借対照表に計上され続けなければならない。例えば，不渡手形は，実際に支払いがおこなわれるまで，資産として計上され続けなければならない (Viandier et Lauzainghein [1993] p.273)。統計的には支払われる可能性がないに等しいが，法的には支払請求権を維持しなければならない。

法的財産性の原則を表示能力の側面からみると，法的貸借対照表は，所有権と債権とに区分される積極側，および資本と債務とに区分される消極側から構成される (Colasse [1996] p.85)。これは，企業の財産状態を明らかにする。

6-1-2 固定資産の法的認識

固定資産の法的認識規準について，①企業への流入価値の適格性，②企業への流入価値事実の確実性，および③企業からの流入価値評価の信頼性の側面から検討する。

第1の要件である企業への流入価値の適格性は，企業への流入価値が法的財

産価値をもつことにある。ここでの法的財産価値とは，個別的な換金性または譲渡性を意味する。これに対し，個別的な換金性または譲渡性のない固定資産は，貸借対照表に計上できない。無形固定資産の範疇に属する組織費，研究開発費，認許権・特許権・許諾実施権などは，法的財産価値がないので貸借対照表に計上することができない。

　第2の要件である企業への流入価値事実の確実性は，固定資産の所有権移転が完了しているのか，それとも未完了であるのかで判断される。所有権移転条項付き信用販売では，固定資産の全額支払いが終わらない限り，所有権は移転されない。未払いの段階で法的財産性の原則を厳格に適用すると，取得者側の貸借対照表には所有権移転条項付き固定資産を計上することができない (Colasse [1996] p. 81)。このことは，貸借対照表の内容と経済的実態との間に重大な歪みを引起こすことになる。また，売買契約の締結時には，経済的価値の変動がないけれども，企業への流入価値事実は法的に確実である。フランス制度会計では，売買契約の締結時に固定資産の計上が容認されていない。これに対し，法的財産性の原則を厳格に適用すると，むしろ資産計上すべきである。

　第3の要件である企業からの流入価値評価の信頼性は，認識規準の補充として位置づけられる。従来の研究では，最初に経済的価値の計上時期が決定されてから，次にその計上額が決定される。すなわち，認識という会計行為と評価という会計行為は相互に独立している。本章では，企業からの流入価値事実の確実性が高くないが実現する可能性が高いときには，確実性を補充する意味で流入価値評価の信頼性が求められる。所有権移転の完了時には流入価値の事実が確実であるから，評価の信頼性を求める必要はない。但し，フランス制度会計において資産計上が禁止されているにも拘わらず，売買契約の締結時での固定資産の計上が認められるならば，評価の信頼性が求められることになる。これは契約上の取引価格となる。

6-2 取引の経済的実態

　貸借対照表積極側に計上できるものは，所有権移転が完了した資産だけである (Colasse [1996] p. 105)。所有権移転が完了している資産には，企業の経営活動を遂行するために稼働しているものと稼働していないものとがある。法的には稼働中のものと未稼働のものとに分けられる両者が資産となる。これに対し，経済的には稼働中のものだけが資産となる。また，所有権移転が未完了である資産でも，企業の経営活動を遂行するために稼働しているものがある。本節では，固定資産の経済的使用状態を解明するために，経済的財産性の視点から固定資産の認識規準を検討する。

6-2-1 経済的財産性の原則

　今日の信用経済制度では，信用販売 (vente à crédit) が頻繁におこなわれている。このような経済環境のもとで，法的財産性の原則を厳格に適用するだけでは，会計が企業の経営実態を忠実に写像できるとはいえない。そこで，経済的側面から財産性の原則を考察する必要がある。経済的財産性には，法的財産性に遵守して認識されるので大部分の資産が含まれる。但し，個別的な換金性または譲渡性の存在を明確に確認できない経済的価値も含まれる。ここで取上げるのは，法的財産性がないけれども，経済的財産性がある不明確な経済的価値である。これは，所有権の移転に捕らわれずに実質的な経済効果をもつという事実に基づいて資産を認識する。

　表示能力の側面から経済的財産性の原則をみると，貸借対照表は経済的貸借対照表といわれる。当該表は，固定資産と流動資産とに区分される積極側，および固定資産への資金融資に充当する源泉と流動資産への資金融資に充当する源泉とに区分される消極側から構成される (Colasse [1996] p. 85)。これは，企業資金の流動状態を明らかにする。

6-2-2 固定資産の経済的認識

固定資産の経済的認識規準についても，前述と同様に①企業への流入価値の適格性，②企業への流入価値事実の確実性，および③企業への流入価値評価の信頼性の側面から検討する。

第1の要件である企業への流入価値の適格性については，企業への流入価値が経済的財産価値をもつことにある。ここでの経済的財産価値には，法的財産価値をもつ固定資産の大部分が含まれる。但し，法的財産価値が不明確である固定資産も含まれる。法的財産性がないが経済的財産価値がある具体例として，リース資産，有償取得の営業権などが挙げられる。

第2の要件である企業への流入価値事実の確実性は，固定資産の所有権移転が完了していないが，所有権の分岐である支配権，収取権ないしは処分権のいずれかの権利の移転が完了しているのか，それとも未完了であるのかで判断される。法的財産性の原則を厳格に適用することによって引起こされる歪みを是正するために，1982年一般会計プランは，全額の支払いが完了する前に固定資産を取得者側の貸借対照表に計上することを認めた (Colasse [1996] p. 81)。例えば，リース資産は，借手側の貸借対照表に計上できるようになった。

第3の要件である企業への流入価値評価の信頼性は，条件つきではあるが第2の要件の補充となる。固定資産の所有権移転が完了していないが，所有権の分岐である支配権，収取権ないしは処分権のいずれかの権利の移転が完了するときに，取引の当事者間で合意された現実の取引価格が存在することを確認しなければならない。例えば，営業権には自己創設のものと有償取得のものとがある。有償取得の営業権は第1の要件および第2の要件を満たしているので，資産計上できる。しかし，自己創設の営業権は第1の要件を満たすが第2の要件を充分に満たしていないので，第3の要件が求められる。すなわち，現実の取引価格が存在することを確認できないので，評価の信頼性がないと判断される。したがって，自己創設の営業権は資産計上できない。

6-3 取引の財務的実態

　フランス制度会計は，取引の法的側面を重視することによる弊害を是正するために，経済的側面を採入れてきている。その結果，今まで適切に処理されていた取引の財務的側面が，むしろ侵害されることになった。継続的な経営活動を前提とする限り，企業の支払能力は重要な課題である。本節では，固定資産の財務状態を解明するために，財務的財産性の視点から固定資産の認識規準を検討する。

6-3-1　財務的財産性の原則

　企業規模の拡大化にともない，1つの企画に莫大な資金が投下され，また長期間にわたる時間が費やされることもある。1つの企画に対する投下資金の巨額化は，資金投下時の期間損益を歪めることになる。また，対象物の長期使用は，その取得時の時価と除去時の時価との間に価格的ズレを産出すことにもなる。そこで，財務的側面から財産性の原則を考察する必要がある。財務的財産性には，法的財産性に遵守して認識されるので大部分の資産が含まれる。但し，個別的な換金性または譲渡性の存在を確認できない経済的価値も含まれる。ここで取上げるのは，法的財産性がないけれども，財務的財産性がある経済的価値である。これは，個別的な換金性に捕らわれずに企業からの支出という事実に基づいて，資産と見做して認識する。

　財貨・用役の継続的な活動能力の維持を重視する限り，活動能力を維持するために必要な企業の支払能力を明らかにしなければならない。なぜなら，取得した資産と同程度の活動能力を維持する上で必要な資金調達を確保しなければならないからである。現実に貨幣価値の下落，市場原理による価格の上昇などの変動がある。さらには，技術革新を前提とする限り，取得資産の取替時に同種の資産が存在するのか疑わしく，また同程度の活動能力をもつ資産が存在するのかも疑わしい。ここでの財務的価値は，取得資産の活動能力を維持するた

めに必要な資金調達という意味で，同程度の活動能力をもつ資産との取替えを意味しない。

表示能力の側面から財務的財産性の原則をみると，貸借対照表は財務的貸借対照表といわれる。当該表は，資金流入性の低い順に表示される積極側，および資金流出性の低い順に表示される消極側から構成される (Colasse [1996] p. 86)。これは，企業の支払能力を明らかにする。

6-3-2 固定資産の財務的認識

固定資産の財務的認識規準についても，前述と同様に①企業への流入価値の適格性，②企業への流入価値事実の確実性，および③企業への流入価値評価の信頼性の側面から検討する。

第1の要件である企業への流入価値の適格性について，企業への流入価値が財務的財産価値をもつことである。ここでの財務的財産価値には，法的財産価値をもつ固定資産の大部分が含まれる。但し，法的財産価値のない固定資産も含まれる。個別的な換金性または譲渡性の存在が確認できない財務的財産価値をもつ具体例として，組織費，研究開発費，認許権・特許権・許諾実施権などが挙げられる[注1]。

組織費は資産ではない (Colasse [1996] p. 90)。それにも拘わらず，資産として計上するのは，財務的財産性があるからである。巨額な組織費を数期間にわたって貸借対照表に計上することは，費用の分散化による効果を表す。但し，償却期間は5年を超えることができない (EC第4号指令調和化施行令第19条第5項)。

研究開発費は原則として資産ではない。但し，無形固定資産として計上するには，(a) 該当する企画が明確に個別化されること，(b) 企画ごとに技術的成功および商業収益性の機会が明らかになることという2つの条件を満たさなければならない (同令第19条第2項)。

組織費と同様に，研究開発費も5年以内に償却されなければならない (同令第19条第5項)。認許権・特許権・許諾実施権などは，それら自体の法的財産性はないが，法的な特殊権利によりその他の企業を排除して独占的に使用できる

権利を確保する（嶌村［1991］p. 193）。それらは，独占的使用権を申請するために必要な諸費用額に基づき，認許権・特許権・許諾実施権などの計上額が決まるので，これらの権利などには法的財産性がないと解する。

固定資産再評価額は，その純簿価に替わって「現在価値」を採ることである（Colasse［1996］p. 100）。固定資産の純簿価と現在価値との差額である再評価差額には，法的財産性がないが財務的財産性がある。企業が将来において支出する資金を先取りした形で，企業の支払能力が示される。

第2の要件である企業への流入価値事実の確実性は，固定資産を取得するために支出されているのか，または固定資産の現在価値に基づき支出が予定されているのかで判断される。過去または現在の支出について，支出という事実に照らして，企業への流入価値事実が確実となる。しかし，将来の支出については，支出という事実が未だに実現していない状況下で，企業への流入価値事実が確実であるとはいえない。そこで，確実性を補充する意味で評価の信頼性が求められる。

第3の要件である企業への流入価値評価の信頼性について，将来の支出額が客観的事実に基づいて評価されるのか否かで判断される。固定資産再評価額は，再評価時での支出の見積額である。この見積支出額は，「思慮深い経営者が企業目的を実現させるために，所有している固定資産の使用価値を考慮して，当該資産を取得するために受入可能な支出額である。」（フランス租税一般法附属書Ⅱ第171-D条）と定めた。この規定によると，固定資産の使用価値に基づく支出額が，一般的に受入れられている。具体的には，(a) 市場原理による価格の動向，(b) 政府が公表する固定資産の特殊価格指数，(c) 貨幣価値の下落，という事実に基づいて見積支出額が計上される。

む　す　び

以上，固定資産の認識ないしは計上能力について，法的側面，経済的側面および財務的側面から検討してきた。法的側面からの固定資産の認識が中心的な

枠組みとして位置づけられた。経済の仕組みが複雑化するにつれて，経済的側面からも固定資産を認識する必要が出てきた。さらに，継続的な営業活動を維持するために必要な資金調達を考慮すると，財務的側面からも固定資産を認識しなければならなくなった。3つの側面から考察される財産性の原則の中で法的財産性の原則が最も重要である。

この最重要な法的財産性の原則によると，固定資産には，個別的な換金性または譲渡性の存在が確認されなければならない。個別的な換金性の存在が確認された固定資産は，所有権移転が完了するという事実をもってして企業への流入価値事実が確実となる。企業からの流出価値という段階で，法的財産性の原則の厳格な適用によって，1年以内に生じる固定資産の流動化が明らかにされる。しかし，フランス制度会計は，取引形態の複雑化にともない，固定資産の法的実態を重視することによって生じる弊害を是正するために，経済的実態を反映する方向で固定資産を認識し始めた。その結果，所有権移転の完了を必須条件とせずに，固定資産の認識ができるようになった。その反面，固定資産の財務的実態が反映されなくなった。

継続的な経営活動を維持するには，取得した固定資産がその使用を通して無価値化していく。固定資産の除去時には，その取替えに必要な資金調達が確保されなければならない。フランス制度会計では，資金調達の確保を重視して固定資産の任意再評価基準が認められることになった。本章では，3つの側面から任意再評価の計上論拠を検討した。法的財産性からは任意再評価差額を計上できない。なぜなら，所有権移転が完了済みの固定資産についての追加的価値増加は，追加時に所有権の移転がおこなわれないからである。次に，経済的財産性からは任意再評価差額を計上できない。なぜなら，所有権の分岐である支配権，収取権ないしは処分権のいずれかの権利の移転がおこなわれないからである。最後に，財務的財産性からは任意再評価差額を計上できる。将来の支出を考慮した任意再評価差額は，実現する可能性が高いが未実現である。未実現であるにも拘わらず，評価の信頼性がある。なお，「表6-1」は，固定資産の属性を法的，経済的および財務的な側面から分類した表である。

表6-1　財産性の分類

属性＼適合性	流入価値の適格性	流入価値事実の確実性	流入価値測定の信頼性
法的財産性	個別譲渡性	所有権の移転	契約時の価格
経済的財産性	個別譲渡性の不明確	所有権の一部移転	現実の取引価格
財務的財産性	支払能力	将来の支出額	将来の取引価格

注

(注1)　制度会計では，いかなる経済的価値もない項目で，資産に属する項目として，組織費，研究・開発費，期間配分費用，社債償還差金，積極側換算差金を挙げている（Colasse [1996] p. 105)。

第7章
固定資産の強制再評価基準

は じ め に

　1947年9月18日に国内経済大臣令により承認されたPlan Comptable Général（以下，1947年一般会計プランと称する），1957年5月11日に経済・財政大臣令および経済政務次官により承認されたPlan Comptable Général（以下，1957年一般会計プランと称する），ならびに1982年4月27日に経済・財政大臣および経済・財政大臣付予算担当大臣令により承認されたPlan Comptable Général（以下，1982年一般会計プランと称する）は，歴史原価（coût historique）（以下，取得原価と記する）で企業財産を記録する。したがって，企業への流入価値である取得時の資産価値は，その価値が減少したときに限り変更され，その変更後の価値が貸借対照表に記載される（Villeguérin [1984] p. 717）。1966年7月24日フランス商事会社法第66-537号（以下，1966年フランス会社法と略する）は，同法第341条第1項で会計基準の継続性を定め，同条第2項で年次計算書（以下，誤解を招く恐れがない場合には財務報告書と記する）の作成基準についての形式的継続性と実質的継続性からの離脱を許容した。また，同法の実施条件を定めた1967年3月23日フランス商事会社施行令第67-264号（以下，1967年フランス会社施行令と略する）は，同令第244条で現行の評価の基準以外の基準に従って財務報告書を作成できると定めた。ここでの現行の評価の基準とは取得原価基準であると解される。

　フランスは，第2次世界大戦によって荒廃した経済を復興し，国内企業の国際競争力を育成し，エネルギー危機による不況を克服する経済政策の一環として，租税優遇した資産再評価基準の規定を設けた。これは，現在価値（valeur réelle）が簿価（valeur comptable）と著しく乖離している状況下において，両者の価値を一致させた上で，その差額に対し直ちに課税しない措置のことである。強制再評価基準は，フランス租税一般法で定められたにも拘わらず，資産実態を開示するという効果が指摘された。これは会計理論の視点からも検討すべき重要な課題である。

　フランス制度会計で定められた資産再評価には，強制再評価（réévaluation réglèmentée）と任意再評価（réévaluation libre）がある。前者の適用は，フランス租税一般法によって，特定の企業に対し強制した。これに対し，後者の適用は，フランス商法によって，すべての企業に対し任意適用とした。本章で取上げる強制再評価は，租税優遇（avantages fiscaux）を受けてきた法制（régimes légaux）として，1945年に制定されてから1979年に廃止されるまでの34年間にわたって実施されてきた。この法制は，租税優遇措置の内容により，1945年から1963年までの旧法制（以下，旧強制再評価という）と1976年から1979年までの法制（以下，1976年強制再評価といい，誤解を招く恐れがない場合には強制再評価と記する）に区分される。とりわけ，後者の強制再評価が今日の会計手続にも影響を及ぼしている。

　本章の研究目的は，強制再評価基準と1966年フランス会社法との整合性を解明することである。本章では，次のことが論点となる。

① 1976年フランス財政法および1977年フランス財政法で定められた強制再評価基準が，1966年フランス会社法では定められていない。
② 強制再評価基準は，商事貸借対照表を作成するときの評価の基準として適用されていた。
③ 1966年フランス会社法の会計基本原則の視点から強制再評価基準の妥当性を検討する。

7-1 再評価基準の歴史的背景

7-1-1 EC第4号指令前の再評価基準

イギリスにおいて，1948年イギリス会社法は，Cohen（コーヘン）委員会の勧告を受入れて，貸借対照表に会計年度末の「真実かつ公正な写像」を与えなければならず，損益計算書にその会計期間の「真実かつ公正な写像」を与えなければならないと定めた（同法第149条）。この規定に応えるために，企業は，本法第8附表に準拠しなければならないことになる。ここで，本附表第5条［評価規準］の一部を抜粋したものを示すと次のとおりである。

1948年イギリス会社法第8附表　第5条［評価規準］
(1) 固定資産の額を算出する方法は，次の款に従って原価と時価を区別して適用されなければならない。
　(a) 固定資産の原価（cost），または企業の帳簿に時価で記載されているならばその評価額（the amount of the valuation）
(2) 次の款には時価が適用されるべきではない。
　(d) 営業権，発明特許権（patents）または登録商標権（trade marks）

企業は，固定資産の評価として取得原価ないしは時価を選択適用することができる（同法第5条）。すなわち，同法5条は，資産再評価を容認するものとなる（山浦［1993］p. 322）。ところが，営業権，発明特許権または登録商標権は時価評価の対象から除外される。このことは，当該資産が法的保護のもとで独占的収益を企業にもたらすが故に，当該資産が市場に出回りにくいことを示している。

有形固定資産が再評価の対象となるためには，共通の市場価格が形成され，かつ経済寿命が長くなければならない。例えば，土地，建物などは再評価の対象となる。ところが，設備機械などは，再評価の対象とならない（山浦［1993］p. 321）。また，1967年イギリス会社法第2附表第1編11（A）は，無形固定資

産の再評価を認めていた (黒田 [1989] p. 139 参照)。

　フランスにおいて，租税優遇措置を受けて，1945 年から 1979 年までの 34 年間にわたって強制再評価が実施されてきた。この規定は，租税優遇措置の内容によって，1945 年から 1963 年の旧強制再評価基準と 1976 年から 1979 年までの強制再評価基準に分けられる。後者の基準は，今日の会計手続にも影響を与えている。1976 年フランス租税一般法第 283 条 bis I 第 1 項は，償却不能固定資産（営業権，賃貸借権および資本参加証券）の強制再評価基準を定めた。また，1977 年フランス租税一般法第 283 条 bis J 第 1 項は，償却可能固定資産の強制再評価基準を定めた。

7-1-2　EC 第 4 号指令の再評価基準

　固定資産の再評価基準について，EC 第 4 号指令原案を EC 第 4 号指令に改正したのは，加盟国の多くが土地および資本的参加証券の再評価を認めていたからである（山口編 [1984] p. 282）。この再評価基準の導入にあたり，1948 年イギリス会社法，1976 年・1977 年フランス租税一般法が，影響を強く与えていた（黒田 [1989] p. 139 参照）。ここで，EC 第 4 号指令第 33 条 [特別評価規準] の一部を抜粋したものを示すと次のとおりである。

> **EC 第 4 号指令　第 33 条 [特別評価規準]**
> 　加盟国は，本指令第 31 条の適用を除外することにより，次のことが認められる。
> (c) 有形固定資産および金融固定資産の再評価

　無形固定資産は，擬制資産（組織費，研究開発費など），契約資産（行政特許権，発明特許権，登録商標権，賃貸借権など）および営業基盤資産（買入営業権など）に分類される。その分類基準によれば，先ず資産性が個別的に識別できるものとできないものに分けられる。前者に属するのが擬制資産と契約資産とある。後者に属するのが営業基盤資産である。次に，個別的に識別できるものの中で資産性があるものとないものに分けられる。前者に属するのが契約

資産である。後者に属するのが擬制資産である。

イギリスは，再評価の対象外として営業権，発明特許権または登録商標権を定めていた（1948年イギリス会社法第8附表第5条）。これらの資産は，契約資産および営業基盤資産の範疇に属することになる。ところが，擬制資産に属する創立費・開業費，新株・社債発行費，新株・社債に関する手数料支払額，社債発行差金および新株割引発行割引額（同法第3条）は，再評価の対象外とは定められていない。したがって，擬制資産は再評価の対象であると解される。なお，「表7-1」は，再評価の対象となる無形固定資産を表す。

表7-1 再評価の対象資産

	無形固定資産		
	擬制資産	契約資産	営業基盤資産
1948年イギリス会社法	○	×	×
1976年フランス租税一般法	○	○	○
1977年フランス租税一般法	○	○	○
EC第4号指令	×	×	×

（注）○：対象資産
　　　×：対象外資産

擬制資産の再評価は，加盟国の会計慣行として実施されていたにも拘わらず，EC第4号指令は対象外とした。その根拠として，次のことが推測される。1948年イギリス会社法は，収益・費用観に基づく適正な期間損益を求めていた。これに対し，EC第4号指令は，資産・負債観に基づく適正な収益・費用の期間配分を求めるようになった。このことは，擬制資産の計上禁止ないしは計上縮小を意味することになる。したがって，資産性の乏しい擬制資産は，再評価の対象から除外されることになる。

また，契約資産および営業基盤資産について，1976年・1977年フランス租税一般法は，再評価による計上を義務づけていた。これに対し，1948年イギリス会社法は，再評価の禁止を定めていた。EC第4号指令は，後者の規定を優先して，契約資産および営業基盤資産を再評価の対象から除外したものと解

される。

7-1-3　EC 第 4 号指令後の再評価基準

フランスは，EC 第 4 号指令の要請を受けて既存の商法を改正した。すなわち，1983 年フランス商法は，有形固定資産および金融固定資産の任意再評価基準を定めた。但し，無形固定資産は再評価の対象から除外した。同法の適用方法は，1976 年・1977 年フランス租税一般法における強制再評価基準に従って定められたものである。但し，企業は，任意再評価の租税優遇措置を得ることができず，任意再評価差額に対しては課税がなされた。

1983 年フランス商事会社法は，簿価と現在価値の差額となる任意再評価差額を分配できないと定めた（同法第 346 条第 4 項）。そして，この差額は資本の部に計上される。なお，任意再評価された資産が譲渡されるとき，対応する価値増加分は実現されることなる（CNC [2003] p. 22）。そこで，その価値が，初めて処分の対象となる。

7-2　強制再評価基準の史的展開

強制再評価基準は，1945 年から 1963 年までの旧強制再評価基準の導入時期と 1976 年から 1979 年までの強制再評価基準の導入時期とに区分される。本節では，旧強制再評価基準と強制再評価基準の導入過程を検討し，租税中立性の視点から両者の相違点を検討する。なお，ここでは，再評価規定を時系列順に示すので，第 8 章で検討する任意再評価基準の導入時期をも記載する。

7-2-1　旧強制再評価基準の導入時期

旧強制再評価基準は，1945 年 8 月 15 日フランス施行令第 45-1820 号「貸借対照表再評価」，1946 年 12 月 23 日フランス法律「貸借対照表再評価」（第 25 条），1948 年 5 月 13 日フランス法律第 48-809 号「貸借対照表再評価」（第 1 条）および 1959 年 12 月 28 日フランス法律第 59-1472 号「貸借対照表再評価」

(第39条・第40条)(以下,1959年フランス財政法と略する)によって法制化された。1959年フランス財政法は,出資公募企業および上場企業による資本参加企業に対し旧強制再評価基準の適用を強制し,その他企業に対し任意適用とした。また,1959年6月30日までの価格変動による歪みを矯正し,それ以降の価格変動を考慮した再評価を廃止した (Villeguérin [1984] p. 718)。旧強制再評価による資産価値の増加は,「再評価特別積立金 (Réserve spéciale de réévaluation)」勘定に記録される。しかも,この積立金の資本金組入にあたっては,租税優遇措置として,組入額の3%という特別免税 (taxe spéciale libératoire) を受けていた (Raffegeau [1990] p. 1067)。

7-2-2 1976年強制再評価基準の導入時期

強制再評価基準は,1976年12月29日フランス法律第76-1232号「償却不能固定資産再評価」(第61条)(以下,1976年フランス財政法と称する。その改正後の規定が租税一般法第238 bis I 条であるので,誤解を招く恐れがある場合には「フランス租税一般法第238 bis I 条」と記する) および1977年12月30日フランス法律第77-1467号「償却可能固定資産再評価」(第69条)(以下,1977年フランス財政法と略する。その改正後の規定が租税一般法第238 bis J 条であるので,誤解を招く恐れがある場合には「フランス租税一般法第238 bis J 条」と記する) によって法制化された。その後,1977年6月1日フランス租税施行令 (以下,1977年フランス租税施行令と略する) が1976年フランス財政法の適用基準,1978年7月1日フランス租税施行令 (以下,1978年フランス租税施行令と略する) が1977年フランス財政法の適用基準を定めた。この法制によると,工業,商業,手工業,農業または自由業を営む企業は,貨幣価値の下落による歪みを是正するために,原則として,1976年12月31日における固定資産の使用価値 (valeur d'utilité) に基づいて,資産再評価を実施するか否かの選択権 (faculté) を有していた (Raffegeau [1990] p. 1067)。なお,特定の企業に対しては,資産再評価基準の適用が義務づけられていた。但し,この法制による再評価は,1979年度会計期間の締切以降,実施不可能となった (Raffegeau [1990] p. 1067)。なお,「表7-2」は,固定資産の

表7-2 固定資産再評価の年表

設定時期	法定再評価の規定	任意再評価の規定
1945年8月15日施行令 1946年2月5日施行令 1946年2月28日施行令 1946年12月23日法律 1947年9月18日 PCG1947 1948年5月13日法律 1948年5月15日施行令 1949年3月17日施行令 1952年2月18日施行令 同令 1957年5月11日 PCG1957 1957年2月14日施行令 同令 1959年12月28日法律 1960年3月19日施行令 1962年12月31日 1963年12月31日	旧法定再評価の規定 第1次貸借対照表再評価 　再評価適用基準 　再評価指数公表 第2次貸借対照表再評価 　再評価に関する意見書 第3次貸借対照表再評価 　再評価指数公表 第4次貸借対照表再評価 　再評価指数公表 第5次貸借対照表再評価 　再評価指数公表 第6次貸借対照表再評価 　再評価指数公表 第7次貸借対照表再評価 　再評価指数公表 　再評価最終日 　再評価廃止	
1966年7月24日会社法 1967年3月23日施行令		旧任意再評価の規定 貸借対照表任意再評価 　任意再評価適用基準
1976年12月29日法律 1977年6月1日施行令 1977年12月30日法律 1978年7月11日施行令	1976年法定再評価規定	
1982年4月27日 PCG1982 1983年4月30日法律 1983年11月29日施行令		新任意再評価の規定 有形・金融固定資産任意再評価 有形・金融固定資産任意再評価 　任意再評価適用基準

強制再評価基準および任意再評価基準を時系列順に示す。

　企業の純費用累計額は，強制再評価基準を実施する企業と実施しない企業の間に差がなくなるように同額とした。このことから，この再評価基準が租税的中立性（neutralité fiscale）であるといわれる。この点について，旧法的再評価基

準とは異なる。この中立性を確保するために，再評価による資産価値の増加
は，その期の成果に影響させずに租税免除 (en franchise d'impôt) とした。償却
不能資産は「再評価特別積立金」の勘定[注1]，償却可能資産は「再評価特別引
当金」の勘定に直接的に記録した (Raffegeau [1990] p.1067)。再評価特別引当
金は，再評価によって生じる償却費超過分 (suppléments d'amortissement) と相
殺して段階的に取崩される。これに対し，再評価特別積立金は，利益分配の対
象として処分もできなければ，欠損の直接的補填として処分もできない。しか
しながら，損失が計上されている場合には，再評価特別積立金を資本金組入し
た後に，減資 (réduction du capital) によって，その損失を吸収できた。この資
本金組入の手続は，記録上の単純な登録税 (droit fixe) の計上によっておこな
われた (Raffegeau [1990] p.1067)。

7-3 強制再評価基準の適用条件

強制再評価基準の適用条件は，1976年フランス財政法および1977年フラン
ス財政法によって詳細に定められた。本節では，強制再評価の特質を解明する
ために，対象企業，対象資産，再評価日，再評価時の現在価値および現在価値
と簿価の差額を取上げ，順次検討する。

7-3-1 対　象　企　業

フランス租税一般法第238 bis I 条第1項は，償却不能固定資産再評価の適
用を任意とする企業と強制とする企業と区別した。任意適用の企業に対し，
「1976年12月31日以降に締切られる最初の会計期間において，貸借対照表に
記載される償却不能固定資産について，資本参加証券を含めて，その再評価が
許容される。」と定めた。また，強制適用の企業に対し，「上場企業，上場企業
が作成する連結報告書の領域に入る資本参加企業，または1966年7月24日法
律第66-537号第72条で定められるその他資金公募商事会社 (sociétés
commerciales faisant publiquement appel à l'épargne) に対し義務づける。」と定め

た。なお，フランス証券取引委員会は，親会社の利用という条件つきながら，上場企業と連結可能な外国子会社に対しても，強制再評価基準による貸借対照表の作成を義務づけた (BCOP [1977])。

7-3-2 対 象 資 産

強制再評価基準の適用対象となる資産は，1976年フランス財政法が定める償却不能固定資産，および1977年フランス財政法が定める償却可能固定資産である。1957年一般会計プランによると，2180下位勘定「営業権・賃借権」と26勘定「資本参加証券」が償却不能固定資産となる。これらの項目以外のすべての固定資産が償却可能固定資産となる (Villeguérin [1984] p. 718)。

強制再評価は，一般的に貨幣価値の下落により，現在価値と簿価とが著しく乖離する可能性の高い固定資産をその適用対象とした。貨幣価値の下落による影響が小さく，むしろ個別的原因で乖離する可能性の高い流動資産は，その対象から外した。ここでの個別的原因とは，おもに市場での需要と供給による不均衡によって生じる価格上昇のことである。

ここで，問題になるのが土地の償却性である。土地は，通常，その使用期間が無制限であり，時間の経過とともにその価値を喪失しないので，一般に償却可能固定資産の範疇に入らない (Villeguérin [1984] p. 878)。しかし，土地は，その使用期間が企業にとって実質的に制限されるならば，償却可能固定資産となる (Villeguérin [1984] p. 878)。土地の減耗損の具体例として，石切場のような採掘土地 (terrains d'exploitation) が挙げられる (Villeguérin [1984] p. 878)。

7-3-3 再 評 価 日

強制再評価は，恒常的規制 (régime permanent) ではなく，暫定的な会計処理としての性格 (caractère d'une opération ponctuelle) を帯びていた。ある資産の現在価値が簿価と著しく乖離しているときでも，再評価日が限定された。

フランス租税一般法第283 bis I条第1項は，再評価日を，「1976年12月31日以降締切られる最初の会計期間に記載される資産，もしくはその後の3会計

期間にわたって記載される資産を再評価できる。」と定めた。一会計期間を1月1日から12月31日までとすると，強制再評価は，1976年12月31日の決算日に実施されることになる。なお，償却可能固定資産の再評価日は，償却不能固定資産と同じである (同法第283 bis J 条第1項)。

7-3-4 現在価値

フランス租税一般法第283 bis I 条第1項は，償却不能固定資産の強制再評価基準を,「企業が1976年12月31日に取得するための見積原価または原状に回復させるための見積原価で再評価される。」と定めた。また，同法第283bis J 条第1項は，償却可能固定資産の強制再評価基準を,「推移指数 (indices représentatifs de l'évolution) を純簿価に適用して算出される額を超えてはならず，その推移は，償却性のある財貨に関する建物価格 (prix de constructions)，および建物以外の償却可能固定資産に関する材料と道具の価格である。」と定めた。かつ,「これらの指数は，経済・財政大臣令によって決定される。」と定めた。なお，強制再評価額は，1978年3月24日フランス省令によって定められた再評価指数を上回ることができない (Gambier [1986] p. 483)。

ここでの見積原価は使用価値である。フランス租税一般法は,「思慮深い企業主が企業目的を実現させるために，所有している固定資産の効用を考慮して，当該資産を取得するための支出として受入れる額である。」(同法附属書II第171 D 条第1項) と定めた。この規定から，資産の見積原価が再調達原価となる。

7-3-5 再評価差額

フランス租税一般法第283 bis I 条第2項は，償却不能固定資産の再評価額を,「租税免除で，貸借対照表消極側に再評価積立金として記載する。」と定めた。再評価積立金は，再評価した会計期間の成果に影響を与えないために，損益勘定に記載せずに直接的に貸借対照表消極側に記載する。「分配不能」である再評価積立金は，その資産が企業内部に保有されている限り，維持拘束され

るので分配できない。同法は，租税的中立性の視点から，再評価時点での再評価額を課税可能利益に含めない。償却不能固定資産の譲渡による価値増減は，「租税の視点から，再評価前の価値（valeur non réévaluée）に基づいて計上される。」(同条第2項）と定めた。再評価時点での再評価積立金は，課税可能利益に含めず譲渡時点で含めることによって，再評価する企業としない企業との間に生じる弊害を排除して，租税上の中立性を維持した。

再評価積立金の資本金組入は，フランス普通法（droit commun）の規定により12％の税率（フランス租税一般法第812条第1項）で実施された。例外措置として，強制再評価による再評価積立金に対し，1986年1月1日以降，1,220フラン（以下，Fと略する）の登録税（同法第812A条第2項）で実施された。なお，1976年フランス財政法第61条第2項による当時の登録税は220^{F}であった。

フランス租税一般法第283 bis J条第2項は，償却可能固定資産の再評価額を，「租税免除で，貸借対照表消極側に表示する再評価特別引当金として直接的に記載する。」と定めた。再評価特別引当金は，償却不能固定資産再評価による再評価額と同様に，再評価した会計期間の成果に影響させないために，直接的に貸借対照表消極側に記載された。同条は，「1977年1月1日以降に開始される会計期間の償却年度額は，再評価価値に基づいて計上される。」(同条第2項）と定めた。一会計期間における減価償却費は，償却可能固定資産の取得原価ではなく，その再評価価値に基づいて計上される。再評価特別引当金は，再評価によって生じた減価償却費の超過分と相殺して段階的に取崩される(Raffegeau [1990] p. 1067)。償却可能固定資産の再評価差額は，「直線処理方法で処理されるならば，1976年12月31日に認められる償却残存期間にわたって均一の各年割当額」(同条第2項）が成果に戻入れられる。また，「逓減処理方法で処理されるならば，償却年度数が同条件なら同率で計上される各年割当額」(同条第2項）が成果に戻入れられる。

償却可能固定資産は，償却不能固定資産と同様に，租税中立性の視点から，再評価時点での再評価額を課税可能利益に含めず，「再評価された償却可能固定資産を譲渡するときに，当該資産に関わる再評価特別引当金残余額は，譲渡

した会計期間の成果に戻入れられる。」(フランス租税一般法第283 bis J条第2項)と定めた。譲渡による資産価値の増減は,「再評価価値に基づいて計上される。」(同条第2項)と定めた。再評価によって生ずる償却額超過分を再評価特別引当金と相殺して再評価する企業の純費用累計額を再評価しない企業の純費用累計額と同額にすることによって,両者の間に生じる弊害を排除して,租税上の中立性を維持した。

7-4　強制再評価基準の妥当性

強制再評価に該当する規定は,1976年フランス財政法および1977年フランス財政法によって定められた。同規定は,1966年フランス会社法において定められていないにも拘わらず,商事貸借対照表の評価の基準として実施されていた。そこで,強制再評価基準と1966年フランス会社法の会計基本原則との整合性が問題となる。本節では,強制再評価基準の妥当性を解明するために,1966年フランス会社法の会計基本原則との整合性を検討する。

7-4-1　再評価差額計上の妥当性

企業資産の価値増加は,その現在価値がその簿価を上回るときに生じる。これに対し,価値減少は下回るときに生じる。資産価値増減の変動過程における認識規準には,「潜伏 (latente) または潜在 (potentielle)」および「実現 (réalisée)」がある (Gambier [1986] p. 81)。「単なる潜在」ではなく「実現する可能性の高い潜在」である「蓋然」の時点で,企業は,資産価値の減少を会計上,認識する。但し,その増加は認識しない。「実現」の時点で,企業は,資産価値の増加に相当する資産の流入により,これが確定的 (définitivement) であると判断したときに,その増加を認識する。

償却可能固定資産は,決算時に費消原価と未費消原価に配分される。そして,未費消原価が再評価の対象となる。その内訳は,未費消原始原価と再評価差額になる。再評価した以降の会計期間では,再評価額に基づいて減価償却が

おこなわれる。強制再評価基準は，強制再評価する企業としない企業との純費用累計額を同額にする。そのために，前者の減価償却費の計上に対し，一会計期間における減価償却費の超過分に相当する再評価差額をその期の実現利益と見做し，貸借対照表「恒常資本の部」に計上していた再評価差額から，その期の実現利益と見做した額を損益勘定「収益の部」に振替えた。

　ここで，問題となるのが，一会計期間における減価償却費の超過分に相当する再評価差額をその期の実現利益と見做すところの，実現基準の内容が問題となる。固定資産の使用価値には，物理的価値と経済的価値がある。前者の物理的価値は，資産の使用を通した使用価値であり，資産の取得時の取得原価に相当する。これは，資産の生産機能と直接的な因果関係をもつ実体概念である。他方，後者の経済的価値は，市場原理などの外的要因により資産の使用価値であり，評価時での資産の現在価値に相当する。これは，資産の生産機能と直接的な因果関係をもたない名目概念である。物理的価値は，資産の取得時点で取得価格と一致する。なお，時の経過とともに両者が乖離することもある。仮りに両者が乖離すると，資産の使用価値は，使用価値＝経済価値という式で示される。資産を再評価するときに，再評価差額＝経済価値－物理的価値という式が成立つ。なお，「図7-1」は，法定再評価差額の期間配分を示す。

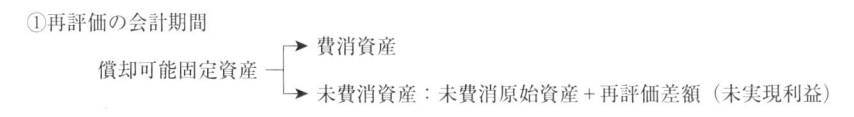

①再評価の会計期間

　　償却可能固定資産 ─┬→ 費消資産
　　　　　　　　　　　└→ 未費消資産：未費消原始資産＋再評価差額（未実現利益）

②再評価後の会計期間

　　減価償却費＝未費消原始原価相当の期間費用＋<u>再評価相当の期間費用</u>
　　　　　　　　　　　　　　　　　　　　　　　└→ 再評価差異戻入額（実現利益）

図7-1　法定再評価差額の期間配分

　再評価された償却可能固定資産の価値減少は，減価償却を通して，販売目的資産の生産価額に転化される。そして，この価値減少には，物理的な減少と経済的な減少がある。前者の物理的な価値減少は，取得原価を基礎としながら，

資産の使用を通して，その収益獲得能力が減少する。したがって，回復不能な事実としてあらわれる。これは費用の実現である。他方，後者の経済的な価値減少は，現在価値を基礎としながら，資産の使用を通して，その収益獲得能力が減少する。したがって，回復不能性の高い事実としてあらわれる。これは費用の蓋然である。この蓋然費用に対応する再評価特別引当金が，減価償却を通して，収益に戻入れされる。この引当金戻入は実現利益であると見做される。なぜなら，再評価特別引当金は，資産の再評価時の市場価格に基づいて決定されるからである。再評価以降の価格が変動する可能性があるにも拘わらず，その価格が常に上昇傾向にあり，下落する可能性が極めて低い。なお，「表7-3」は，時価基準，旧強制再評価基準および強制再評価基準を比較する。

表7-3 強制再評価基準の比較

評価の基準 検討事項	時価基準	旧強制再評価基準	強制再評価基準
原　　因	貨幣価値の下落	資産価値の上昇	複合的要素
目　　的	資本維持	実態開示	実態開示
性　　質	資本修正	資本変更	資本変更
対象資産	全資産	現在価値と簿価の乖離資産	1976年度所有資産
時　　期	定　期	臨　時	1976年12月31日
時　　価	一般物価指数	実勢価格 特殊価格指数	使用価値： 　償却不能固定資産 　・実勢価格 　・特殊価格指数 　・一般物価水準変動指数 　償却可能固定資産 　・再評価指数 　　建物価格指数 　　設備価格指数

資産は，企業が保有している段階で，なんらかの原因により現在価値が簿価から乖離するときがある。前者の現在価値が後者の簿価を上回る経済的原因として，貨幣価値の下落かそれともある資産特有の市場状況による上昇が考えら

れる。資産の価値増加が貨幣価値の下落によって生じるならば，その性質は資本修正である。また，特定の資産に纏わる固有の状況下で生じるならば，その性質は，含み益の計上による資本修正である(注2)。企業が保有している段階で，貨幣価値の下落により，資産価値が増加するならば，特定の資産に限定せずに，すべての資産を定期的に一般物価指数によって評価替しなければならない。資本は，評価替した会計期間において費消ないし販売された財貨の取替えに要する額をその期の費用として計上する。このことによって，資本は実質的に維持される。ところが，含み益の計上による資本修正とみるならば，特定の資産に限定して，臨時的に個別物価指数によって再評価し，期末時点の財産状態を表示する（中村［1987］p. 432）。

　現実に，企業が保有している段階での資産価値の増加は，複合的な原因により生じる。制度会計として，現実に適合可能な評価の基準を確立するために，強制再評価基準は，再評価の対象と時期を制限することになる。すなわち，現在価値と簿価との間が著しく乖離する可能性の高い固定資産に限定し，1976年12月31日以降に締切られる最初の会計期間またはその後の3会計期間までが再評価の時期とする。

　償却不能固定資産は，原則として実勢価格を採用する。償却可能固定資産は，経済・財務省が定めた再評価指数以内での現在価値を採用し，再評価引当金が償却費超過分と相殺されて，段階的に成果に戻入れされる。

7-4-2　再評価差額表示の合理性

　1957年一般会計プランは，貸借対照表積極側に組織費，固定資産，その他固定資産，経営資産および短期債権を計上することによって，その基本的な表示能力を正の財産状態としながらも正の財政状態をも表示する。これに対し，その消極側に，恒常資本，設備助成金，損失・費用引当金，長期・中期債務および短期債務を計上することによって，その基本的な表示能力を負の財産状態としながらも負の財政状態をも表示する。再評価差額の表示について，償却不能資産が再評価特別積立金の項目，償却可能資産が再評価特別引当金の項目で

貸借対照表「恒常資本の部」に記載される。当期成果は，「恒常資本の部」に記載されておらず，貸借対照表の最後尾に記載される。なお，「表7-4」は，1957年一般会計プランによる貸借対照表と成果計算書の関係を表す。

表7-4　1957年一般会計プランによる貸借対照表と成果計算書の関係

貸借対照表

（積極側）	（消極側）
組織費： 固定資産： 　土地 　…… 　その他固定資産 　1年超貸付金 　…… 経営資産： 　商品 　…… 短期債権： 　前払費用 　調整勘定 　……	恒常資本： 　会社資本 　準備金 　　再評価特別積立金 　　再評価特別引当金 　…… 　受取設備助成金 　損失・費用引当金 　…… 長期・中期債務： 短期債務： 　前受収益 　調整勘定
（当期損失）　当期成果　（当期利益）	

成果計算書

（借方）	（貸方）
経営費用 過年度損失 調整臨時助成金 臨時損失 引当金繰入額 所得税	経営収益 経営助成金 過年度利益 臨時利益 設備助成金 受取安定助成金 引当金戻入額 ……
（当期利益）　当期成果　（当期損失）	

　1957年一般会計プランによる貸借対照表には，本来の資産である個別的譲渡性のある実在資産，および損益思考の面から資産計上されたにすぎない擬制資産が記載される。再評価特別積立金および再評価特別引当金は，実態開示の面から「恒常資本の部」に記載されたにすぎない。当該積立金および当該引当金は，再評価時での未実現利益としての性質をもちながら，減価償却を通して実現化される。よって，本来の恒常資本としての処分済みの内部留保益ではない。そこで，本来の恒常資本だけを貸借対照表消極側に計上すれば，実在資産と負債の差額に相当する額が表示できる。1957年一般会計プランは，貸借対照表消極側に再評価特別積立金，再評価特別引当金，損失・費用引当金，前受収益および調整勘定を計上することによって，企業の負の財政状態を表示する

といわれる。したがって，再評価特別積立金および再評価特別引当金は，恒常資本概念の延長線にあらず，それは本来の恒常資本とは異質なものであるから，貸借対照表消極側の「恒常資本の部」に表示する妥当性がない。

7-4-3 1966年フランス会社法との整合性

強制再評価基準は，フランス租税一般法で定められたにも拘わらず，現実に作成される商事貸借対照表に再評価特別積立金および再評価特別引当金を記載する。したがって，当時の会社法である1966年フランス会社法との整合性が検討課題となる。1966年フランス会社法第228条第1項は，会計監査人の職務との係わりで，会計監査人が財務報告書の正規性および誠実性を保証する義務を課していた。このことは，会計責任者もこれらの基本原則に基づいて財務報告書を作成することになる。

(1) 正規性による妥当性

正規性は法規への準拠である。準拠すべき会計基準の起源は，先ず法律ないし命令の基本文であり，次に一般に認められた会計慣習である (Goré [1973] p. 167)。前者の基本文の中核を成すのは，商法「第Ⅱ篇　商人の会計」である。これは，商人に財務報告書の作成を強制する。後者の会計慣行の中核を成すのは，1957年一般会計プランである。これ自体では企業に財務報告書の作成を強制できないので，法律，施行令および省令により，法的な強制力が確保される。フランス租税施行令は，原則として企業に対する納税義務だけを定めた。ところが，1965年フランス租税施行令は，企業一般に対して国税庁に提出する財務報告書の様式を定め，上場企業に対して貸借対照表の様式，一般経営計算書の作成条件の明確化，成果計算書での所得税額の表示を強制した。このことが，結果として株主総会に提出する財務報告書の様式に影響を与えることになった。以上のことから，会計基準への準拠の優先順位は，次のとおりになる。

① 租税規定への準拠性

② 商法規定による影響の受入れ
③ 実務慣行に照らしての適切な判断

強制再評価基準は，1967年フランス財政法および1977年フランス財政法によって定められた規定である。1966年フランス会社法には，それに相当する規定がない。しかし，強制再評価基準は，1966年フランス会社法の規定との整合性がなければならない。その手掛かりは，1966年フランス会社法第341条第2項にある。この規定から，取得原価基準から離脱して，強制再評価基準の適用が可能となる。同条第2項は，取得原価基準から離脱したときに，強制再評価基準に従って作成される新財務報告書と取得原価基準に従って作成される旧財務報告書との両者を公表するよう定めた。そこで，初めて両者が比較可能になる。同条の実施条件を定めた1967年フランス会社施行令第244条は，取得原価基準から強制再評価基準への変更について，強制再評価基準が財産目録および貸借対照表に記載される企業財貨評価の基準として使用されたときに，変更の旨が必要に応じて，理事会，取締役会または経営者の報告書に記載されると定めた。さらに，貸借対照表の注記，または監督機関報告書において，離脱の根拠とその結果を明らかにすることが定められた (Goré [1973] p. 170)。

(2) 誠実性による合理性

1967年フランス財政法および1977年フランス財政法は，特定の企業に対し，強制再評価基準の適用を強制した。これに対し，1966年フランス会社法には，それに相当する規定がなかった。誠実性は，企業の利害関係者にとって，有用な会計情報を提供するための根拠となる。この視点から，1966年フランス会社法およびその時代の会計慣行である1957年一般会計プランで定められた取得原価基準以外の基準も適用可能となる。取得原価基準以外の基準に，強制再評価基準が含まれる。例えば，ある固定資産の簿価と現在価値とが著しく乖離しているときに，会計責任者は，誠実性を根拠に取得原価基準から離脱して強制再評価基準を適用できる。このことは，誠実性を根拠にして，フ

ランス会社法と1957年一般会計プランからの離脱が容認されたと解される。

主観的誠実性によると，会計責任者が通常の注意義務を怠り，結果的に財務報告書が企業の経済的実態を表示していなかったとしても，会計責任者が強制再評価基準の恣意的な操作をおこなっていなければ，誠実性が確保されたと判断される。これに対し，客観的誠実性によると，強制再評価基準に従って作成される財務報告書の数値が合理的な見積値とかけ離れているときに，誠実性が確保されたと判断される。反対に，かけ離れていないときには，会計責任者の過失が推定される。この客観性によると，会計責任者による評価の基準の恣意的な操作の有無に触れず，証憑書類に基づいて強制再評価基準が適用される。その結果としての財務報告書が，合理的に作成されたか否かが，誠実性が確保されたか否かの判断基準となる。なお，会計領域における職業的責任との係わりで，会計責任者は，財務報告書の利用者の利益を保護する視点から，企業の経済的実態をできるだけ忠実に写像した財務報告書を開示するための最善の努力を尽くすべきである (Goré [1973] p.170)。

1966年フランス会社法第341条第2項，およびその実施規定である1967年フランス会社施行令第244条は，取得原価基準から離脱して，強制再評価基準の適用を可能とする。なお，「フロー・チャート7-1」は，取得原価基準からの離脱順序を示す。

「フロー・チャート7-1」は，会計責任者が財務報告書を作成する順序を示したものである。その報告書は (S_1) 誠実である場合，(S_2) 誠実であるか否か不明の場合および (S_3) 誠実でない場合が想定できる。(S_1) の場合に，会計責任者は，取得原価基準に準拠することにより，正規かつ誠実な財務報告書を作成できる。(S_2) の場合に，会計責任者は，取得原価基準に準拠して財務報告書を作成しても不充分であるとき補足情報を提供することにより，正規かつ誠実な財務報告書を作成できる。(S_3) の場合に，会計責任者は，取得原価基準から離脱し，フランス租税一般法が定める強制再評価基準に準拠することによって，正規かつ誠実な財務報告書を作成できる。

償却可能固定資産については，再評価特別引当金を償却費超過分と相殺し

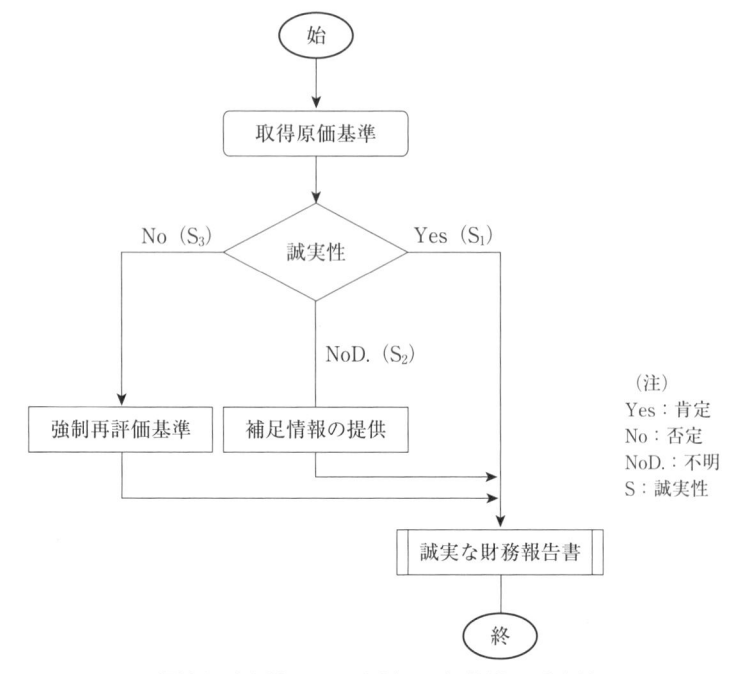

フロー・チャート7-1　正規性と誠実性による強制再評価基準の妥当性

（注）
Yes：肯定
No：否定
NoD.：不明
S：誠実性

て，当該引当金を段階的に成果に戻入れることによって，取得原価基準による分配可能利益額と強制再評価基準による分配可能利益額を同額にさせる。これは，フランス租税一般法の中立性を根拠におこなわれるが，同時に，企業の利害関係者による利害調整をも効果的におこなっている。したがって，このことは，誠実性が要請する有用な会計情報の提供を満たしているといえる。

7-5　具　体　例

本節において，1976年フランス財政法による償却不能固定資産の再評価および1977年フランス財政法による償却可能固定資産の再評価基準について，それぞれの具体例を作り，設例による数値に基づいて強制再評価基準の会計処

理を検討する。

7-5-1 再評価特別積立金

ここでは，具体的に償却不能固定資産である土地 T の再評価を取上げ，土地 T の再評価特別積立金をその譲渡前に資本金組入する場合，その全額とその一部に分けて具体例を作り，1976 年フランス財政法による会計処理を検討する。

(1) 再評価積立金を資本金に組入れない場合

設例7-1 （株）葛飾は，1970 年 1 月 1 日に 200^F で取得した土地 T を 1976 年 12 月 31 日に 400^F の再評価額として確認し，その再評価差額を 200^F として記帳した。1980 年 12 月 31 日に 500^F で土地 T を譲渡した。なお，一会計期間を 1 月 1 日から 12 月 31 日までとする。1976 年 12 月 31 日および 1980 年 12 月 31 日には，次のとおりに記帳する（Villeguérin［1984］p. 720）。

```
             1976 年 12 月 31 日
211     土地…………………………200
1053       再評価特別積立金………………200
          （土地 T の再評価）

             1980 年 12 月 31 日
6752    有形固定資産譲渡費……………400
211        土地…………………………400
          （再評価された土地 T の譲渡）
462     有形固定資産譲渡債権…………500
7752       有形固定資産譲渡収益…………500
          （土地 T の譲渡価格）
1053    再評価特別積立金………………200
7788       その他臨時収益…………………200
          （再評価特別積立金の取崩し）
```

(2) 再評価特別積立金の全部を資本金に組入れる場合

設例 7-2　「設例 7-1」の一部変更：1978 年 12 月 31 日に再評価特別積立金の全額 200^F を資本金組入する（Villeguérin [1984] p. 720）。

　　　　　　　1978 年 12 月 31 日

1053	再評価特別積立金…………………200
1011	資本金………………………………200

　　　　（再評価特別積立金の資本金組入）

　　　　　　　1980 年 12 月 31 日

6752	有形固定資産譲渡費……………400
211	土地……………………………………400

　　　　（再評価された土地 T の譲渡）

462	有形固定資産譲渡債権…………500
7752	有形固定資産譲渡収益………………500

　　　　（土地 T の譲渡価格）

(3) 再評価積立金の一部を資本金に組入れる場合

設例 7-3　「設例 7-2」の一部変更：1978 年 12 月 31 日に再評価特別積立金の一部 50^F を資本金組入する（Villeguérin [1984] p. 720）。

　　　　　　　1978 年 12 月 31 日

1053	再評価特別積立金…………………50
1011	資本金…………………………………50

　　　　（再評価特別積立金の資本組入）

　　　　　　　1980 年 12 月 31 日

6752	有形固定資産譲渡費……………400
211	土地……………………………………400

　　　　（再評価された土地 T の譲渡）

462	有形固定資産譲渡債権…………500
7752	有形固定資産譲渡収益………………500
	（土地Tの譲渡価格）
1053	再評価特別積立金………………150
7788	その他の臨時収益………………………150
	（再評価特別積立金の取崩し）

ここで，「設例7-1」，「設例7-2」および「設例7-3」を総勘定元帳を利用して比較検討する。なお，総勘定元帳での計上値は，1970年度以降の数値を時系列的に表示したものである。

設例7-1　再評価特別積立金を資本金に組入れない場合

土　地	資　本　金	再評価特別積立金	成果計算書
70年　200			
76年　200		76年　200	
80年　400		80年　200	80年　400 ｜ 80年　500
			利益　300 ｜ 80年　200

設例7-2　再評価特別積立金の全額（200^F）を資本金に組入れる場合

土　地	資　本　金	再評価特別積立金	成果計算書
70年　200			
76年　200		76年　200	
80年　400	78年　200	78年　200	80年　400 ｜ 80年　500
			利益　100

設例7-2　再評価特別積立金の一部（50^F）を資本金に組入れる場合

土　地	資　本　金	再評価特別積立金	成果計算書
70年　200			
76年　200		76年　200	
80年　400	78年　　50	78年　　50	80年　400 ｜ 80年　500
		80年　150	利益　250 ｜ 80年　150

フランス租税一般法第283 bis I 条第2項は，再評価時点での再評価特別積立金 200^F を課税可能利益に含めず，譲渡時点で含めることによって再評価する企業としない企業との間に生じる租税上の弊害が排除できる。これは，強制再評価する企業の課税可能利益額としない企業の課税可能利益額とを同額 300^F にする。1976 年フランス財政法第 61 条第 2 項は，租税優遇措置による登録税の支払いにより，再評価特別積立金の資本金組入を可能とした。課税可能利益は，「設例 7-1」の場合に 300^F，「設例 7-2」の場合に 100^F および「設例 7-3」の場合に 250^F となる。土地 T の譲渡前に再評価特別積立金を資本金組入することによって，その額だけが課税可能利益から差引かれることになる。したがって，強制再評価する企業間での課税可能利益に対する中立性が失われることになる。

7-5-2 再評価特別引当金

ここでは，具体的に償却可能固定資産である備品 M の再評価を取上げ，1977 年フランス財政法による会計処理を検討する。

設例 7-4　(株)葛飾は，1970 年 1 月 1 日に償却可能な備品 M (mobilier amortissable) を現金 1,000^F で取得した。当該資産の償却期間は 10 年であり，その償却法としては直線償却処理方法を採用する。なお，一会計期間を 1 月 1 日から 12 月 31 日までとする。1970 年 12 月 31 日には，次のとおりに記帳する。

　　　　　　　1970 年 12 月 31 日
68112　　減価償却費……………………100
28184　　有形固定資産減価償却累計額…………100
　　　　（有形固定資産の減価償却）

会計責任者は，1976 年 12 月 31 日の純簿価である 300^F を同日の現在価値として 420^F を確認した。省令によって定められる適用可能な上限係数が 1.61 であるから，再評価限度額は，次のとおり計算される。

$300^F \times 1.61 = 483^F$

420^F が 483^F を下回るので，会計責任者は，当該設備の強制再評価によって生じた価値の蓋然増加 120^F を強制再評価前の純簿価 300^F に加算して，420^F を更新純簿価として記録する。なお，当初の償却処理方法を継続適用するので，強制再評価後の償却年割当額は 140^F となる。1976年12月31日および1977年12月31日には，次のとおりに記帳する。

1976年12月31日

68112	減価償却費……………………100
28184	有形固定資産減価償却累計額………100
	（有形固定資産の減価償却）
2184	備品………………………120
146	再評価特別引当金………………120
	（備品の強制再評価）

1977年12月31日

68112	減価償却費……………………140
28184	有形固定資産減価償却累計額………140
	（有形固定資産の減価償却）
146	再評価特別引当金………………40
78726	再評価特別引当金戻入額……………40
	（再評価特別引当金の戻入れ）

フランス租税一般法第283 bis J条第2項は，租税中立性の視点から，再評価時点でその価値増加 120^F を課税可能利益に含めず，再評価によって生ずる償却額超過分を再評価特別引当金と相殺していく。強制再評価する企業の純費用累計額は，再評価しない企業の純費用累計額と同額の 1,000^F となる。1977年フランス財政法による強制再評価基準では，再評価時点での価値増加 120^F を上積みした資産価値が計上される。よって，会計情報としての開示が重要と

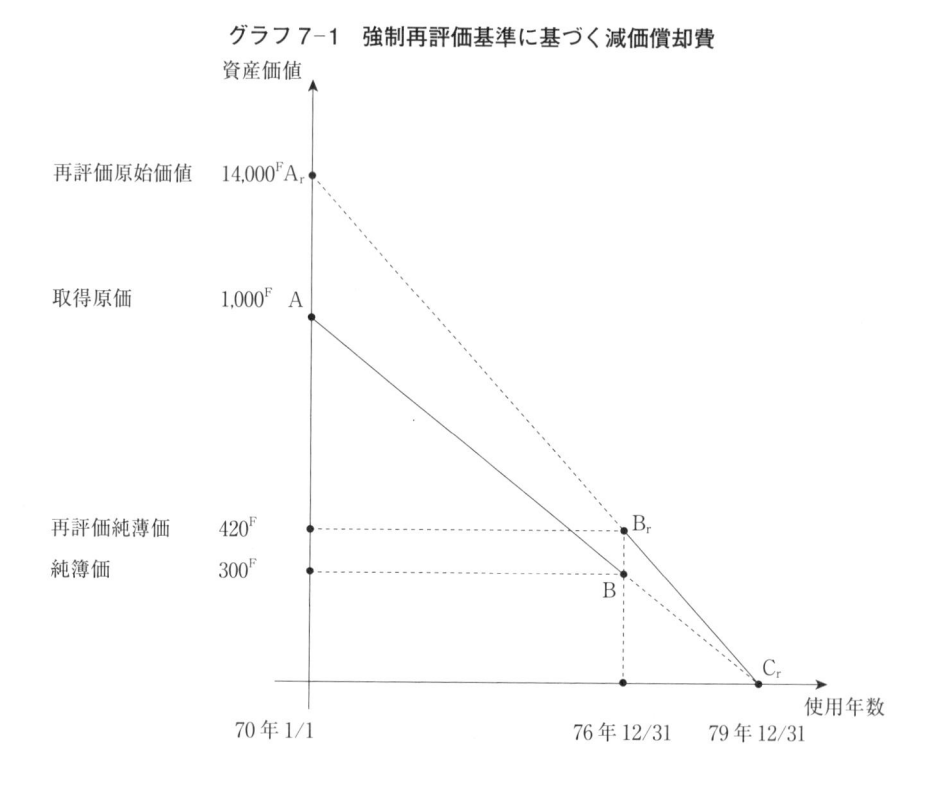

グラフ7-1　強制再評価基準に基づく減価償却費

資産価値

再評価原始価値　14,000^F A$_r$

取得原価　1,000^F A

再評価純薄価　420^F　　　　　　　　　　B$_r$
純薄価　　　　300^F　　　　　　　　　　B
　　　　　　　　　　　　　　　　　　　　　　　　　　C$_r$

70年1/1　　　　　　　　　　76年12/31　79年12/31　使用年数

なる。これは企業の経済的実態開示型といわれる。なお、「グラフ7-1」は、1977年フランス財政法による減価償却費を示す。

「表7-4」は、1977年フランス財政法による強制再評価をする企業としない企業との費用累計額を表す。

表7-4 再評価前と後の費用累計額の比較

年度	取得原価 1,000^F 償却費	再評価額 1976年12月31日に420^{F}で再評価		
		償却費（A）	引当金戻入額（B）	純費用額（A-B）
1970年度	100	100	—	100
1971年度	100	100	—	100
1972年度	100	100	—	100
1973年度	100	100	—	100
1974年度	100	100	—	100
1975年度	100	100	—	100
1976年度	100	100	—	100
1977年度	100	140	40	100
1978年度	100	140	40	100
1979年度	100	140	40	100
合　計	1,000	1,120	120	1,000

む　す　び

　以上，旧強制再評価基準と強制再評価基準の導入時期および両者の相違点を租税中立性の視点から指摘してきた。次に，強制再評価基準の適用条件と1966年フランス会社法の会計基本原則との整合性を検討してきた。旧強制再評価基準と同様に，フランス租税一般法で定められた強制再評価基準は，旧強制再評価基準と異なる点として，租税免除で再評価による資産価値の増加が計上できることである。強制再評価基準は，理論的再評価基準を制度的に実現可能な規定に次のとおり変形させられた。

① 　対象は，固定資産である。
② 　時期は，1976年12月31日以降に締切られる最初の会計期間またはそ

の後の3会計期間である。
③ 現在価値は,強制再評価指数を超えない価額である。

強制再評価基準による資産価値の増加は,未実現利益の計上である。ところが,再評価特別引当金は,償却費の超過分と相殺して,段階的に取崩されて実現利益と見做される。また,再評価特別積立金は,当該資産の除去前に登録税の支払いにより資本金組入できる。

損益法の見地によると,実現基準は,販売目的資産の価値変動を認識するにあたって適用される。フランスは,償却可能固定資産の価値変動を認識するにあたり,実現基準を適用する。したがって,実現の内容が次のとおりに解される。償却可能固定資産の使用価値は,その使用を通して,企業の収益活動に貢献する度合である。その貢献度合は,販売目的資産の販売価格への転化によって実現される。一般的には,減価償却を通して,使用価値の減少が実現されたといわれる。したがって,減価償却を通して,未実現利益の再評価差額が実現したと見做されて,その超過分に相当する再評価差額が成果に戻入れされる。すなわち,その資産は,再評価された償却可能固定資産の使用を通して,販売目的資産の販売に貢献する。よって,その物理的な価値減少の転化という過程を通した意味での実現であると解される。なお,販売目的資産の現金化という経済的な価値増加による実現とは,同じ意味ではない。

1966年フランス会社法には,1967年フランス財政法および1977年フランス財政法によって定められた強制再評価基準に相当する規定がない。しかしながら,同法第341条第2項の適用により,実務慣行として定着している取得原価基準から離脱して,強制再評価基準の適用を可能とした。同条の実施条件を定めた1967年フランス会社施行令第244条は,取得原価基準から強制再評価基準への変更について,貸借対照表の注記または管理機関報告書に取得原価基準からの離脱の根拠とその結果を明らかにすべきであると定めた。

1966年フランス会社法の誠実性によると,たとえ財務報告書が強制再評価基準に従って作成されたとしても,記載された数値が合理的な見積値とかけ離

れていなければ，誠実であるといわれる。なお，会計責任者が強制再評価基準を恣意的に操作したのかに触れず，企業の経営実態に適合した強制再評価基準が適用されれば，その結果として，財務報告書が合理的に作成されていれば誠実性であると判断される。

注
(注1)　1957年一般会計プランの「再評価特別積立金」は，1982年一般会計プランの「再評価積立金」に相当する。誤解を招く恐れがない場合には，「再評価積立金」という用語を使う。
(注2)　宮川嘉治によると，資本変更は資本修正と区別されて使われる。資本変更とは，未実現利益である資産再評価差額を資本の部に記載することによって広義の資本の枠組みが変更されることであり，資金の増減による資本の枠組の変更を意味するものではない。宮川嘉治,『会計学大辞典』第三版，編集代表者番場嘉一郎，中央経済社，1987年3月，p. 490参照。

第8章

固定資産の任意再評価基準

はじめに

　第2次世界大戦以降のフランス経済は，価格変動と技術革新に特徴づけられる。その影響による経済的歪みが生じていた。とりわけ，長期間にわたって企業内部に使用されたないしは保有されていた固定資産の場合に，簿価と現在価値の間には著しい乖離が生起していた。その乖離幅を是正するために，任意再評価基準が導入された。その導入時期の視点から，1966年から1983年までの任意再評価基準（以下，旧任意再評価基準と記する）と1984年以降の任意再評価基準（以下，誤解を招く恐れがない場合には任意再評価基準と記する）に区分する。

　フランス制度会計において，旧任意再評価基準ではある財貨の棚卸価値とその流入価値との間に生じる価値増加は，原則として認識されなかった。ところが，1984年1月1日以降に開始される会計期間において，すべての有形・金融固定資産の任意再評価が許容された。このことにより，任意再評価基準の適用によって生じる価値増加が，認識されることになった。評価の基準については，原則として取得原価基準が採用される。その代替として，任意再評価基準が採用されることもある。

　任意再評価差額の属性に関して，利益説と資本説がある。フランス制度会計は，利益説の立場を取っており，本章でもその立場から論述する。利益説によると，任意再評価する企業としない企業との間には利益の格差が生じる。フランス制度会計は，償却可能資産の場合に，減価償却を通して任意再評価差額の超過分を実現利益と見做して戻入れする。そこでは，固定資産の費消価値に関する実現の内容が検討課題となる。

さらに，正規性の視点から，任意再評価基準への準拠性が検討課題となる。この基準には，会計基準への準拠性を強化したものとする見解と，取得原価基準からの離脱とみる見解がある。準拠強化説を支持しているのがフランス商法である。これに対し，離脱説を支持しているのが1982年一般会計プランである。また，誠実性の視点から，任意再評価基準が検討課題となる。この基準の適用には，有形・金融固定資産の現在価値が表示される。したがって，この価値表示が会計情報利用者に有用な情報を提供できるのか否かが検討課題となる。

フランス制度会計は，会計責任者が任意再評価基準を適用して任意再評価差額を計上するときに，準拠強化説ないし離脱説に拘わらず会計基準に準拠し，恣意的な会計操作を排除することを要請する。かつ，任意再評価基準を信義に基づいて適用し，その処理にあたっては，慎重におこなうことを要請する。そこで，会計責任者による任意再評価基準の適用判断について，基本原則の視点からの妥当性を検討すべきである。

本章の研究目的は，任意再評価基準の妥当性を解明することである。本章では，次のことが論点となる。

① 任意再評価基準の導入経緯を時系列的に検討する。
② 任意再評価基準の適用条件と会計基本原則との整合性を検討する。

8-1 任意再評価基準の史的展開

今日のフランス経済は，価格変動と技術革新に特徴づけられる。とりわけ，その影響は，固定資産が受けやすい。そこに生じる経済的歪みを是正するために，任意再評価基準が導入された。本節では，新・旧の任意再評価基準を導入した経済的背景を分析するために，旧任意再評価基準の導入時期および任意再評価基準の導入時期を検討する。

8-1-1 旧任意再評価基準の導入時期

1959年フランス財政法は，1959年7月1日以降の価格変動を考慮した再評価を廃止した。そして，1977年フランス財政法は，1976年12月31日までの価格変動を考慮した再評価を制定した。1959年から1976年の間，強制再評価法制は，存在していなかった。しかし，企業は再評価の法制以外での旧任意再評価をおこなう可能性を有していた。この旧任意再評価基準による資産価値の増加は，再評価した会計期間の課税可能利益に含まれなければならなかった。企業は，再評価額に対する課税額（taxation）について，その特別措置の恩恵を受けることができなかった。1966年フランス会社法は，様式・評価の基準の継続性を定めた。財務報告書の様式および評価の基準を変更するときには，新旧双方の基準に従って財務報告書を作成しなければならない。また，同法の実施基準である1967年フランス会社施行令は，評価の基準の変更について，現行の評価の基準以外の基準に従って財務報告書を作成できると定めた。ここでの「現行の規定による評価の基準」は，取得原価基準と解される。その「基準以外の基準」には，旧再評価基準が含まれることになる。なお，旧任意再評価基準による価値増加は，課税可能利益に算入されるので，実務界ではあまり適用されていなかった（野村［1990］p. 331）。

8-1-2 任意再評価基準の導入時期

1978年7月28日に発効されたEC第4号指令は，同令第32条で取得原価または製造原価の基準に従って財務報告書諸項目の評価を定め，同令第33条第a号で有形固定資産（tangible fixed assets）と金融固定資産（finacial fixed assets）の再評価を定めた。

1983年フランス商法は，同法第12条第1項（EC第4号指令第32条に対応）で取得原価，市場価値（valeur vénale）または製造原価に基づく財貨の評価を定め，同条第1項（EC第4号指令第33条第a号に対応）ですべての有形・金融固定資産の任意再評価を定めた。同様に，1982年一般会計プランも，「第Ⅱ編第1章　評価規準と成果の決定に関する規定」で，簿記上の価値修正として，取得

原価基準から離脱した任意再評価基準の適用を容認した (PCG1982 [1983] p.Ⅶ)。

8-2 任意再評価基準の適用条件

　1983年フランス商法第12条は，ある財貨の棚卸価値とその流入価値との間に確認される価値増加を原則として会計処理しないと定めた。ところが，同法は，1984年1月1日以降に開始される会計期間において，すべての有形・金融固定資産の再評価を許容した。1982年一般会計プランは，1983年フランス商法との調和化を図るため，原則として取得原価基準を採用した。ところが，企業が，この原価基準から離脱して，任意再評価基準の枠内であるが有形・金融固定資産の価値を修正できた (PCG1982 [1983] p. 99)。本節では，任意再評価基準の適用条件を解明するために，任意再評価基準の適用企業，対象資産，再評価時での現在価値および再評価差額の属性を検討する。

8-2-1　適　用　企　業

　1983年フランス商法第8条第1項は，同法の対象者を商人としての資格を有する自然人または法人であると定めた。また，任意再評価基準を許容したのが同法である。このことから，その適用企業は，必然的に商人としての資格を有する自然人または法人となる。したがって，すべての企業が任意再評価基準を適用できることになった。

8-2-2　対　象　資　産

　1983年フランス商法第12条第1項は，任意再評価の対象資産をすべての有形・金融固定資産であると定めた。E. de la Villegurérin（ヴィルゲラン）の見解によると，任意再評価の対象は，単なる一部の再評価可能資産に限定せずに，すべての固定資産を再評価の対象としなければならない (Villegurérin [1984] p. 715)。この見解によると，無形固定資産を含めたすべての固定資産を

任意再評価の対象とすべきである。なお，価格変動ないし技術革新による影響を比較的受けにくい無形固定資産は，再評価の対象に含めると，その合理性が疑問視される。

8-2-3 再 評 価 日

1983年フランス商法第12条第4項は，再評価日を1984年1月1日以降に開始される会計期間であると定めた。この規定によると，1984年1月1日以降の会計期間において，ある資産の純簿価とその現在価値との間に著しい乖離が生じたときに，いつでも現在価値を新簿価として計上できる。このことは，再評価基準の適用日を会計責任者の自由裁量に委ねることになる。その分だけ再評価するか否かの判断基準が重要となる。ここで問題となるのが純簿価と現在価値との乖離幅である。C. Pérochon（ペロション）の見解によると，10％から15％の乖離が生じたときが，純簿価から離脱して現在価値を採択できる時期となる (Pérochon [1983] p. 47)。

8-2-4 現 在 価 値

1983年フランス商法第12条第4項は，任意再評価差額について，再評価資産の現在価値とその純簿価との差として確認される額を貸借対照表消極側に記載すると定めた。ここでの現在価値は，1983年EC第4号指令調和化施行令によると，同令第7条第4項で企業にとっての財貨の市場価値とその使用 (utilité) によって測られる見積価値であると定められた。1982年一般会計プランは，「第Ⅱ編第1章　評価規準と成果決定に関する規定」で決算時の市場価値 (valeur vénale à l'inventaire) であると定めた (PCG1982 [1983] p. 98)。また，フランス租税一般法は，附属書・第171D条第1項で使用価値 (valeur d'utilité) という用語を用いて，思慮深い経営者が企業目的を実現させるために，所有している固定資産の効用を考慮して，当該資産を取得するために受入れる支出金額であると定めた。ここでの使用価値および市場価値は，再調達原価と同義であると解される。価格変動ないし技術革新に特徴づけられる現代経済のもとで

は，個別物価変動を取入れた現在価値である（森川［1985］p. 108）。フランス制度会計は，EC 第 4 号指令と同様に，純簿価と再調達原価の比較によって確認される差額を実質的な任意再評価額であると見做した。

8-2-5 再評価差額

1983 年フランス会社法第 346 条第 4 項は，ある資産の純簿価とその取替価値との比較によって確認される任意再評価差額を利益処分できないと定めた。しかも，その全額またはその一部を資本金に組入れることができると定めた。この点について，E. de la Villequérin（ヴィルゲラン）は，決定的に獲得されたと考えられる価値増加のみを資本金に組入れできると主張した（Villegurérin［1984］p. 716）。この種の見解は，国家会計審議会にもみられた。同審議会は，企業内に保有されている期間中，再評価によって生じた資産価値の増加を資本金に組入れないことを望んでいた（Villegurérin［1984］p. 716）。

フランス制度会計は，利益の特質として，収益の認識規準にみられる分配可能性を挙げている。また，費用の認識規準にみられるとおりに，部分的に財務報告書の利用者に有用な情報を提供する視点から，業績指標性をも取入れている。有形・金融固定資産の任意再評価差額について，分配可能性の視点からは未実現利益として計上される。それにも拘わらず，部分的に業績指標性を取入れた情報開示型を指向した。したがって，再評価差額は，当期の分配不能利益として貸借対照表消極側に記載されることになった。ところが，1983 年フランス会社法第 346 条第 4 項は，任意再評価差額の全額またはその一部が資本金に組入れできると定めた。これには，会計理論上の一貫性が欠如しているといえる。なぜなら，任意再評価差額は，実現の可能性が高い利益であっても，未実現である以上，実現する前に処分すべきではないからである。すなわち，実現した段階で処分されるべきである。未実現利益の資本金組入は，1983 年フランス商法第 15 条で定めるところの実現基準からの離脱に相当する。

8-3 任意再評価基準の妥当性

　任意再評価基準は，1983年フランス会社法で定められた。このことから，会計責任者は実際に貸借対照表を作成するときに，同法の基本原則との妥当性，フランス租税一般法との整合性が検討課題となる。1983年フランス会社法第228条第1項は，会計監査人の職務との係わりで，会計監査人が，財務報告書の正規性および誠実性ならびに会計年度末の財産状態および財政状態の忠実性を保証することを定めた。このことは，同様に，会計責任者が，1983年フランス会社法の基本原則に基づき，財務報告書を作成することを意味する。本節では，正規性，誠実性および慎重性の視点から任意再評価基準の妥当性を解明する。

8-3-1 正規性による妥当性

　1982年一般会計プランは，正規性を原則準拠性であると解した。そのなかには，現行の会計基準とその手続の適用に関する会計責任者の判断基準が含まれていない。しかし，1983年フランス商法（同法第12条第1項），1982年一般会計プラン（PCG1982 [1983] p. 97）およびフランス租税一般法（Léfebvre [1990] p. 128）は，評価の一般原則に関する規定を取得原価基準であると定めた。したがって，この評価の基準に準拠することが正規性となる。ここで，評価の基準の適用に関する優先順位は，検討課題にする必要がない。なぜなら，取得原価基準が最優先に適用される基準であるからである。

　1983年フランス会社法は，同法第12条第1項で，実務慣行として定着している取得原価基準を評価の基本的基準であると定めた。その後，同条第12条第4項で，取得原価基準の代替基準として，任意再評価基準の適用を許容した。その再評価基準の適用について，1982年一般会計プランは，附属明細書に，①再評価差額の期中変動額とその内訳明細，再評価差額の資本金組入額，②再評価固定資産に関する取得原価情報，その際の補填額と臨時償却額を記載

しなければならないと定めた(注1)。他方，フランス租税一般法には，任意再評価基準に関する規定がない。よって，1983年フランス会社法に準拠して有形・金融固定資産を再評価したときに，その差額は，フランス普通法で定められた率に従って課税可能利益に含められなければならない（Gambier [1989] p. 80)。

8-3-2 誠実性による妥当性

1982年一般会計プランの誠実性は，評価の基準を適用するにあたって，会計責任者に会計専門家としての充分な会計知識を修得するよう義務づけた。その充分な会計知識の修得を前提条件として，評価の基準の注意深い適用が要請される。この誠実性は，評価の基準を適用するにあたっての妥当性ないし合理性の判断基準となる。したがって，ある資産の簿価とその現在価値が乖離しているときに，誠実性が現行法で許容された任意再評価基準の適用判断基準となる。しかも，任意再評価基準から離脱して，新たな評価の基準の適用判断基準ともなる。このことから，誠実性は，会計責任者の判断の質を保証する機能を果たすといえる。

ここで誠実性の概念を狭義に解すると，誠実性は，ある資産の簿価とその現在価値とが乖離するときに，取得原価基準の代替的基準として，任意再評価基準を適用するための判断基準の拠り所となる。現行法への準拠性を優先すると，取得原価基準に従って財務報告書を作成することになる。このことは，財務報告書の同質性を確保し，同一企業の期間比較および同種企業間の比較を可能にする（Vienne [1983] p. 5)。また，財務報告書の利用者が多種・多様な状況のもとでは，取得原価基準への準拠性が，その利用者による財務報告書の解釈の食い違いを減少させる効果をもたらす。これは，財務報告書によって得られる判断の共通分母を構築する働きをもっている（Vienne [1983] p. 5)。

しかし，評価の基準の充分な知識とそれらの忠実な適用だけでは，多種・多様な利害関係者に有用な会計情報を提供できるとはいえない。会計情報が有用であるためには，先ず開示される財務報告書が多種・多様な利害関係者によっ

て充分に理解されることが必要である。次に，経済事実に適した評価の基準を適用し，企業の経済的実態を忠実に写像する会計情報が多種・多様な利害関係者に提供されなければならない。取得原価基準への準拠性は，貸借対照表価額をその現在価値で表示するよりも，その同質性を優先する。簿価と現在価値の乖離が確認される差額を是正するために，その差額に関する補足情報が附属明細書に記載される。これに対し，任意再評価基準への準拠性は，貸借対照表価額の同質性よりもその現実化を優先する。そして，その影響部分を補足情報として附属明細書に記載することによって，利害関係者による貸借対照表の理解が深まる。

8-3-3 慎重性による妥当性

ある固定資産の価値変動を認識するにあたって，企業財産として所有されている時期に，その価値増加を引起こす事実が現実に生起した。その後，修正可能であり将来において実現する可能性が高くなったときに，会計責任者は，蓋然基準を適用し実現する可能性の高い価値増加を認識する。

現行法による利益の特質は，分配可能性にある。そして，利益の過大表示を避ける実現基準が基本的な認識の基準として定められる。これに対し，蓋然基準による利益の認識は禁止された。とりわけ，償却可能固定資産の任意再評価差額の計上は，再評価時点で未実現利益の計上となる。但し，減価償却を通して，当該資産の簿価に基づく減価償却費とその再評価額に基づく減価償却費の差額である超過分に相当する再評価差額を実現利益と見做して取崩すことによって，現行法による実現基準と矛盾するところがなくなった。このことが慎重な会計処理につながる。

正味実現価額ないし再調達原価のいずれかは，決算時での固定資産の現在価値として選択される。なお，使用目的資産の範疇に入る固定資産の場合に，原則として再調達原価が選択される。もっとも，再調達原価が把握できない場合は，正味実現価額が選択される。また，両者が充分に把握できない場合には，現在価値の見積値を選択して，そのいずれか低い方が採用される。このことが

慎重な会計処理につながる。

8-3-4　忠実性による妥当性
(1)　会計技術に基づく相対性
　1983年フランス商法第12条は，取得原価基準の適用を原則として強制した。例外として，任意再評価基準の適用を認めた。このことは，適用するときに，先ず取得原価基準を適用してから，その妥当性が否定されたときに任意再評価基準を適用することを示す。両基準の関係は，階層的な選択可能な順位であるといえる。したがって，会計責任者は，自らの判断によって個々の経済事実に適した評価の基準を階層的に選択し適用できる。選択し適用された評価の基準によって算出された会計数値は，固定資産の現在価値を正確に表示するとはいえない。むしろ，一定の幅をもって表示されることになる。そこで，その幅に社会的合理性があると判断されるならば，評価の基準の選択・適用に関する判断が妥当であるといえる。例えば，固定資産の簿価とその現在価値との間が乖離したときに，現在価値を新たな簿価として採用せずに，取得原価基準を適用して算出された簿価を表示し続ける。それでも，その乖離幅に社会的合理性があるならば，忠実性を満たしているといえる。このことから，忠実性は，会計技術に基づき相対的であるといわれる。
(2)　1983年フランス商法第9条による解釈
　1983年フランス商法第9条第4項は，会計責任者が，現行法の取得原価基準に準拠し，その適用にあたって信義に基づいておこない，正規かつ誠実な財務報告書を作成することを定めた。このことは，会計責任者による取得原価基準への準拠および恣意的な会計操作の排除を要請することになる。このことによって，企業財産の経済的実態を忠実に写像した財務報告書が作成できる。同条第7項は，会計責任者が，取得原価基準に準拠して財務報告書を作成しても，忠実性を充分に確保できないときに，任意再評価基準を選択し適用できることを定めた。但し，この再評価基準の適用によって算出された数値だけを貸借対照表に記載するだけでは，忠実性が確保されたとはいえない。この基準に

関する補足情報を附属明細書に記載することによって,初めて忠実性が確保される。

任意再評価基準の適用は,現行法からの離脱ではなく,むしろ現行法への準拠性を強化したものと解される。なぜなら,フランスは,現行法の制定時に簿価と現在価値の間に乖離が生起する経済事実を予測したからである。その会計

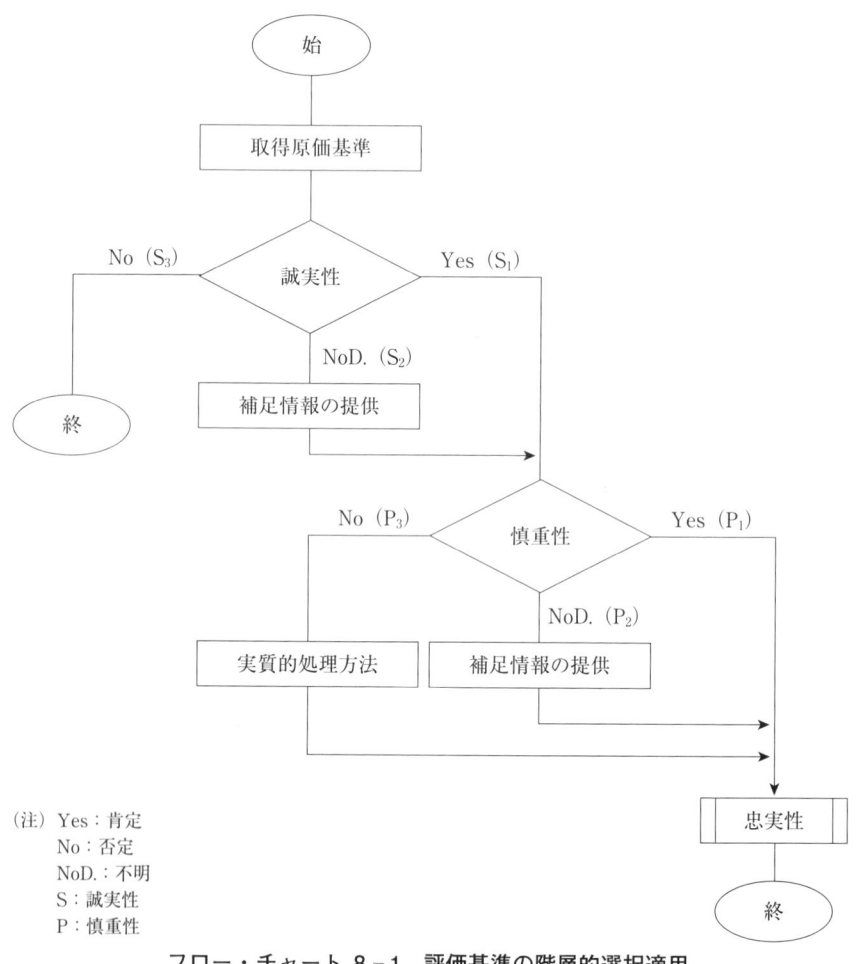

(注) Yes：肯定
　　 No：否定
　　 NoD.：不明
　　 S：誠実性
　　 P：慎重性

フロー・チャート 8-1　評価基準の階層的選択適用

処理方法は，制定時に定められ，その基準への準拠が確保された。結果的には，財務報告書の同質性が確保される。

「フロー・チャート8-1」は，評価の基準の階層的な選択・適用についての慎重性，正規性，誠実性および忠実性の関係を示す。

「フロー・チャート8-1」は，評価の基準の階層的な選択・適用を示す。会計責任者が取得原価基準に準拠して財務報告書を作成するにあたって，(S_1) 誠実性の要請を満たしている場合，(S_2) 誠実性の要請を満たしているか否か不明である場合，および (S_3) 誠実性の要請を満たしていない場合が想定できる。(S_1) の場合には，(P_1) 慎重性を遵守しているときに忠実性を満たし，(P_2) 慎重性を遵守しているか否か不明のときに取得原価基準または任意再評価基準のいずれかを選択し適用して，それに関する補足情報を記載することによって忠実性を満たし，および (P_3) 慎重性を遵守していないときは取得原価基準と任意再評価基準から離脱する。(S_2) の場合には，補足情報を提供したうえで，(S_1) の場合と同じ手順となる。(S_3) の場合には，取得原価基準および任意再評価基準から離脱する。

8-4 具 体 例

ここでは，償却可能固定資産である備品 M の任意再評価について，その具体例を作り，設例によって数値に基づく任意再評価の会計処理を検討する。本節では，任意再評価差額の表示による開示効果を解明するために，具体的な数値例に基づいて，フランス制度会計による任意再評価差額の表示能力を検討する。

8-4-1 フランス現行法による会計処理
(1) 任意再評価額を資本金に組入れない場合

設例8-1 （株）葛飾は，y_n 年1月1日に備品 M を現金 100^F で取得した。備品 M の償却期間は10年であり，その償却法としては直線償却処理方法を採用する。

なお，一会計期間を1月1日から12月31日までとする。y_n年12月31日には，次のとおりに記帳する (Villegurérin [1984] p. 717)。

y_n 年 12 月 31 日
6812 　　減価償却費……………………10
281 　　　有形固定資産減価償却累計額………10
　　　　　（備品 M の減価償却）

（y_{n+4}）年 12 月 31 日の純簿価は 50^F である。会計責任者は，同日に当該資産の現在価値 200^F を確認し，任意再評価をおこなった。（y_{n+4}）年 12 月 31 日と（y_{n+5}）年 12 月 31 日には，次のとおりに記帳する。

（y_{n+4}）年 12 月 31 日
6812 　　減価償却費……………………10
281 　　　有形固定資産減価償却累計額………10
　　　　　（備品 M の減価償却）
21 　　　有形固定資産……………………150
1052 　　　任意再評価差額………………150
　　　　　（備品 M の任意再評価）

（y_{n+5}）年 12 月 31 日
6812 　　減価償却費……………………40
281 　　　有形固定資産減価償却累計額………40
　　　　　（備品 M の減価償却）
1052 　　任意再評価差額………………30
78112 　　　減価償却戻入額………………30
　　　　　（任意再評価差額の戻入れ）

「グラフ 8-1」は，「設例 8-1」における備品 M の減価償却費の計上額を時系列的に示す。y_n 年 1 月 1 日に 100^F で取得した備品 M が，（y_{n+4}）年 12 月

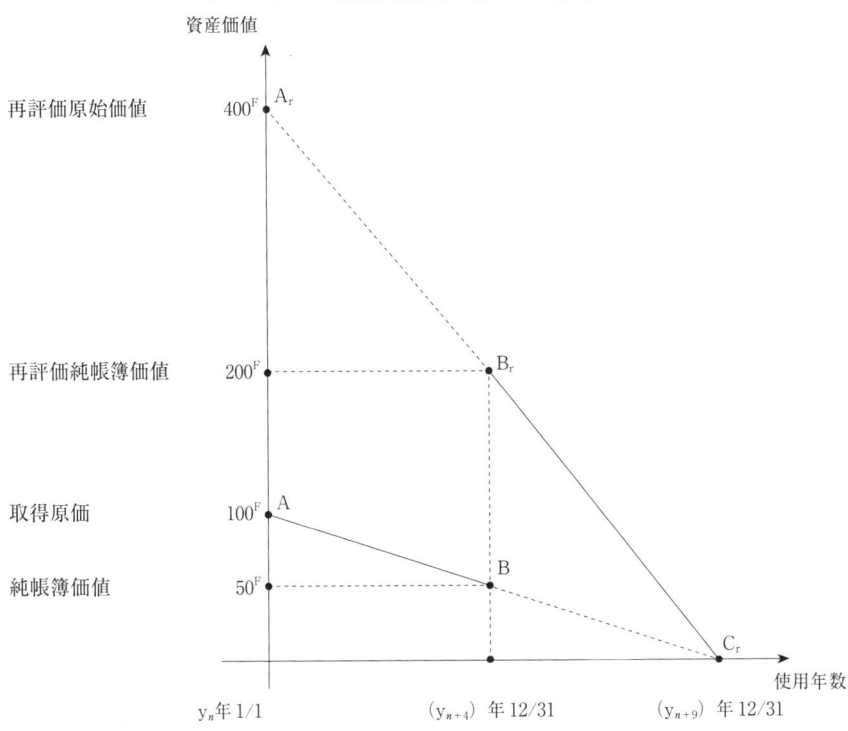

グラフ 8-1　任意再評価に基づく減価償却費

```
資産価値
│
│  400^F ●A_r
│
│
│
│  200^F ────────────●B_r
│                    ┊ ╲
│                    ┊  ╲
│  100^F ●A          ┊   ╲
│        ╲           ┊    ╲
│   50^F  ╲──────────●B    ╲
│                              ╲
│                               ●C_r
└──────────────────────────────────→ 使用年数
    y_n年1/1    (y_{n+4})年12/31   (y_{n+9})年12/31
```

（左側ラベル：再評価原始価値／再評価純帳簿価値／取得原価／純帳簿価値）

31日に 50^F の簿価を 200^F に評価替えされた。その評価替前までは，減価償却費として毎年 10^F を計上していた。「グラフ 8-1」の上では，資産価値として $\overline{AB}$ で示される。その後は，減価償却費として毎年 40^F を計上する。「グラフ 8-1」の上では，資産価値として $\overline{B_r C_r}$ で示される。

「表 8-1」は，「設例 8-1」における備品 M を任意再評価したときとしないときの減価償却費の計上額を比較する。備品 M を評価替えしたときには，10年間の償却期間における純費用の合計額（A－B）は 100^F となる。これは評価替えしないときの減価償却累計額（H）と同額になる。このことは，任意再評価基準の適用により，有形・金融固定資産の現在価値を会計情報利用者に開示することである。したがって，企業の含み益の実態を伝達する効果がみられ

る。但し，有形・金融固定資産の取替費用を維持する効果がみられない。なお，「表8-1」は，再評価差額を資本金組入れしない場合の減価償却累計額を表す。

表8-1 資本金組入しない場合の費用累計額

年度	取得原価 100^F 償却費（H）	任意再評価額 (y$_{n+4}$) 年度12月31日に200^F で再評価		
		償却費（A）	再評価差異戻入額（B）	純費用額（A−B）
(y$_n$) 年度	10	10	—	10
(y$_{n+1}$) 年度	10	10	—	10
(y$_{n+2}$) 年度	10	10	—	10
(y$_{n+3}$) 年度	10	10	—	10
(y$_{n+4}$) 年度	10	10	—	10
(y$_{n+5}$) 年度	10	40	30	10
(y$_{n+6}$) 年度	10	40	30	10
(y$_{n+7}$) 年度	10	40	30	10
(y$_{n+8}$) 年度	10	40	30	10
(y$_{n+9}$) 年度	10	40	30	10
合　計	100	250	150	100

(2) 任意再評価差異の全額を資本金に組入れる場合

設例8-2　設例8-1の一部変更：(y$_{n+4}$) 年12月31日に任意再評価差額の全額150^F を資本金に組入れる (Villegurérin [1984] p. 717)。(y$_{n+4}$) 年12月31日と (y$_{n+5}$) 年12月31日には，次のとおりに記帳する。

　　　　　　(y$_{n+4}$) 年12月31日
6812　　減価償却費……………………10
281　　　有形固定資産減価償却累計額………10
　　　　（備品Mの減価償却）
21　　　有形固定資産………………………150

1052	任意再評価差額…………………150	
	（備品Mの任意再評価）	
1052	任意再評価差額…………………150	
101	資本金……………………………150	
	（任意再評価差額の資本組入）	

(y_{n+5}) 年12月31日

6812	減価償却費………………………40
281	有形固定資産減価償却累計額………40
	（備品Mの減価償却）

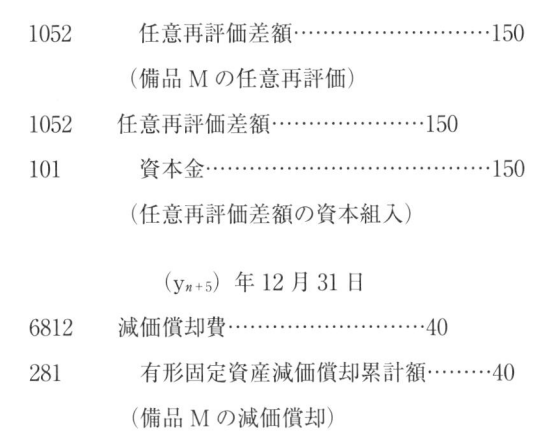

「表8-2」は，「設例8-2」における備品Mを任意再評価したときと，しないときの減価償却費の計上額を比較する。ここでは，(y_{n+5}) 年度末に任意再評価差異の全額150^{F}を資本金に組入れた。備品Mを任意再評価したときに

表8-2 全額資本金組入する場合の費用累計額

年度	取得原価 100^F	任意再評価額 (y_{n+4}) 年度に200^{F}で再評価：全額資本金 (150^F) 組入		
	償却費 (H)	償却費 (A)	再評価差異戻入額 (B)	純費用額 (A-B)
(y_n) 年度	10	10	―	10
(y_{n+1}) 年度	10	10	―	10
(y_{n+2}) 年度	10	10	―	10
(y_{n+3}) 年度	10	10	―	10
(y_{n+4}) 年度	10	10	―	10
(y_{n+5}) 年度	10	40	150	△110
(y_{n+6}) 年度	10	40	―	40
(y_{n+7}) 年度	10	40	―	40
(y_{n+8}) 年度	10	40	―	40
(y_{n+9}) 年度	10	40	―	40
合 計	100	250	150	100

は，10年間の償却期間における純費用の合計額（A－B）は 100^F となる。任意再評価しないときの減価償却累計額（H）は 100^F となる。このことは，任意再評価基準の適用により，有形・金融固定資産の現在価値を会計情報利用者に開示することである。よって，その取替費用をも維持する効果がみられる。なお，会計理論上，備品Mを除去する前に，未実現利益 150^F を資本金組入する合理性がない。

(3) 任意再評価差異の一部を資本金に組入れる場合

設例8-3 「設例8-2」の一部変更：(y_{n+4}) 年12月31日に任意再評価差額の一部 50^F を資本金に組入れる（Villegurérin [1984] p. 717）。(y_{n+4}) 年12月31日と (y_{n+5}) 年12月31日には，次のとおりに記帳する。

(y_{n+4}) 年12月31日

| 6812 | 減価償却費……………………10 |
| 281 | 　有形固定資産減価償却累計額………10 |

（備品Mの減価償却）

| 21 | 有形固定資産………………………150 |
| 1052 | 　任意再評価差額……………………150 |

（備品Mの再評価）

| 1052 | 任意再評価差額…………………50 |
| 101 | 　資本金………………………………50 |

（任意再評価差額の資本組入）

(y_{n+5}) 年12月31日

| 6812 | 減価償却費……………………40 |
| 281 | 　有形固定資産減価償却累計額………40 |

（備品Mの減価償却）

| 1052 | 任意再評価差額…………………20 |
| 78112 | 　有形固定資産減価償却累計戻入額…20 |

（任意再評価差額の戻入）

表8-3 一部資本金組入する場合の費用累計額の比較

年度	取得原価 100^F 償却費（H）	任意再評価額 (y_{n+4}) 年度に200^F で再評価：一部資本金 (50^F) 組入		
		償却費（A）	再評価差異戻入額（B）	純費用額（A－B）
(y_n) 年度	10	10	—	10
(y_{n+1}) 年度	10	10	—	10
(y_{n+2}) 年度	10	10	—	10
(y_{n+3}) 年度	10	10	—	10
(y_{n+4}) 年度	10	10	—	10
(y_{n+5}) 年度	10	40	50	△10
(y_{n+6}) 年度	10	40	—	40
(y_{n+7}) 年度	10	40	—	40
(y_{n+8}) 年度	10	40	—	40
(y_{n+9}) 年度	10	40	—	40
合　計	100	250	50	200

　「表8-3」は、「設例8-3」における備品Mを任意再評価したときに再評価差額の一部を資本金に組入れた場合と、再評価をしない場合の減価償却費の計上額を比較する。(y_{n+5}) 年度末に任意再評価差異の一部50^{F}を資本金に組入れした。このことが前の2つの設例と異なる。備品Mを任意再評価したときには、10年間の償却期間における純費用の合計額（A－B）は200^{F}となる。任意再評価しない減価償却累計額（H）は100^{F}となる。このことは、任意再評価基準の適用により、有形・金融固定資産の現在価値を会計情報利用者に開示することである。よって、部分的にその取替費用をも維持する効果がみられる。なお、会計理論上、備品Mを除去する前に、未実現利益150^{F}の一部50^{F}を資本金に組入れることは、合理性がない。

　有形・金融固定資産の任意再評価に関する会計処理を具体的な数値を用いて検討した。ことによって、任意再評価基準が固定資産の簿価をその現在価値に一致させることが明らかになった。このことで、固定資産の経済的実態が、会

計情報利用者に開示できる。なお，任意再評価基準によって生じた再評価差額の会計処理は，企業に委ねられている。但し，再評価差額は，損失を補填するために取崩しができないという制約条件により，慎重な処理が要求される。このことによって，再評価差額の会計処理について，慎重性が遵守されることになる。以上のことから，有形・金融固定資産の任意再評価基準は，慎重性を遵守して正規性および誠実性の要請を満たす。ゆえに，忠実性を与えるといえる。なお，租税上の中立性の視点から，任意再評価した会計期間にはその再評価差額150^{F}に対して，一定率で課税可能利益に算入される。

8-4-2　財産・非財産分離表示法による会計処理

「設例8-1」を利用して，フランス制度会計における任意再評価差額の表示能力を検討する。そして，その特徴を解明するとともに，財産・非財産分離表示法による表示能力を提案する。なお，任意再評価差額の表示能力を明瞭化するために，「設例8-1」に関係しない会計数値はないものと見做し，貸借対照表および成果計算書に表示しない。

(1) フランス制度会計における表示能力

貸借対照表は，企業の財務力，信用，活動手段に関する概観を与える。成果計算書は，企業の工業・商業の状態を明示する。成果計算書は，企業活動から生じる一会計期間における資金源泉を表示する貸借対照表の一勘定にすぎない。したがって，成果計算書は，経営成果の諸要素に関する情報の要請に応じて作成される。なお，「表8-4」は，フランス制度会計による（y$_{n+4}$）年度の

表8-4　現行法による（y$_{n+4}$）年度の貸借対照表と成果計算書の関係

貸借対照表

（積極側）			（消極側）	
実在資産：			資本：	
………			………	
備品		200	再評価差額	150
減価償却累計額	△50		当期純損失	△10
………				

成果計算書

（借方）		（貸方）	
………		………	
減価償却費	10	減価償却戻入額	0
………			
		当期損失	10

任意再評価差額の表示能力を表す。

　任意再評価差額150^{F}は，成果処分前の貸借対照表消極側に表示される。減価償却費10^{F}は，成果計算書借方に表示される。したがって，(y_{n+4}) 年度の成果は，10^{F}の損失となる。この損失額は，貸借対照表消極側の資本の部に表示される。但し，成果処分後の貸借対照表には，表示されなくなる。なお，「表8-5」は，フランス制度会計による (y_{n+5}) 年度の任意再評価差額の表示能力を表す。

表8-5　現行法による (y_{n+5}) 年度の貸借対照表と成果計算書の関係

貸借対照表		成果計算書	
（積極側）	（消極側）	（借方）	（借方）
実在資産：	資本：	………	………
………	………	減価償却費　40	減価償却戻入額　30
備品　　　　200	再評価差額　　120		
減価償却累計額△90	当期純損失　　△10		当期損失　　10
………			

　任意再評価差額150^{F}のうちの30^{F}は，実現利益と見做されて，減価償却戻入額として表示される。残りの120^{F}は，成果処分前の貸借対照表消極側に表示される。減価償却費10^{F}は，成果計算書借方に表示されることにより，(y_{n+5}) 年度の成果は10^{F}の損失となる。この損失額は，貸借対照表消極側の「資本の部」に表示される。但し，成果処分後の貸借対照表には，表示されなくなる。任意再評価差額150^{F}は，実態開示の面から「資本の部」に表示されたにすぎない。この差額は，本来の資本としての処分済みの内部留保益ではなく，未実現利益の性質をもっている。

(2)　**財産・非財産分離表示法における表示能力**

　財産・非財産分離表示法における財産貸借対照表消極側の資本の部には，任意再評価差額が記載されなくなる。その代わりに，非財産貸借対照表消極側に記載される。なお，「表8-6」は，財産・非財産分離表示法による (y_n+4) 年度の任意再評価差額の表示能力を表す。

　任意再評価差額150^{F}は，非財産貸借対照表消極側に表示される。減価償却

表 8-6　財産・非財産分離表示による（y_{n+4}）年度の貸借対照表と成果計算書の関係

財産貸借対照表

（積極側）			（消極側）	
実在資産：		資本：		
………		………		
備品	100	再評価差額	0	
減価償却累計額	△50	当期純損失	10	←
………		………		

成果計算書

（借方）		（貸方）	
費用		収益	
減価償却費	10	減価償却戻入額	0
………		………	
		当期損失	10

非財産貸借対照表

（積極側）			（消極側）	
再評価資産	150	再評価差額	150	
減価償却累計額	0	………		
		当期財産差額	0	

費 10^F は，成果計算書借方に表示される。（y_{n+4}）年度の処分可能成果は 10^F の損失となる。この損失額は，財産貸借対照表消極側の資本の部に処分可能損失として表示される。但し，成果処分後の貸借対照表に表示されなくなる。なお，「表 8-7」は，財産・非財産分離法による（y_{n+5}）年度の任意再評価差異の表示能力を表す。

表 8-7　財産・非財産分離表示による（y_{n+5}）年度の貸借対照表と成果計算書の関係

財産貸借対照表

（積極側）			（消極側）	
実在資産：		自己資本：		
………		………		
備品	100	再評価差額	0	
減価償却累計額	△50	当期純損失	10	←
………		………		

成果計算書

（借方）		（貸方）	
費用		収益	
減価償却費	40	減価償却戻入額	30
………		………	
		当期損失	10

非財産貸借対照表

（積極側）			（消極側）	
再評価資産	150	再評価差額	120	
減価償却累計額	△30	………		
		当期財産差額	0	

任意再評価差額 150^F のうちの 30^F は，実現利益と見做されて減価償却戻入

額として表示される。残りの120^Fは，非財産貸借対照表消去側に表示される。減価償却費10^Fは，成果計算書借方に表示される。(y_{n+5}) 年度の処分可能成果は10^Fの損失となる。この損失額は，財産貸借対照表消極側の自己資本の部に処分可能損失として表示される。但し，成果処分後の貸借対照表に表示されなくなる。このことから，成果計算書貸方には，収益計上規準により実現収益30^Fが表示される。その結果，財産貸借対照表消極側の「資本の部」には，当期損失△10^Fおよび非財産貸借対照表には，当期非財産差額0^Fが表示される。資本勘定は，当期損失と非財産差額を含めた有機的な勘定の集合体となる。

む　す　び

　以上，忠実性の視点から，有形・金融固定資産の任意再評価基準を検討してきた。フランス制度会計は，取得原価基準の適用が強制された経済事実においても，その代替的基準として，任意再評価基準の適用を容認してきた。会計責任者は，自らの判断によって，個々の経済事実に適した評価の基準を選択適用できる。但し，この選択には優先順位がある。先ず，取得原価基準を適用し，その妥当性が否定されたときに任意再評価基準を適用できる。このことは，評価の基準の階層的な選択順位を示すことになる。

　有形・金融固定資産の簿価は，会計の仕組みを通して算出された会計数値である。会計上の簿価と現実の市場で成立する現在価値との間には，一定の乖離がある。その乖離幅に社会的合理性があると判断されたならば，評価の基準の選択・適用に関する判断が妥当であるといえる。例えば，有形・金融固定資産の簿価とその現在価値との間が乖離した状況のもとで，取得原価基準を適用しても，その乖離幅に社会的合理性が得られるならば，忠実性を満たしているといえる。また，任意再評価基準を適用しても，その乖離幅に社会的合理性が得られるならば，忠実性を満たしているともいえる。フランス制度会計は，会計責任者が，恣意的な会計操作をせずに，評価の基準の基礎となる取得原価基準に準拠して財務報告書を作成すれば，慎重性の枠内で正規性および誠実性の要

請を満たすといわれる。ところが，有形・金融固定資産の簿価と現在価値との間に乖離が生じた状況のもとで，その乖離幅に応じて，取得原価基準を適用しながらその適用によって生じる歪みを補足情報として附属明細書に記載する。それとも，任意再評価基準を新たに適用し，その適用によって受ける影響は，補足情報として附属明細書に記載される。そのうちの，いずれかを選択しなければならない。任意再評価基準を適用したときに，任意再評価差額の慎重な会計処理が要請される。この差額は，未実現利益として貸借対照表消極側の「資本の部」に計上される。その後，段階的に減価償却を通して実現利益と見做して計上される。再評価差額の表示により，有形・金融固定資産の簿価をその現在価値で表示することが可能となる。また，会計情報利用者に有用な情報をも提供できる。しかも，再評価差額の戻入れにより，任意再評価をおこなう企業の期間利益と，任意再評価をおこなわない企業の期間利益との同額化ができる。フランス商法は，企業がその資産を保有している段階で任意再評価差額の全額またはその一部を資本金に組入できると定めた。再評価差額は，未実現利益と見做されるので，資本金に組入する合理性はみられない。しかし，商法論理の基礎となる債権者保護の視点によると，再評価差額の資本金組入には，一定の合理性があるといえる。

　任意再評価基準の適用は，フランス制度会計からの離脱ではないという見解と離脱であるという見解に分かれる。当該適用規定を成文化した以上，当該離脱は，フランス制度会計への準拠性であると解するのが妥当である。

注

(注1)　1982年一般会計プランによると，任意再評価の会計処理については，次の補足情報を附属明細書に記載する（PCG［1982］p.168）。

　　　　償却明細書　一般枠

第8章 固定資産の任意再評価基準

項目 (a) ＼ 状態と変動 (b)	A	B	C	D
	期首償却累計額	増加：当期繰入額	当期償却減少額	期末償却累計額
無形固定資産				
有形固定資産				
金融固定資産				
合　計				

(a) 必要な場合には，固定資産明細書と同じ分類法に従って細分する。

(b) 企業は，必要な限り，欄を細分する［下記のB欄（増加）およびC欄（減少）の細分を参照］。

(c) 期末償却累計額は前欄の合計額に等しい（A＋B－C＝D）

増減枠の詳細

B欄（増加）の細分

当期繰入	繰入の内容			
	再評価による補充	直接法による償却項目	逓減法による償却項目	臨時償却

C欄（減少）の拡大

当期減少	減少の内容		
	資産の振替項目	譲渡項目	除去項目

第9章
金融固定資産の任意再評価基準

は じ め に

　第2次世界大戦以降，フランス政府は，企業の競争力を高めるために自己資本の増強を図ってきた。租税面からは，フランス租税一般法が，1976年に固定資産再評価基準の適用を企業に強制した。そして，再評価差額は，無税で「資本の部」に計上できるという優遇措置を取った。この租税規定を受けて，フランス商法は，1983年に任意再評価基準を定めた。但し，無税という優遇措置は取入れられなかった。

　ここで，フランス商法の任意再評価基準を概観することにする。商人としての資格を有する自然人および法人は，有形・金融固定資産を任意再評価できる。但し，無形固定資産といわれる営業権，特許権，商標権などは再評価の対象とはなりえない。また，棚卸資産，売買目的有価証券などの換金性の高い資産も対象から除外されている。

　再評価額は，フランス租税一般法で定められた使用価値に基づき計上される（同法附則第171条の10）。すなわち，再評価額は，企業が固定資産を取得するための受入可能な価額となる。これは，市場での実勢価格に基づき計上される。なお，この価格が特定できないときは，類似財貨の特殊価格指数，一般価格指数を考慮した取得原価に基づき計上される。

　そこで，計上額が決まると，企業は再評価差額を「資本の部」に計上する（フランス商法第L.232-11条）。但し，損失補填のためには利用できない。注目すべきことは，制度上，当該差額の資本組入が認められていることである。

　従来から，再評価差額は資本かそれとも利益かという議論がなされてきた。

本章の研究目的は，再評価差額が資本であると仮定し，当該差額が恒久源泉であることを解明する。本章では，次のことが論点となる。

① 再評価差額は資本の性質を有する。
② 再評価差額の資本金組入額は，企業の競争力を高める。
③ 再評価額は，恒久的な性質をもつ資金であることを制度的側面および経済的側面から検討する。

9-1　金融資産の定義

金融資産は，その所有期間によって固定証券と短期証券に分かれる。本章で取上げる固定証券は，さらに子会社証券と資本参加証券に分かれる。また，有価証券の評価の基準は，その分類に応じて異なる。本節では，金融資産の定義およびその評価規準を検討する。

9-1-1　金融資産の種類

1966年フランス商事会社法は，子会社と資本参加に関する概念を次のとおり定めた。すなわち，ある企業が他の企業資本の過半数を所有すると，他の企業は，ある企業の子会社となる（同法第L.354条）。また，ある企業が他の企業資本の10％以上から50％未満を所有すると，ある企業は，他の企業の資本参加権をもつことになる（同法第L.355条）。

1983年フランス会計義務適用施行令は，証券を次の4つの範疇に分けた。

—資本参加証券（titres de participation）
—ポートフォリオ固定証券（titres immobilisés de l'activité de portefeuille）
—その他固定証券（autres titres immobilisés）
—売買目的有価証券（valeurs mobilières de placement）

(1) 資本参加証券

資本参加証券は，ある企業が他の企業の発行証券を長期間にわたって所有するところの債権である (Compt [2001] p. 503)。この長期的所有によって，ある企業は他の企業の支配権 (prise de contrôle) を取得できることになる。すなわち，ある企業は他の企業の経営機関である取締役会を介して，その影響力を行使できる。ところが，他の企業への影響力は，その資本の所有割合に応じて得られるもので，常に決定的な影響力を行使できるとは限らない。

なお，「資本参加」は，法的概念と会計的概念とでは異なる。法律上は，1966年フランス商事会社法によって「子会社」と「資本参加」とが区別される。これに対し，会計上は両者を区別せず，「子会社」を含めた意味での「資本参加」という用語を使う。また，他の会社の発行証券の内の10%未満を所有するだけでも，ある会社は，他の会社に対し一定の影響力を行使できることもある。

(2) ポートフォリオ固定証券

国家会計審議会の意見書第30号は，証券活動について次のとおり定める。すなわち，「証券活動とは，資産のすべてまたは一部を有価証券として投資することである。その活動目的は，多かれ少なかれ長期間にわたり満足の得られる収益を得ることである。」なお，証券活動は，他の会社経営に介入するために実施するものではない。

上述のことから，ポートフォリオ固定証券は，複数の異なる性質の金融商品を組合せて長期間にわたって保有し，その組合せによってリスクを軽減し，満足のゆく収益を得るための金融資産のことである。

(3) その他固定証券

その他固定証券は，ある企業が他の企業の有価証券を長期的に保有するが，再販売の意思またはその可能性を有しないものである (Compt [2001] p. 506)。これは，資本の一部または長期融資 (placement à long terme) の代表的な証券である (Bull [1993] p. 142s)。

証券取引委員会 (Bull. No 209, décembre 1987) は，その他固定証券を資本参加

証券・ポートフォリオ固定証券と区別する。なぜなら，その長期的な保有が企業活動にとって有効であるとは判断できず，むしろ保有による経済的損害を受けることが多いからである。

(4) 売買目的有価証券

1982年一般会計プラン (PCG [1982] p. 144) は，売買目的有価証券を「短期間での利得を稼ぐために取得される証券」と定めていた。当該証券は，発行企業資本の10%未満であることを示し，資本参加証券の定義と対峙するものである。

ある企業は，流動資本の一時的運用，収益（配当金，利息）の受領による遊資(注1)の収益性を求めるために売買目的有価証券を購入する (Compt [2001] p. 508)。なお，売買目的は一時的または恒常的な投機ではないとはいいきれないが，少なくとも発行企業の経営に対する影響力を行使する目的は有しない。

9-1-2 金融資産の評価規準

証券評価の基準は，証券の分類によって異なる。

(1) 財産への流入原価

有償取得の財貨は，企業財産への流入日の取得原価 (coût d'entrée dans le patrimoine) で会計処理される（フランス商法第L. 123-12条第1項とPCG1982 [1986] p.Ⅱ. 5)。このことから，有価証券も取得原価で記帳されることになる。なお，フランスでは，証券の附随費用 (frais d'acquisition des titres) といわれる譲渡税 (droits de mutation)，手数料および証書費用は，取得原価に含められない (PCG1982 [1986] p.Ⅱ8)。すなわち，取得原価＝購入代価となる。

証券の附随費用は，複数の会計期間にわたり繰延べることが認められる (PCG1982 [1986] p.Ⅱ. 5)。ところが，一般会計プランは繰延期間を厳密に定めていない。F. Lefevre（ルフェブル）などの見解によると，附随費用は最大で5年以内に償却されるべきである (Comp [2001] p. 510)。

(2) 棚　卸　価　値

企業は，棚卸時に有価証券の評価を実施しなければならない（フランス商法第

L. 123-12条)。その評価規準は,「現在価値および見積価値は,企業にとっての財貨の市場とその使用によって計上される。」と定められている (PCG1982 [1986] p.Ⅱ.6)。国家会計審議会は,原則として市場価格の適用を求めている。ところが,市場価格を特定できないとき,見積計算による価額決定が認められている。この場合,見積計算方法の継続適用が義務づけられている (Doc [1987] p.9)。

　法律上の現在価値は,会計上の市場価格である。当該価格を特定できないときは,客観的事項により推定することになる。その際,予測事項も加味される。また,法律上の見積価値は,会計上の使用価値である。これは企業人の主観的事項によって定められる。ここで,3つの事項を示すと次のとおりである。

―客観的事項(直近月の平均市場価格,自己資本,収益性,本業などに関わる評価項目)
―予測事項(収益性の予測,実現化の予測,経済環境など)
―主観的事項(資本参加を所有する企業にとっての使用価値)

9-2　資本金組入の制度的根拠

　再評価差額の資本金組入は,制度として資本金の増額に繋がる。本節では,資本金の増額が運転資金の増額に繋がることを検討する。

9-2-1　資本の充実

　有限責任会社および株式組織会社は,法定準備金が当該企業資本金の1/10に達するまで,少なくとも当期利益の1/20を法定準備金への充当金として計上しなければならない (フランス商法第L.232-10条)。この規定は,自己資本の充実を定めたものである。制度として,資本金の増額は,法定準備金の増額に繋がる。そして,この増額が運転資金の増額に繋がることになる。運転資金が増せば,企業にとっては,投資するための資金が増加することになる。なお,

表 9-1 機能貸借対照表

(積極側) (消極側)

経常使途
・総固定資産
　　無形固定資産
　　有形固定資産
　　金融固定資産〈注1〉
・繰延資産
・社債償還割増金

恒久源泉
・資本
・危険・費用引当金
・資産償却費・引当金
・金融負債〈注2〉
…………
…………
…………

機能的運転資金

総営業流動資産
　棚卸資産
　前払金・支払内金
　売掛金
　…………
　…………
　…………

営業負債
　前払金・受取内金
　買掛金
　…………
　…………
　…………

総営業外流動資産
　その他の債権
　未収利息
　…………

営業外負債
　その他負債
　未払利息
　…………

財務資産
　売買目的有価証券
　任意処分可能資金
　…………
　…………

財務負債
　短期銀行信用供与
　銀行借越額

〈注1〉 未収利息の控除
〈注2〉 短期銀行信用供与，銀行借越額，未払利息を除く
出所：J. Pilverdier-Latreyte [2002] p. 85

「式①」は，資本金の増額が運転資金の増額に繋がることを示す。

　　　⊿資本金→⊿法定準備金→⊿運転資金　……①

9-2-2　運転資金の計算

機能的運転資金は，次の「式②」で示される (Pilverdier-Latrente [2002] p. 85)。

　　　機能的運転資金＝恒久源泉－経常使途　……②

恒久源泉は，企業の外部からと内部からの資金調達である。前者の例として，株式の発行，長期借入金の借入，社債の発行による資金調達が挙げられる。後者の例として，当期利益による資金調達が挙げられる。なお，資産の償却費および引当金は支出を伴なわない費用であるから，自己金融としての効果が生じることになる。経常使途は，企業外部からの財貨・用役の購入と外部への支払いである。前者の例として，固定資産の購入，無形固定資産の繰延費用などが挙げられる。後者の例として，社債の償還，株式の消去などが挙げられる。なお，「表9-1」は，機能的貸借対照表を表す。

　ここで，具体的な数値を挙げて，再評価差額の資本金組入が運転資金の増額に繋がることを検討する。ある企業の財務状態が，資本金1,000^F，任意再評価差額50^F，法定準備金90^{F}および当期成果200^{F}となっているとする。ここで，再評価差額50^{F}を資本金組入する場合としない場合に分ける。資本金組入することによって，法定準備金の額が増せれば，運転資金が増すことを明らかにする。

　再評価差額50^{F}を資本金組入しない場合，資本金は変わらずに1,000^{F}である。法定準備金90^{F}は，資本金1,000^{F}の1/10に達していないので，当期成果200^{F}のうちの10^{F}を法定準備金として組入れる。この結果，法定準備金は100^{F}となる。これに対し，再評価差額50^{F}を資本金組入する場合，資本金は1,050^{F}となる。法定準備金90^{F}が資本金1,050^{F}の1/10に達していないので，当期成果200^{F}のうちの15^{F}を法定準備金として組入れる。この結果，法定準備金は105^{F}となる。したがって，再評価差額を資本金組入しないと，（資本金＋法的準備金）が1,150^F (1,000 + 50 + 100)となる。これに対して，組入すると（資本金＋法的準備金）1,155^F (1,050 + 115) となる。両者の差額5^{F}が運転資金として活用できることになる。なお，「表9-2」は，資本金の増加計算を表す。

表9-2　資本金の増加計算

資本の部	資本金の充実	資本金組入しない		資本金組入する	
資本					
資本金（そのうち払込額）		1,000	1,000	1,000 + 50	1,050
発行差金・合併差金・出資差金					
再評価差額：					
再評価特別積立金					
任意再評価差額		50	50	50	0
その他再評価差額					
積立金：					
法定積立金	10%の充当	90	90 + 10	90	90 + 15
処分不能積立金					
定款・契約積立金					
強制積立金					
その他積立金					
繰越金					
当期成果（利益または損失）	5%の控除	200	△10		△15
投資助成金					
強制引当金					

9-3　資本金組入の経済的根拠

　フラン購買力の変換係数は，直近100年間に約20倍になっている。これに対し，証券市場の名目一般指数は，約1,000倍になっている。本節では，経済環境の視点から金融固定資産の再評価差額が資本金組入できることを検討する。

9-3-1　フラン購買力の推移

　フランス貨幣の購買力は1999年の変換係数を1とすると，1901年は19.940となる（Compt [2001] p. 719）。すなわち，1901年から1999年までの98年の間に，変換係数は約20倍となる。このことは，フラン購買力が1/20に下落したことを示すものである。

　1901年から1914年までの15年間は，フラン購買力が安定していた。第1次世界大戦の翌年から，購買力が下落し始めた。終戦を迎えた1918年は8.362

まで低下した。この傾向は，第2次世界大戦まで続いた。終戦を迎えた1945年は0.646となり，1959年まで1以下という著しい下落の時代であった。1960年のデノミ以降，高度成長期を迎えた。1981年からは，安定した経済状態となっている。なお，「グラフ9-1」は，フラン購買力の推移を示す。

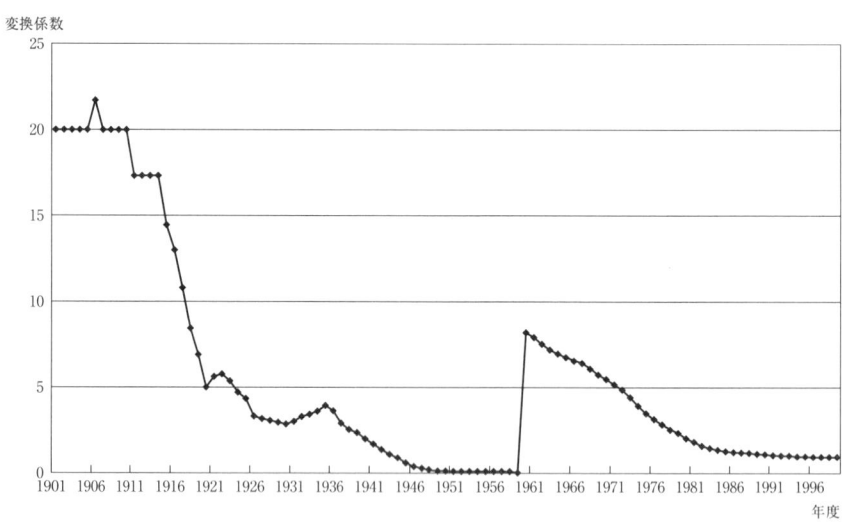

グラフ9-1 フラン購買力の推移（1901年-1999年）

出所：Compt [2001] p.719

9-3-2 フランス証券市場における名目一般指数の推移

フランス証券市場は，1801年12月の名目一般指数を100とすると，1901年12月は1,000，1996年12月は1,000,000となる（Arbulu et Gallais-Hamonno [2003] p.22）。すなわち，1901年から1996年までの約95年の間に約1,000倍となった。

1929年の経済恐慌は，その指数が1,000から6,700へと跳ね上がった。第1次世界大戦が開戦されると2,000まで下落した。その後，順調な上昇を続けていた。1987年の証券暴落によって一時的な下落があったものの，その後，順調な回復を続けてきた。

フラン購買力および証券価格について，直近の100年間にわたる名目指数をみてきた。前者は約20倍である。これに対して，後者は約1,000倍になっている。このことは，証券価格はフラン購買力に対して不可逆的であることを示している。会計論理からすると，再評価差額は不可逆的な性質を有しないので，資本金組入ができない。ところが，経済環境において，証券の再評価差額は不可逆的であるといえる。この視点から，再評価差額は，資本金組入できることになる。なお，「グラフ9-2」は，フランス証券市場における名目一般指数の推移を示す。

グラフ9-2　フランス証券市場における名目一般指数の推移（1802年-2000年）

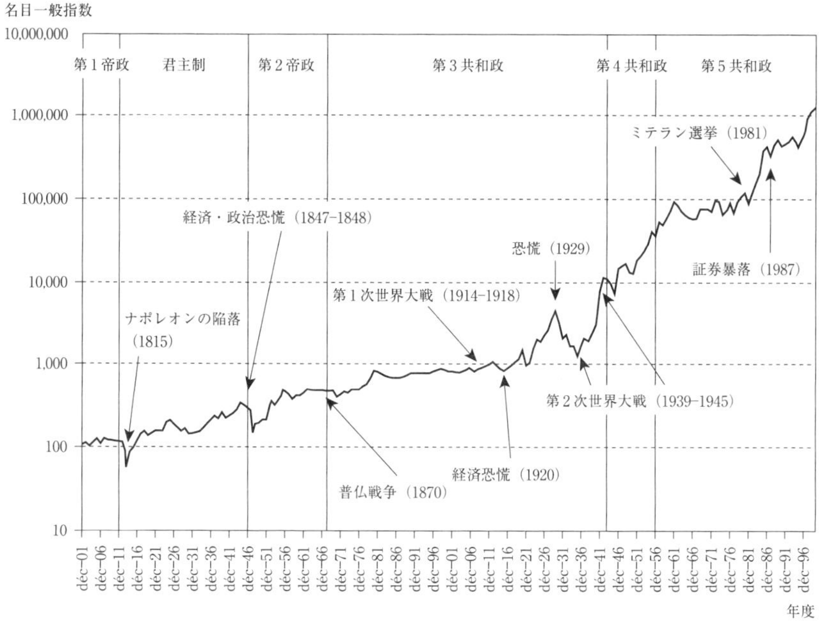

出所：Arbulu et Gallais-Hamonno［2003］p. 22.

なお，パリ証券市場における1914年から2000年までの予測変動率（volatilité）は約17％である（Arbulu et Gallais-Hamonno［2003］p. 27）。1949年から2000年までのものは16％であり，安定した価格を維持しているといえる。

むすび

　以上，フランスの制度会計および経済環境という2つの側面から，金融固定資産の任意再評価差額を資本金組入する論拠について検討してきた。

　株主は，企業の経営活動にとって必要な資金を拠出する。この拠出額は，対内的には企業活動の原資として使われる。これに対し，対外的には，株主の責任限度額を示すことになる。このことは，企業が債務超過に陥り倒産しても，株主は拠出額を超えて責任を負うことにはならない。

　金融固定資産の再評価差額は，株主の責任限度額を超えた資本増加であるが，資本とはならず利益となる。したがって，成果計算書の貸方側に再評価差益として計上すべきである。もっとも，再評価差益は蓋然利益であるから，次期繰越利益の性質をもつことになる。

　上述のとおり論理的考察によると，再評価差額は利益となる。ところが，フランス制度会計は資本として処理する。この根拠として，次のことが指摘される。すなわち，再評価差額を資本として計上することにより，資本が増加することになる。この増加は，制度上，支出を伴なわない資本増加となることから，企業にとっては運転資金の増加に繋がる。このことから，企業は，増加した運転資金を活用して競争力の強化に努めることができるようになる。

　また，再評価差額は，論理上，蓋然利益であることから処分可能利益とはならない。それでも，資本に計上する根拠は，経済環境によるものである。金融固定資産の価額は，歴史的にみると，直近100年間でフラン購買力の約20倍に対し約1,000倍になっている。このことから，当該価格変動額は，歴史的に不可逆的なものといえる。すなわち，不可逆的な性質をもつ再評価差額は，「歴史上」実現した利益と見做し，「制度上」資本金に組入れできることにする。

注

(注1)　遊資とは，投資家にとって一時的だが資金的余裕がある余裕資金のことである。

第10章
無形固定資産の任意再評価基準

は じ め に

　フランスは，1945年に初めて無形固定資産の強制再評価基準を定め，1979年に廃止した。この強制基準によると，企業は，租税優遇措置を受けて再評価差額を無税で計上できた。これは，第2次世界大戦によって荒廃した経済を復興し，国内企業の国際競争力を育成し，エネルギー危機による不況を克服するための経済政策の一環としてなされてきたものである。

　強制再評価基準の廃止後，1983年に任意再評価基準が定められた。この任意基準のもとで，租税優遇措置は受けられない。任意再評価の対象資産は，有形固定資産および金融固定資産である。ところが，無形固定資産の再評価は，認められていない。この主な理由として，無形固定資産は，市場性がなく，また類似資産も少ないことから市場価格を把握しにくいことが挙げられていた。さらに，無形固定資産は，有形固定資産以外の固定資産として定義づけられていることも起因している。なお，「表10-1」は，再評価の対象固定資産を表す。

表10-1　再評価の対象固定資産

	固定資産		
	有形固定資産	金融固定資産	無形固定資産
再評価の対象	○	○	×

(注)　○：対象資産　　×：対象外資産

　本章の研究目的は，キャッシュ・フロー基準の視点から，無形固定資産が再

評価の対象となる論理を構築することである。本章では，次のことが論点となる。

① 再評価の対象となる無形固定資産と対象外となる無形固定資産を分ける。
② 無形固定資産の再評価差額は，再調達時までの過去キャッシュ・フローの割増現在価値とその後の将来キャッシュ・フローの割引現在価値額の割引額の差額であることを明らかにする。

本研究目的の解決手段は，次の２つである。
① 無形固定資産は，先ずその資産性を個別的に識別できるものとできないものに分けられる。次に，資産性を個別的に識別できるものについて，将来現金流入能力が認められるものと認められないものに分けられる。
② ある無形固定資産の取得時に，取得価格とその使用によって得られるであろう将来現金流入額の割引現在価値を求める。そして，両者の比として，当初対応比率（α）を求める。再評価時に，それ以降の使用によって得られるであろう将来現金流入額の割引現在価値に当初対応比率を乗じることによって，再評価額を測る。

10-1　無形固定資産の属性

1982年一般会計プランは，資産を企業にとって正の経済価値を有する財産項目であると定めている（PCG1982［1983］p. 17）。財産は市場性のあるもので，売買取引の対象となり得る。すなわち，「正の経済価値を有する財産項目」は，通常，企業が財産を使用して得られる経済的便益のことである。具体的には，現金流入をもたらすことによって，企業への経済的貢献があるといえることになる。

10-1-1　無形固定資産の分類

1982年一般会計プランは，EC第4号指令の導入後の1982年に制定され，1986年，1999年に改訂された。その後も改訂が続き，2007年一般会計プランは，1999年の改訂を骨格とするものである。このプランは，固定資産を有形という判断基準で分ける。すなわち，有形固定資産以外のものが無形固定資産となる。このことは，無形固定資産それ自体を定義するものではなく，雑多なものと解される。なお，「表10-2」は，無形固定資産の計上項目を表す。

表10-2　無形固定資産の計上項目

201	組織費（Frais d'établissement）	
	2011　設立費（Frais de constitution）	
	2012　当初組織費（Frais de premier établissement）	
	20121　調査費（Frais de prospection）	
	20122　広告宣伝費（Frais de publicité）	
	2013　資本増加費・その他取引費（合併・分割・組織変更）｜Frais d'augmentation de capital et d'opérations diverses (fusions, scissions, transformations)｜	
203	研究開発費（Frais de recherches et de développements）	
205	行政特許権等，開発特許権，許諾実施権，登録商標権，使用許諾権等（Concessions et droits similaires, brevets, licences, marques, procédés, droits et valeurs similaires）	
206	賃貸借権（Droit au bail）	
207	営業権（Fonds commerciaux）	
208	その他無形固定資産（Autres immobilisations incorporelles）	
232	仕掛無形固定資産（Immobilisations incorporelles en cours）	

10-1-2　無形固定資産の定義

1982年一般会計プランは，無形固定資産を「有形以外の財産項目であり，長期間にわたって企業活動に貢献できる項目」と定める。

(1) 擬制資産

組織費は，企業の存続または発展に関わる活動費用である（Dict [1993] p.629）。しかし，その額は当該活動に関連する財貨・用役の生産と結付けられるとは限らない。したがって，組織費は，定額法により，5年以内に償却され

る。

　研究開発は，企業内での組織的で反復性のある作業の総体と考えられる (Dict [1993] p. 633)。その目的は，科学・技術の知識および新企画の導入を活性化させることである。また，研究段階に応じて，研究開発は基礎研究，応用研究および開発の3つの段階に分けられる。研究開発費は，定額法による5年以内の償却とする。但し，基礎研究の段階では，研究開発費として計上できない。

(2) 契 約 資 産

　行政特許権は，行政領域にある財貨の排他的利用権または排他的経営権である (Dict [1993] p. 339)。この権利は，権利を獲得した企業の貸借対照表積極側に備忘記録として記載される。例外として，行政特許権が譲渡されるときに，契約中の固定資産は更新できない。そのときは，当該権が評価の対象となる。なお，行政特許権の額は特許期間にわたって償却可能となる。

　発明特許権は，製品または生産的応用に適した工程を新たに産出したことを独占的に使用できる権利である (Dict [1993] p. 191)。この独占的期間は最高20年とする。また，当該権利の被譲渡者も同じ権利を得ることができる。なお，発明特許権は，20年以内に償却しなければならない

　商標権は，自然人または法人の財貨・用役を第三者に対して差別化することができる図形的表現を有する表徴である (Dict [1993] p. 813)。商標権が登録されると，10年間にわたってその効力を有することができる。なお，登録商標権は，減価償却の対象とならないという議論もある。国家会計審議会は，登録商標権が行政特許権，発明特許権と同様に償却できると主張している (Dict [1993] p. 814)。

　賃貸借権とは，賃貸人が賃借人に対し目的物の使用収益を認め，その対価を徴収する権利のことであり，貸借対照表に記載される価値が取得価額となる (Dict [1993] p. 498)。商業地から得られる地理的な便利性を享受したときに，取得価額が賃貸人に支払われる。取得価額は，商業性の地理的要素（地域，道路の重要性，地域環境の活動配分，交通手段，諸活動による地域の活性化）に依存する。商業地における経済的条件の変化および大規模な店舗の撤去が営業

権の減価を誘引することもある。この場合に限って，賃貸借権の減価引当金が生じることになる。

(3) 営業基盤資産

　営業権は貸借対照表から独立して評価および会計処理の対象とはならない (Dict [1993] p. 612)。ところが，企業活動の潜在能力を維持ないしは発展に寄与する。営業権のうち買入れたものについては，会計上の取引対象となる。すなわち，買入営業権の減価は，償却計画に従って使用可能期間に取得原価を配分することによって算定される。なお，EC 第 4 号指令は 5 年以内の償却（同令第 34 条・第 37 条）を定めた。

10-2　任意再評価基準の内容

　強制再評価基準は，フランス租税一般法によって定められている。また，任意再評価基準は，フランス商法によって定められている。ところが，任意再評価額を算定する方法が定められていない。したがって，フランス租税一般法の評価額の算定方法を援用して，任意再評価額を算定することになる。

　本節では，任意再評価額を算定するために，現金流出入基準の視点からフランス租税一般法の規定を検討することにする。無形固定資産の再評価額は，企業が受入れ可能な支出額であることから再評価時の現金流出額（PCOFと略する）とみることができる。また，その使用価値は，企業目的を実現させるための資産の使用であることから将来の現金流入額（FCIFと略する）とみることができる。したがって，PCOF＜FCIFのときに，無形固定資産が任意再評価される。もっとも，任意再評価の前提条件となるのは，無形固定資産の将来現金流入額が見積り可能なことである。

10-2-1　無形固定資産の取得時の現金流入額

　企業は，ある無形固定資産の再評価時までの現金流出額（PCOFと略する）とその後の将来現金流入額の割引現在価値（DFCIFと略する）とを比較して，

PCOFy$_n$＜DFCIFy$_n$ の場合に，当該資産の再評価差額を計上する。この取得時の対応比率（α）は，次のとおり計算される。

$$当初の対応比率\ \alpha = \frac{PCOFy_n}{DFCIFy_n} \quad \cdots\cdots\cdots ①$$

当初対応比率は，その分母として将来現金流入額の割引現在価値という見積数値を用いることから，数値それ自体の信頼性が欠けることになる。そこで，以下の条件が満たされることにより，当該比率の信頼性が確保されると考えられる。すなわち，その見積数値の算定要素が市場を反映したかたちで得られるならば，算定方法には信頼性が得られることになる。また，任意再評価の際に必ず当初対応比率が適用されるならば，企業による恣意性が可能な限り排除されることになる。

10-2-2 無形固定資産の再評価時の現金流入額

再評価時（y$_n$）での無形固定資産の残存価額は，取得原価から再評価時までの減価償却累計額を差引いた額となる。この額には時間的価値が考慮されていない。そこで，時間的価値を考慮すると，残存価額に対する過去現金流出額の割増現在価値（EPCOFy$_n$ と略する）は，次のとおり計算される。

$$[PCOFy_{n-h} \rightarrow EPCOFy_{n+h}]_{n-h}^{i} \quad \cdots\cdots\cdots ②$$

$$EPCOFy_n = PCOFy_{n-h} \times (1+i)^{n-h} \quad \cdots\cdots\cdots ③$$

  i：貨幣の時間価値

  $n \pm h$：年数（…, $n-2$, $n-1$, n, $n+1$, $n+2$, … = …, 3, 2, 1, 2, 3, …）

  y_{n+h}：会計年度（…, y$_{n-2}$, y$_{n-1}$, y$_n$, y$_{n+1}$, y$_{n+2}$, …）

再評価時での将来現金流入額の割引現在価値（DFCIFy$_n$ と略する）は，次のとおり計算される。

$$[FCIFy_{n+h} \rightarrow DFCIFy_n]_{n+h}^{(i+s)} \quad \cdots\cdots\cdots ④$$

$$DFCIFy_n = FCIFy_{n+h} \times \frac{\{1+(i+s)^{n+h}\}-1}{(i+s)\{1+(i+s)\}^{n+h}} \cdots\cdots\cdots ⑤$$

　　　s：無形固定資産固有の利得

EPCOFy_n＜DFCIFy_nのとき，無形固定資産が再評価される。そこで，再評価額（以下，RAと略する）は次のとおり計算される。

$$再評価額\ RAy_n = DFCIFy_n \times \alpha \qquad \cdots\cdots\cdots ⑥$$

本節では，無形固定資産がその使用によって得られるであろう将来現金流入の獲得能力であると定めた。ことによって，無形固定資産のすべてが再評価できるようになった。この意味では，再評価の統一化がなされたことになる。

10-3　具　体　例

（株）葛飾はy_0時に発明特許権を1,000ユーロ（以下，€と略する）で取得した。再評価額を計算するのに必要な事項は，次のとおりである。

　　償却方法：定額法

　　償却期間：20年間

　　貨幣の時間価値（i）：4％

　　無形固定資産固有の利得（s）：2％

企業は，y_1からy_{20}までの各会計期間の現金流入額を€105（EFCIと略する）であると見積もる。したがって，y_1からy_{20}までの将来現金流入額の割引現在価値（DFCIFy_{20}）は，次のとおり計算される。

　　　y_{20}のときの年金現価係数 11.46992

　　　$DFCIFy_0 = EFCIFy_0 \times$ 年金現価係数
　　　　　　　$= 105 \times 11.46992$
　　　　　　　$= 1,204$

当初対応比率は，次のとおり計算される。なお，y_0 は，y_i 年度の期首となる。

$$\alpha = \frac{PCOFy_0}{DFCIFy_0} = \frac{1,000}{1,204}$$
$$= 0.83056$$

第 5 会計年度（y_5）のときの簿価（BV と略する）は€705 である。この簿価を割増現在価値に換算すると次のとおりになる。

$BVy_5 = 750$ のときの終価係数 1.21496
$EPCOFy_5 = BVy_5 \times$ 終価係数
$\qquad = 750 \times 1.21496$
$\qquad = 911$

企業は，y_6 から y_{20} までの各会計年度の現金流入額を€176 であると見積もる。y_5 の将来現金流入額の割引現在価値（$DFCIFy_5$）は，次のとおり計算される。

y_5 のときの年金現価係数 9.10791
$DFCIFy_5 = EFCIFy_5 \times$ 年金現価係数
$\qquad = 176 \times 9.10791$
$\qquad = 1,603$

y_5 のときの再評価額および再評価差額（RD と略する）を計算すると，次のとおりである。

y_5 のとき $DFCIFy_5 = 1,603$
再評価額 $RAy_5 = DFCIFy_5 \times \alpha$
$\qquad = 1,603 \times 0.83056$
$\qquad = 1,331$

再評価差額 $RDy_5 = RAy_5 - EPCOFy_5$
$= 1,331 - 911$
$= 420$

上記の計算から，なお，€1,000 で取得した発明特許権は，第5会計年度末には€1,331 になる。なお，「表10-3」は，再評価の計算を表す。

表10-3　再評価の計算

会計年度	y_0	y_1	y_2	y_3	y_4	y_5	y_6	y_7	……	y_{20}
簿価	1,000	950	900	850	800	750				
償却累計額		50	100	150	200	250				
見積CIF		105	105	105	105	105	176	176	……	176
DPCOF	1,000					911				
DFCIF	1,204					1,603				
再評価額						1,331				
再評価差額						420				

む　す　び

　以上，キャッシュ・フロー基準の視点から，無形固定資産の任意再評価基準を検討してきた。1948年イギリス会社法は，無形固定資産の再評価を認めていた。但し，営業権，発明特許権または登録商標権は，再評価の対象から除外されていた。また，1976年・1977年フランス租税一般法は，無形固定資産のすべてを任意再評価の対象としていた。両法の影響を強く受けたEC第4号指令は，無形固定資産を一律に任意再評価の対象から除外した。その根拠として，無形固定資産には，その性質上，市場価格がなく，また類似資産も少ないからであると指摘されてきた。
　本章は，無形固定資産のすべてが任意再評価の対象から除外されるべきではないことを解明してきた。先ず，無形固定資産は，その属性に応じて，擬制資

産，契約資産および営業基盤資産に分けられる。次に，無形固定資産は，その使用によって将来現金流入の獲得能力を備えると定めた。この定義から，3つに分けられた無形固定資産の資産性を検討した。その結果，営業基盤資産は，資産として識別できないので再評価の対象とならない。擬制資産は，単なる繰延費用なので再評価の対象とならない。但し，研究開発費は，応用研究および開発の段階で将来現金流入能力が認められるならば，再評価の対象となる。契約資産は，将来現金流入能力があるので任意再評価の対象となる。なお，「表10-4」は，任意再評価の対象となる無形固定資産を表す。

表10-4　任意再評価の対象無形固定資産

	無形固定資産		
	擬制資産	契約資産	営業基盤資産
再評価の対象	×	○	×

（注）○：対象資産　　×：対象外資産

　従来の見解では，契約資産の将来現金流入能力は認められるが，評価できないと指摘されてきた。本章は，キャッシュ・フロー基準を用いることによって，契約資産の再評価が評価できることを解明してきた。すなわち，ある無形固定資産の取得時に当初対応比率（α）を求める。この比率は，経営者の恣意性を排除するために，当該資産の使用期間中にわたって変更できないものとする。企業は，当該資産の残存価額に対する過去現金流出額の割増現在価値と将来現金流入額の割引現在価値と比較して，後者の方が高ければ再評価する。そして，この割増現在価値に当初対応比率を乗じることによって，再評価額が計上されることになる。

第11章
再評価差益の開示

はじめに

　経営活動を継続的に営むために，企業は，物理的，経済的原因により固定資産の価額が変動するけれども，恒常的に取替えなければならない。すなわち，取替えの対象となる固定資産には，その取得時と取替時との間に時間的ズレが生じる。一般的に，時間的ズレが長いほど，固定資産の価額は変動する可能性が高くなる。その主な原因として，貨幣価値の変動，市場原理による価格変動などがある。フランス制度会計は，決算時における固定資産の簿価とその現在価値との差額である固定資産再評価差額を取替原価の積立金として貸借対照表の「資本の部」に計上する。再評価差額は，実現する可能性の高い利益，すなわち，蓋然利益であるが未実現利益である。未実現利益である再評価差額を実現という網を通さずに積立金として計上する論理性が明らかでない。

　本章の研究目的は，再評価差額である再評価差益が，処分不能利益として成果計算書に計上される根拠を明らかにする。本章では，次のことが論点となる。

① 期間利益は，処分可能利益と処分不能利益に区分できる。
② 再評価差額は，処分不能利益として貸借対照表の「資本の部」に計上される。
③ 再評価差益は，処分不能利益として成果計算書の「収益の部」に計上される。

11-1　再評価差益の属性

フランスは，すべての企業が再評価基準を適用できると定めた (1983年フランス商法第8条)。再評価の対象となる資産は，有形・金融固定資産である (同法第12条)。1984年1月1日以降の会計期間において，ある固定資産の簿価とその現在価値との間に著しい乖離が生じたときに，いつでも現在価値を新簿価として採択できる。但し，ここで検討課題となるのが簿価と現在価値との乖離幅である。C. Pérochon（ペロション）の見解によると，10％から15％の乖離幅が生じたときに，簿価から離脱して現在価値を採択できる (Pérochon [1983] p. 47)。

再評価差額は貸借対照表消極側に計上される (1983年フランス商法第12条)。決算時の現在価値は，財貨の市場価格およびその使用に応じて評価される見積額である。1982年一般会計プランは，決算時の市場価格であると定めた (PCG1982 [1983] p. 98)。また，フランス租税一般法は，経営者が企業目的を実現させるために，所有している固定資産の使用価値を考慮して，当該資産を再取得するための受入可能な支出額であると定めた。

再評価差額は分配できない (1983年フランス会社法第346条)。利益として処分不能な再評価差額を貸借対照表消極側に計上するのは，部分的ではあるが業績指標性を取入れた情報開示型を指向するからである。また，再評価差額の全額またはその一部が資本金組入れできる (同法第346条)。これは，取替時に必要となる資金調達の目的を強調した会計処理である。

11-2　再評価差額の表示

設例　（株）葛飾は，y_n 年1月1日に備品 M を現金 100^F で取得した。備品 M の償却期間は10年である。償却法として定額償却処理方法を採用する。なお，一会計期間を1月1日から12月31日までとする。そこで，(y_{n+4}) 年度末の簿価が

第 11 章　再評価差益の開示　189

50^F となる。会計責任者は，同日に当該資産の現在価値 200^F を確認し，再評価をおこなった。(y_{n+4}) 年度末および (y_{n+9}) 年度末には，次のとおりに記帳する (Villeguérin [1984] p. 717)。なお，「グラフ 11-1」は，備品の再評価差額 150^F を示す。

グラフ 11-1　再評価に基づく減価償却費

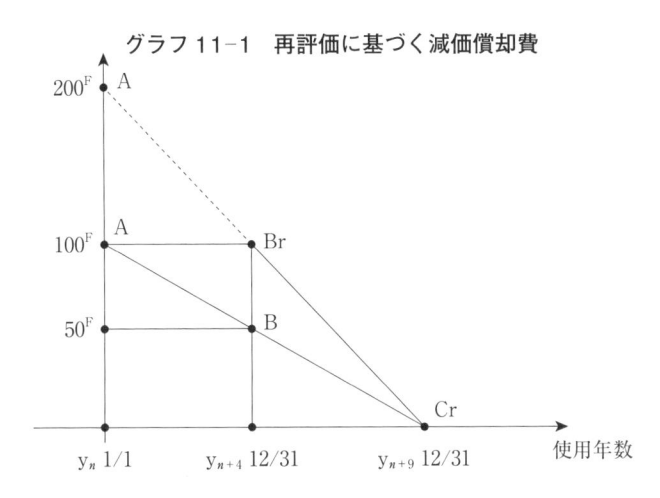

（図：縦軸に 200^F, 100^F, 50^F の目盛，点 A, Br, B, Cr，横軸に使用年数（y_n 1/1, y_{n+4} 12/31, y_{n+9} 12/31））

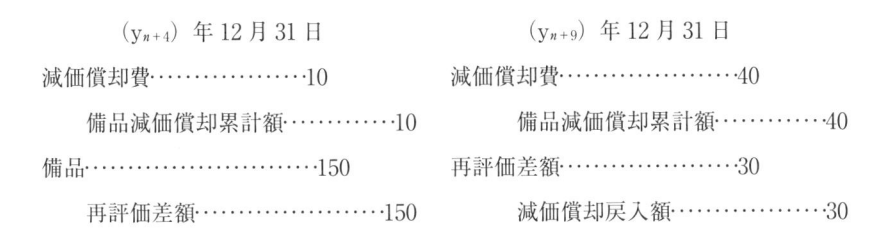

(y_{n+4}) 年 12 月 31 日
減価償却費……………10
　備品減価償却累計額…………10
備品……………150
　再評価差額……………150

(y_{n+9}) 年 12 月 31 日
減価償却費……………40
　備品減価償却累計額…………40
再評価差額……………30
　減価償却戻入額……………30

再評価の前には，減価償却費として毎年 10^F を計上していた。ところが，再評価の後に，減価償却費として毎年 40^F を計上し，かつ毎年 30^F の再評価差額を取崩す。結果的に，(y_{n+9}) 年度末には再評価差額がゼロとなる。再評価差額 150^F は，貸借対照表消極側に表示される。かつ，減価償却費 10^F は，成果計算書借方側に表示される。なお，「表 11-1」は，現行法による (y_{n+4}) 年度の再評価差額に係る貸借対照表と成果計算書の関係を表す。

他方，期間利益を階層化すると，期間利益は，処分可能利益と処分不能利益

表11-1　現行法による（y_{n+4}）年度の貸借対照表と成果計算書の関係

貸借対照表　　　　　　　　　　　　　　　成果計算書
(積極側)　　　　　　　　　(消極側)　　　(借方)　　　　　　　　　　　(貸方)

実在資産：		資本：		費用：		収益：	
………		………		減価償却費	10	減価償却戻入額	××
備品	250	再評価差額	150	………		………	
備品減価償却累計額	△50	当期利益	××	当期利益	××		
………		………					

とに区分できる。前者の処分可能利益は，実現したと認識される。これに対し，後者の処分不能利益は，蓋然したと認識される。そこで，（y_{n+4}）年度末および（y_{n+9}）年度末には，次のとおりに記帳する。

　　　　　　（y_{n+4}）年 12 月 31 日　　　　　　　　　（y_{n+9}）年 12 月 31 日
減価償却費……………………10　　　　　減価償却費……………………10
　　備品減価償却累計額…………10　　　　　　備品減価償却累計額…………10
備品……………………………150　　　　　再評価差益……………………150
　　再評価差益……………………150　　　　　　再評価有形固定資産…………150

　再評価の後でも減価償却費として毎年 10^F を計上し，（y_{n+9}）年度末に再評価差益 150^F を一括して再評価備品 150^F と相殺する。再評価差益 150^F は成果計算書貸方側に表示される。かつ，減価償却費 10^F が，成果計算書借方側に表示される。そして，（y_{n+4}）年度の処分不能利益は 150^F となる。貸借対照表消極側の「資本の部」に表示された処分不能利益 150^F は，成果処分後の貸借対照表にも表示される。なお，「表11-2」は，期間利益の階層化による（y_{n+4}）

表11-2　期間利益の階層化による（y_{n+4}）年度の貸借対照表と成果計算書の関係

貸借対照表　　　　　　　　　　　　　　　成果計算書
(積極側)　　　　　　　　　(消極側)　　　(借方)　　　　　　　　　　　(貸方)

実在資産：		資本：		費用：		収益：	
………		………		減価償却費	10	再評価差益	150
備品	100	当期処分可能利益	××	………			
再評価備品	150	当期処分不能利益	150	当期処分可能利益	××		
備品減価償却累計額	△50	………		当期処分不能利益	150		
………		………					

年度の再評価差益を表す。

むすび

　以上，固定資産の再評価差額の会計処理を検討してきた。フランス制度会計は，再評価差額が取替原価の積立金としての性格を有していると解している。再評価差益は，未実現利益であるにも拘わらず，積立金として貸借対照表消極側に計上され，さらに，再評価の後には年度末ごとに取崩される。

　本章では，費用の階層化と同様に収益の階層化を試みた。期間利益を実現したものと蓋然であるものとに区分した。すなわち，実現が確実な実現利益は，処分可能利益となる。これに対して，実現する可能性が高い蓋然利益は，処分不能利益となる。したがって，後者の処分不能利益に相当する再評価差益は，未実現利益として認識・測定され，成果計算書に計上される。再評価の後に，成果計算書貸方側に計上された再評価差益は，取替時に一括して再評価資産と相殺される。本章で提唱した期間利益の階層化によれば，未実現利益である再評価差額を実現利益と見做し，再評価差額を取崩す会計処理からの回避が可能となる。

第Ⅲ編　資産の公正価値基準

　　　　　―見積益基準による資産評価―

第12章

フランスにおける国際会計基準への収斂

はじめに

　フランスは，国内の一般会計プランを国際会計基準へと収斂させるために，国際会計基準レベル，欧州会計基準レベルおよび国内会計基準レベルという3段階での収斂が必要となる。第1の国際会計基準レベルでの収斂は，国際会計基準委員会財団（International Accounting Standards Committee Foundation）を母体として実施される。第2の欧州会計レベルでの収斂は，欧州共同体委員会（Commission des Communautés Europénnes）で実施される。第3の国内会計基準レベルでの収斂は，会計規定委員会（Comité de la Réglementation comptable）で実施される（Petitjean［2005］p. 158）。

　国際会計基準は，上場企業に対し連結報告書の作成を要請する。他方，フランス国内の会計基準は，非上場企業に対し連結財務報告書の作成を任意とし，個別財務報告書の作成を要請する。連結財務報告書が個別財務報告書を集計することによって作成されると仮定するならば，個別財務報告書も連結財務報告書を作成するときと同じ会計処理方法を採択し作成されるべきである。なお，「標準」はスタンダード，「基準」はルールという意味で使い分けている。

　フランスには，個別財務報告書を作成する際に，国際的収斂の実現を阻害する国内固有の会計事情がある。すなわち，フランス租税法による逆基準性とフランス会計法の源泉別階層性が内在している。この逆基準性については，フランス租税一般法第38の4条に一般会計プランの会計基準と租税法の間の連携原則（principe de connexion）を次のとおり定めている。すなわち，「企業は，一般会計プランによって記述される定義を尊重しなければならない。但し，当該

定義が課税基礎に係る適用基準と矛盾しないことを条件とする。」

　この繋がりは，国際的収斂を経た後も変わらず，租税法優位という会計環境は変らなかった。すなわち，フランスは，国際的な会計論理をベースに制定された会計基準を国内会計基準に織込んで制定したものの，その際には租税法の優位性を堅持し，租税法による会計基準を国内会計基準に採入れた。したがって，フランス会計基準には，会計処理方法の選択幅が残されることになった。

　フランス会計基準は，その設定機関によって拘束力が異なり，結果的に次のとおり階層化されることになる（Dandion et Didelot［2006］p. 31）。

- 欧州指令・規定：1978年7月28日欧州指令および2002年7月19日欧州規定
- 法律：1983年フランス会社法，フランス商法第123-12条から第123-28条
- 施行令：1983年11月29日フランス会計施行令
- 省令：会計規定委員会規定を承認する省令

　なお，会計規定委員会規定は，法的レベルにおいて商法規定および1983年11月29日施行令規定よりも拘束力が低くなる。

　本章の研究目的は，フランスにおける国際会計基準への収斂過程を解明することである。本章では，次のことが論点となる。

① フランス国内の一般会計プランが国際会計基準へと収斂する過程で，障害となっているのが当該プランの会計基準と租税法の連携である。
② 国際的収斂の指針となる会計概念フレーム・ワークは，フランス国内で機能しなくなった。

　フランスは，国際会計基準の要となる公正価値（juste valeur）と現在価値への転化（actualisation）という概念を国内の会計システムに導入できなかった。その根拠を示すことで，国際的収斂の阻害要因が明らかになり，そして自国の会計概念フレーム・ワークが国内で機能しなくなった根拠が明らかになる。

12-1　会計基準設定の状況

12-1-1　一般会計プランの国際的歩み

　一般会計プランは，1947年に『一般規定 (Dispositions Générales)』というタイトルで作成され，1957年に改訂された。1967年に欧州共同体が誕生してから，同共同体の加盟国は，欧州共通の会計基準を作成した。先ず，フランスは，欧州会計基準レベルでの国際化のために個別財務報告書の作成に係るEC第4号指令との調和化を図り，1982年4月27日に経済・財務大臣の諮問機関である国家会計審議会において一般会計プランを改訂した。次に，連結財務報告書の作成に係るEC第7号指令との調和化を図り1986年12月9日に一般会計プランを改訂した。さらに，世界規模での国際会計基準レベルでの調和化を図るために，会計規定委員会規定第99-03号を承認するかたちで1999年6月22日に一般会計プランを改訂した (Petitjean [2005] pp.180-181)。

　また，1999年4月29日会計規定委員会規定第99-03号は，1999年11月24日から2007年12月14日までの諸規定によって改訂された。改訂された2007年一般会計プランは，国際会計基準との調和化が図られた会計規則集であり，2007年12月14日以後，適用可能となる。

12-1-2　会計規定委員会の役割

　1996年8月に国家会計審議会の刷新と緊急委員会の設置によって始められる会計標準化の再構築は，会計規定委員会の設置によって成遂げらることになる。これは，1998年4月6日フランス法律第98-261号第1条-5条によるものである (Compt [2001] p.34)。なお，国家会計審議会は，国内からの要請を受けて，国単位の視点から財務報告書の作成・利用を審議する。また，国外からの要請を受けて，企業単位の視点から財務報告書の作成・利用を審議しなければならない。審議の結果は，先決意見書として会計規定委員会に提案されることになる。

1998年10月14日フランス施行令第98-939号は，政府評議会（Conseil d'Etat）によって制定された。同令は，会計規定委員会の役割形態に係わる詳細な規定を明示した。すなわち，会計規定委員会は次のとおりその役割を担うこととなる（Compt [2001] p.34）。

(1) 会計環境への適用

フランス制度会計を取巻く環境が激変し，従来型の行政機関または租税機関では対応しきれなくなった。そこで，その状況に対応するために会計規定委員会を設置することになった。当該委員会には，会計基本文（textes comptables）を作成する権限が付与された。

(2) 会計基本文の統一化

会計規定委員会は，会計基本文の作成に関して独占的立場をもつことになる。フランスは，1982年一般会計プランを改訂し，1999年に連結に係わる新規定を設定した。これによって，フランス会計基準の統一化がなされたことになる。

会計規定委員会が設立される以前は，フランスにおいて会計法の法源が分散されていた（Compt [2001] p.34）。すなわち，施行令，大臣による省令，国家会計審議会の意見書，銀行・財務規定委員会の規定などが混在していた。会計基本文の法源先が異なれば，その法的行使力も異なってくる。このことが，会計基準における明瞭性を害することになった。

そこで，フランスは会計基準を独占的に取扱う組織を設置する必要性に迫られた。この趣旨に添って，1999年11月22日フランス法律第99-957号は改められた。すなわち，会計規定委員会の役割が明確になり，本委員会で会計基準を独占的に定めることになったのである。

12-1-3 一般会計プランの国際的収斂

欧州連合は，2002年7月19日欧州規定（règlement européen du 19 juillet 2002）により，欧州証券市場の上場企業に対し2005年1月1日以後に始まる会計期間からInternational Financial Reporting Standards（以下，IFRSと略する。国際

財務報告基準と訳する。）に従った連結財務報告書を公開するよう求めた。加盟国には，自国の上場企業に対してIFRSに従った連結財務報告書の公開を強制するのか，任意にするのか，それとも個別財務報告書の公開を禁止するのかの選択の余地が残されていた。フランスは，2004年12月24日フランス行政立法 (ordonnan ce du décembre 2004) によって，次のとおり自国の立場を明らかにした (Dandon & Didelot [2006] p. 29)。

- 上場企業は，連結財務報告書の公開を強制する。
- 非上場企業は，連結財務報告書の公開を任意とする。
- 上場企業は，個別財務報告書の公開を禁止する。

フランス制度会計は，今日，次の2つの指針に基づいて適用される。すなわち，

- 個別財務報告書については，会計規定委員会規定によって改訂された第99-03号に従って作成される。
- 連結財務報告書については，会計規定委員会規定またはIFRSによって改訂された第99-02号に従って作成される。

上述のとおり，標準化の手続きは，会計規則委員会規定第99-03号および第99-02号という複数の指針によってなされたので，かえって困難な作業になってしまった (Dandon et Didelot [2006] p. 29)。そこで，1999年になるとIFRSによる一般会計プランの収斂を円滑に進めるために，会計規定委員会規定第99-03号に対し法的根拠を与えた。なお，「図12-1」は，IFRSを国内会計基準に取組む過程を示す。

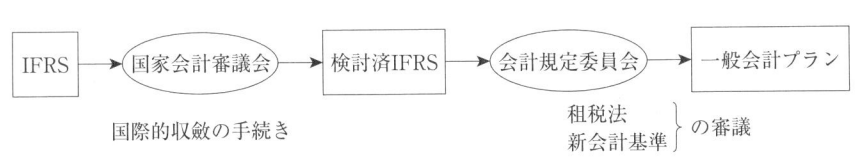

IFRS → 国家会計審議会 → 検討済IFRS → 会計規定委員会 → 一般会計プラン

国際的収斂の手続き　　　　　　　租税法／新会計基準 ｝の審議

出所：Dandon et Didelot [2006] p. 30

図12-1　国際会計基準の国内基準への取組み

(1) 国際的収斂の手続き (Rythme de convergence retenu)

会計基準の国際的収斂を実現するための標準化は，国家会計審議会がIFRSを審議した後に，既存の国内基準との整合性を図った上で実施される。その意味では，漸次的な方法で段階的に実施されることになる (Dandon et Didelot [2006] p. 29)。なぜなら，1999年一般会計プランには，IFRSを標準となる会計基準が一定数含まれているに過ぎず，またときとして会計基準の一部が含まれているに過ぎないからである。このアプローチによって，次のとおり国際会計基準の国内会計基準への取組みを推進することになる。すなわち，

・ IFRSの導入にともない旧会計基準をその適用領域から除外すること
・ 一般会計プランによって吸収できないIFRSの箇所を明らかにすること

(2) 旧会計基準の適用領域からの除外 (Exclusions du champ d'application des règlements)

会計規定委員会は，IFRSの概念フレーム・ワークで取上げている資産および負債の項目を一般会計プランに対しても導入してきた (Dandon et Didelot [2006] p. 31)。

IFRSによる資産および負債の定義は，一般会計プランの定義よりも拡大化されている。よって，符合しない資産および負債が生じることになる。すなわち，フランスは法的根拠がなければ資産として計上できない。ところが，IFRSの定義によるところの支配の概念に基づくと，資産として計上可能な項目が生じることになる。例えば，ファイナンス・リースの契約に係る新たな会計基準の出現により，リース資産が資産として計上されることになる。また，為替損失引当金を復活させたために，決算日に為替損失を計上する義務が実質的になくなったことが挙げられる。

(3) 一般会計プランによる吸収不能な箇所 (Existence de points non absorbés par le PCG)

公正価値と現在価値への転化は，一般会計プランからIFRSへの収斂にとって必要不可欠な基本的概念であるにも拘わらず，未だに一般会計プランに導入されていない (Dandon et Didelot [2006] p. 32)。

一般会計プランが定める貸借対照表項目の中には，IFRSによる公正価値によって評価できる任意項目がある。また，評価しなければならない強制項目もある。例えば，有形固定資産の評価（IAS 16）は，原価モデルまたは再評価額によって実施されうる。他方，フランス会計によると，再評価基準は，フランス商法典第123-18条および一般会計プラン第350-1号の枠組みの中で定められている。もっとも，任意再評価という限定されたシステムである。けれども，再評価基準を適用する場合には，有形・金融固定資産の全項目を公正価値で評価しなければならない。

　また，実現可能性の高い項目の現在価値への転化は，IFRSによって義務づけられている。なぜなら，その影響が製品（IAS 18），引当金（IAS 37），固定資産取得原価（IAS 16 38 40）に係る評価，および資金流動の決定（IAS 36）については，有意な会計処理であるからである。これに対し，現在価値への転化に係るフランス制度会計は，唯一連結時に認められる租税差額である。すなわち，「租税差額に係る資産・負債が実現化されるのは，現在価値への転化の効果が有意であり，かつ信頼可能な納税額の納付日が設定されうるときである。」と定めた。この点について，IAS12は，現在価値への転化を禁止している。その理由は，納税額の将来計画が信頼できる方法で実施できないことに求めている。なお，「表12-1」は，IFRSを国内基準として制定した基準を表す。

表 12-1　会計基準設定の状況

会計規則委員会規定	国際標準・概念フレームワークの定義
99-08 項：長期契約の会計処理	IAS 11：工事契約
99-09 項：会計処理の変更	IAS 8：会計処理，会計見積の変更，誤謬
00-06 項：負債	IAS 37：引当金，偶発負債，偶発資産
	負債の定義
02-10 項：資産の減耗償却・減価償却（03-07 項は仮所有のときである）	IAS 16：有形固定資産
	IAS 38：無形固定資産
	IAS 36：資産の減損
03-01 項：インターネット取引の交換活動に係る会計処理	IAS 18：通常の営業活動による収益
03-04 項：再評価固定資産の譲渡収益に係る会計処理	IAS 16：有形固定資産
03-05 項：インターネット・サイトの創設費	IAS 38：無形固定資産
04-01 項：合併等に係る会計処理	IAS 22：企業結合（IFRS 3 による取替え）
04-06 項：資産の定義，会計処理および評価	IAS 2：棚卸資産
	IAS 16：有形固定資産
	IAS 38：無形固定資産
	IAS 23：借入費用
	資産の定義
	会計処理の生成事実

12-2　会計概念フレーム・ワーク

　会計概念フレーム・ワーク・グループ委員長 J. C. Cailliau（カイリオー）は，1996年7月31日に会計概念フレーム・ワークのテキストを公開した（Groupe [1996] p. 18）。本テキストは，英語圏以外での会計概念フレーム・ワークであり，最初に試みたものである。その独創性は，使用された言語に留まるものではない。フランスの概念フレーム・ワークの構造および構想は，英国圏

で公表された概念フレーム・ワークと大きく異なるものである。同作業グループは，フランス会計士協会で働く職業人および教授から構成され，J. C. Cailliauの下でおこなわれた。そして，監修は，同協会の会計ドクトリン恒常委員会によって検証された。

140項からなる会計概念フレーム・ワークは，次とおり構成されている。

はじめに
第1章 概念フレーム・ワークの目的（Objectif du cadre conceptuel）
第2章 企業実体の一般的性格（Caracteristiques générales de la représentation de l'entreprise）
第3章 企業財産の評価可能性（Richesses de l'entreprise sont supposées mesurables）
第4章 評価の障害（Difficultés de mesure）
むすび

本章は，「第4章 評価の障害」のところで取上げている財務報告書の基本概念および資産・負債・純資産・費用・収益の定義を検討することにする。

12-2-1 財務報告書の基本概念

会計の評価には，会計責任者の判断を要する場合がある。その判断の妥当性は，財務報告書の基本概念である (1) 忠実性，(2) 信頼性，(3) 検証性，(4) 誠実性，(5) 中立性，および (6) 慎重性を満たすことで成立つ。もっとも，すべての基本原則を満たすことができない。それらの組合せによって，会計責任者による判断の妥当性が図られることになる。そのために，(7) 質の組合せ，(8) 信頼性が必要となる。

(1) 忠実性 (Fidèlité)

忠実性は，実体について実像と虚像を符合させる際に機能する（Groupe [1996] p. 30)。1983年フランス商法第9条第5項によると，現行法の会計基準に準拠し，その基準を誠実に適用することが要請される。正規かつ誠実な財務報告書は，企業の財産，財政状態および諸成果に忠実性を与えることになる。

このことは，正規性および誠実性が財務報告書の作成手段としての機能を有していることを明確化することである。そして，その手段を的確に履行できるならば，必然的に忠実性が満たされることを明示するものである。

(2) **信頼性** (Fiabilité)

会計の評価が信頼可能であるということは，その構築があらゆる慎重性を満たしていることである (Groupe [1996] p. 30)。

(3) **検証性** (Vérifiabilité)

会計の評価が検証可能であることということは，ある経営事実の評価に係る会計責任者から独立した他の会計責任者が同じ経営事実を会計事象に写像するときに同じないしは同程度の結果を導出することである (Groupe [1996] p. 30)。

(4) **誠実性** (Sincérité)

会計の評価が誠実的であるということは，財務報告書の作成者が作成中に評価の会計基準以外のものに誘惑されないということである (Groupe [1996] p. 30)。1982年一般会計プランは，誠実性を「企業の業務，事実および状況の実在性 (réalité) と重要性 (importance) について，会計責任者が通常もたなければならない知識 (connaissance) をもって現行の会計基準とその手続を信義 (bonne foi) に基づいて適用しなければならない。」と定めた (PCG [1982] p. 5)。この規定によると，会計責任者は，現行の会計基準を適用するにあたって，会計専門家としての充分な会計知識を修得しなければならない。その充分な会計知識の修得を前提として，現行の会計基準に対する注意深い適用が要請されている。また，客観的誠実性は，現行の会計基準を適用するにあたっての妥当性ないし合理性の判断基準となる。

(5) **中立性** (Neutralité)

中立性は，判断の行為に対応するものである。会計責任者の判断は，連続する2つの会計期間の間で成果を配分することに関わる。識別できる債権を期末に当期分と次期分に分けるときに，会計責任者の判断が求められる (Groupe [1996] p. 30)。

(6) 慎重性 (Prudence)

不測のときには，見積りを要することになる。そして，会計責任者の判断を必要となる。慎重性は，会計責任者の判断を伴うときに，ある程度の慎重さをもつことである (Groupe [1996] p. 30)。1982 年一般会計プランは，慎重性の原則を「企業の財産と諸成果を悪化させる現在の不確実性が将来における危険を引起こす可能性が高いときに，その危険性に対処するために現在の事実を合理的に見積もる。」(同プラン [1933] p. 5) と定めた。この定義の内容を，経済事実の属性，慎重性の目的および会計報告の信頼性の視点から検討することにする。

第1に，企業の将来の財産と諸成果を悪化させる経済事実は，現実に生起しているにも拘わらず，現時点では未実現である。ところが，それ以降には実現する可能性が高い。

第2に，企業の将来の財産と諸成果を悪化させる危険に対処するために，この経済事実が生起した時点で認識されることになる。

第3に，この経済事実を合理的に見積もる必要がある。ここでの「合理的な見積り」とは，社会的な合意が得られる見積計算であると解される。

(7) 質の組合せ (Combinaison des qualités)

理想的には，会計責任者の判断によって，すべての基本原則が同時に満されることである (Groupe [1996] p. 31)。

(8) 信用性 (Crédibilité)

財務状態表の外部利用者にとって，当該表がもたなければならない質を知るだけでは充分ではない (Groupe [1996] p. 31)。当該表の質に係る保証を担保するだけの信憑性が求められることになる。

上述のとおり，財務報告書を作成するとき，(2) から (6) までの基本概念および (7) を満たすことで，(1) の基本概念を得ることができる。場合によっては，(1) を得られないとき，(1) の視点から (2) から (6) までのいずれかの基本概念を修正することになる。一方，財務報告書を利用するとき，(8) の基本概念が求められる。

12-2-2 資産・負債・純資産・費用・収益の定義

(1) 資産の定義

資産は，実体にとって正の経済価値をもつ財産として識別可能な項目である。すなわち，当該項目は，実体が過去事実を支配し，その事実によって実体が将来の経済的優位を期待する源泉を生成する (Groupe [1996] p. 32)。したがって，法的な形式よりも経済的な実質を重視するかたちで資産計上することになる。また，将来の経済的優位性を図るために，将来のキャッシュ・フローによる現在価値を割引き，資産計上する道を開くことになる。

(2) 負債の定義

負債は，実体にとって負の経済価値をもつ財産項目である。すなわち，第三者に対する実体の義務は，実体が第三者の便益のために源泉からの流出を引起こすことが蓋然的であるかまた確実であることを示す。少なくとも，第三者から期待されるほどの便益の代償がなくなる (Groupe [1996] p. 32)。

(3) 純資産の定義

資産と負債の差額が純資産となる (Groupe [1996] p. 32)。資産の額と負債の額を定めてから両者の差額として純資産の額が求められることになる。したがって，純資産それ自体が定義されないことになる。

(4) 費用・収益の定義

費用または収益は，財産の費消または生産を示すものであり，営業全体に対応するものである (Groupe [1996] p. 34)。取引は，企業の純資産を減少させることもあれば，増加させることもある。但し，拠出金の資本金組入れまたは取崩しは除かれる。

む す び

以上，フランスにおける国際会計基準への収斂について検討してきた。フランスは，伝統的に租税法を骨格とする会計基準が体系化されている。したがって，一般会計プランの会計基準と租税法との連携が重要となる。但し，租税の

優位性は変わらない。このような状況のもとで，フランスは，国際化に対応する会計機関として1998年に会計規定委員会を設立し，IFRSへの収斂を試みてきた。欧州証券市場への上場企業は，2005年1月1日以後に始まる会計期間において，IFRSに従って連結財務報告書を開示しなければならなくなった。一方，非上場企業は連結財務報告書の開示を任意としたが，個別財務報告書は作成しなければならない。個別財務報告書は，連結財務報告書を作成するための母体である。したがって，個別財務報告書が租税法の影響を受ける限り，連結財務報告書も影響を受けることになる。このことが，フランスにおける国際的収斂を妨げることになっている。

会計概念フレーム・ワークは，1996年に公表された。その後，本フレーム・ワークは，法的な根拠を得ることなく，自然消滅していった。その主な理由として，公正価値の概念が一般会計プランに馴染まなかったからである。フランスは，評価時のキャッシュ・フローを示すものが財産である。将来のキャッシュ・フローは，財産を示す指標とはならなかった。したがって，フランスには，公正価値の概念を採択する余地が残されていなかったといえる。また，公正価値による実現化がなされなかったので，現在価値への転化という基本的な考え方が採択されなかった。

第13章

キャッシュ・フロー基準による資産性
―フランス固定資産再評価への適用―

はじめに

　フランス制度会計は，取得原価基準を原則的な資産の評価の基準として取入れている。ところが，固定資産評価の基準については，例外的措置として強制再評価基準と任意再評価基準が認められている。前者の再評価基準については，フランス租税一般法が特定の企業に対し強制適用とした。これに対し，後者の再評価基準については，商法がすべての企業に対し任意適用とした。なお，任意再評価の処理方法は，強制再評価の処理方法を原型としており，両者の再評価基準には実質的な違いはない。

　原型となった強制再評価基準は，固定資産再評価の現在価値を企業の経営者が固定資産を取得するための受入可能な支出額であると定めている（フランス租税一般法附属書Ⅱ第171 D条）。この規定によると，再評価済固定資産の現在価値は期末における再調達原価である。ところが，今日の経営環境では，固定資産の市場が常に成立するとは限らず，固定資産の期末再調達原価を把握できる状況にはない。また，使用目的資産である個々の固定資産は，有機的で総合的に運用されて初めて収益を産出すことになる（嶌村 [1991] p. 150）。個々の固定資産は，それぞれの保有目的に応じて個別的活動能力を発現する。ところが，企業の統一的な活動能力は，個々の固定資産による個別的活動能力の累積として発現する。しかも，統一的な活動能力は，個々の固定資産による有機的な結合を前提とした特質をもっていることから，個々の固定資産による個別的活動能力を客観的に認識・評価するのが困難となる。

国際会計基準は，International Accounting Standard 36（以下，IAS 36と略す）「資産の見積損」において，将来キャッシュ・インフローに基づき固定資産の回収可能額が算定されると定めている。ここでの回収可能額は正味売却価額と使用価値である。本章で取上げるフランスの固定資産再評価額は経営者による受入可能な支出額であると定められている。ところが，この額の算定方法には，客観性が乏しい。そこで，より客観的な再評価額を算定する手段を提案するために，IAS 36で取上げられた将来キャッシュ・インフローに基づく使用価値の算定方法を援用することにする。

　本章の研究目的は，認識・評価が客観的にできない固定資産の個別活動能力について，より客観的に認識・評価できる方法を提案する。本章では，次のことが論点となる。

① フランスにおいて，固定資産の使用によって生じる過去キャッシュ・インフロー累計額と減価償却累計額との差額が再評価差額となる。
② 「資産の見積損」を援用するにあたり，フランス制度会計で定められた固定資産再評価額が過去キャッシュ・インフロー基準によって把握できる。
③ 個々の固定資産をキャッシュ創出単位（cash-generation unit）として識別可能な最小単位ごとにグルーピングし，企業例を活用してより詳細にキャッシュ・フロー基準による固定資産再評価額の算定過程を明示する。

13-1　キャッシュ・フロー基準

13-1-1　キャッシュ概念
　キャッシュ・フローは，現金および現金同等物の流入と流出である（IAS 7, par. 6）。前者の現金は，手許現金および当座預金から構成される。後者の現金同等物は，短期で流動性の高い投資のうち，容易に一定額で換金可能となり，価格変動に対してもその変動幅が小さいものである（IAS 7, par. 6）。キャッシ

ュ創出単位は，資産としての最小となる識別可能な群である。当該群の継続使用によって，キャッシュ・フローが創出される。なお，他の資産または他の資産群からのキャッシュ・フローとは，概ね独立している (IAS 36, par. 5)。ここでのキャッシュ・フロー基準は，現金および現金同等物の流出入を把握する基準として使う。

13-1-2 キャッシュ・フロー

キャッシュ・フローは，従来からそれが生じる会計期間に帰属させる。すなわち，当期キャッシュ・フローには，①前期以前の取引事実から生じたキャッシュ・フロー（ACFと略する），②当期の取引事実から生じたキャッシュ・フロー（PCFと略する），および③次期以降の取引事実から生じたキャッシュ・フロー（UCFと略する）が含まれる。ところが，キャッシュ・フローの発生基準により当期キャッシュ・フローを計上すると，当期に流出入したキャッシュは把握できる。但し，当期の取引状況が把握できない。すなわち，当期キャッシュ・フローと当期経済価値変動との関係が希薄化されている。そこで，希薄化されていた両者の関係を修復するために，取引の発生基準により当期キャッシュ・フローを計上する。この基準によると，当期キャッシュ・フローは，キャッシュ・フローが生じた会計期間に拘わらず，取引が発生した会計期間に帰属させることになる。広義の当期キャッシュ・フローは，当期の取引事実から生じたキャッシュ・フローとなる。すなわち，①前期以前に流出入したキャッシュ，②当期に流出入したキャッシュ，および③次期以降に流出入したキャッシュが含まれる。

取引の発生時とキャッシュ・フローの発生時との間に時間的ズレが生じるときに，現在価値の割引率として貨幣の時間的価値（i）と資産固有の危険（r）が適用される (IAS 36, par. 48)。当期キャッシュ・フローには，両者の間に時間的ズレが生じないので，現在価値に割引く必要がない。ところが，前期以前キャッシュ・フローには，両者の間に時間的ズレが生じるので，貨幣の時間的価値（i）と資産固有の利得（s）による割増現在価値が求められる。また，次期

以降キャッシュ・フローには，貨幣の時間的価値（i）および資産固有の危険（r）による割引現在価値が求められる。なお，「式①」は前期以前キャッシュ・フローを割増し，「式②」は次期以降キャッシュ・フローの割引きを示す式である。

前期以前キャッシュ・フローの割増し

$[ACF \rightarrow PCF]_{n-h}^{i+s_h} \quad PCF = ACF \times \{1 + (i+s)\}^{n-h} \quad \cdots\cdots ①$

次期以降キャッシュ・フローの割引き

$[UCF \rightarrow PCF]_{n+h}^{i+r_h} \quad PCF = UCF \times \dfrac{1}{1+(i+r)^{n+h}} \quad \cdots\cdots ②$

s：資産固有の利得

i：貨幣の時間価値

r：資産固有の危険

$n \pm h$：年数（…, $n-2, n-1, n, n+1, n+2,$ …＝…, 3, 2, 1, 2, 3, …）

$y_{n \pm h}$：会計年度　…, $y_{n-2}, y_{n-1}, y_n, y_{n+1}, y_{n+2},$ …

13-2 資　産　性

13-2-1 資　産　の　定　義

　将来の経済的便益は，資産によって具現化され，企業への現金および現金同等物を流入させるための直接的にまたは間接的に貢献する潜在能力である（Framework, par. 53）。国際会計基準は，資産それ自体を定義せずに，資産の属性を将来の経済的便益として位置づけた。この便益が将来キャッシュ・インフローの創出力である。したがって，資産性は，将来キャッシュ・インフローの割引現在価値となる。これに対し，フランス制度会計による資産性は，それを取得するための受入可能額と定めた。この可能額を資産の使用によって創出される過去キャッシュ・インフローと見做すと，資産性は，過去キャッシュ・インフローの割増現在価値となる。なお，受入可能額は支出系である。これに対

し，回収可能額は収入系である。したがって，本節では，支出系の額が収入系の額に置換えられるのか否かを検討しなければならない。

国際会計基準には，固定資産の見積損に係わる規定がある。この見積損規定を参照しながら，固定資産価値の増減を検討していく。固定資産の物理的価値が減少すれば，見積損となる。ところが，非物理的価値は，見積損になることもあれば見積益になることもある。この見積益について，企業内での変化として経営成果の好転があげられる。また，企業外での変化として棚卸資産の市場価値が上昇し，当該資産の含み益が挙げられる。

13-2-2 資産のグルーピング

資産のキャッシュ創出単位は，他の資産からのキャッシュ・インフローとは概ね独立し，継続使用によってキャッシュ・インフローを産出す最小の資産群である (IAS 36, par. 67)。ところが，資産のキャッシュ創出単位を識別するには，経営者の判断が必要となる。企業の事業活動によって異なり，資産のキャッシュ創出単位は，製品別，事業別，個別地域別，地域別などによって識別される (IAS 36, par. 68)。

先ず，資産をキャッシュ創出単位にグルーピングする。最小単位としてグルーピングされた資産群 A = {($a_1, a_2, ..., a_k$), ($a_{k+1}, a_{k+2} ..., a_\ell$), ($a_{\ell+1}, a_{\ell+2}, ..., a_m$)} は，次の3つに分けられる。

① 個別の市場価格で回収可能額が把握できる資産群 $A_k = (a_1, a_2, ..., a_k)$
② 類似資産の市場価格で把握できる資産群　　　　$A_\ell = (a_{k+1}, a_{k+2} ..., a_\ell)$
③ 特殊な評価方法を使用しなければ回収可能額が把握できない資産群

$$A_m = (a_{\ell+1}, a_{\ell+2}, ..., a_m)$$

従来から，資産群 (A) のなかには，個別の市場価格もなければ類似資産の市場価格もない資産が多く，回収可能額による個別資産の期末時価を決められる状況にはないと指摘されてきた。資産群 (A) を市場があるのか否かの視点から階層的に分割していくと，第1に個別市場がある小資産群 (A_k)，第2に

類似資産による個別市場が類推できる小資産群（A$_\ell$），第3に個別市場もなければ類似資産もなく特殊な手段でしか見積もれない小資産群（A$_m$）に分けられる（SFAS 121, par16）。なお，「図13-1」は，資産群の階層別分割を示す。

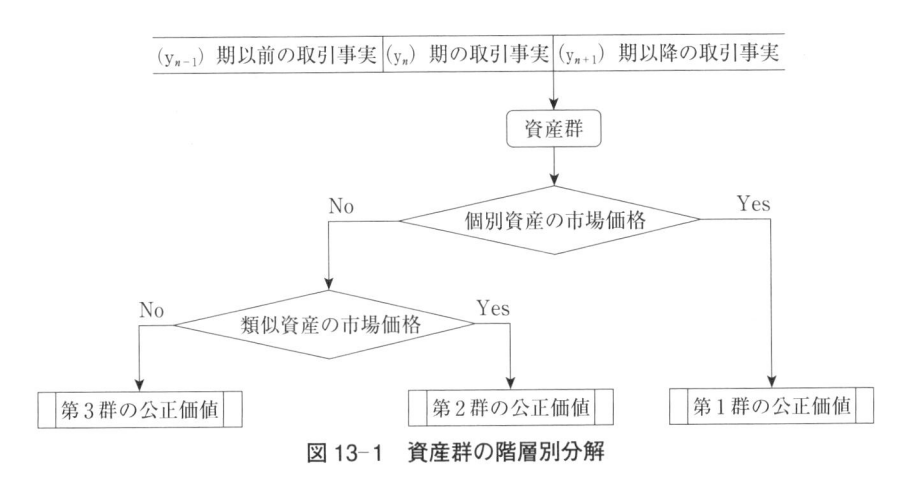

```
(y_{n-1})期以前の取引事実 │ (y_n)期の取引事実 │ (y_{n+1})期以降の取引事実
                              資産群
                              │
                    個別資産の市場価格
                 No ┌─────┴─────┐ Yes
                    │           │
           類似資産の市場価格    │
        No ┌───┴───┐ Yes       │
        第3群の公正価値  第2群の公正価値  第1群の公正価値
```

図13-1 資産群の階層別分解

13-2-3 資産性の概念

国際会計基準は，資産の属性が将来の経済的便益であると定めた。この便益が将来キャッシュ・フローの創出力である。長期使用目的を前提として保有される固定資産に関して，将来の経済的便益が次期以降の使用による回収可能額となる。そして，この可能額は，将来キャッシュ・インフローに基づき算定される。

固定資産の見積損に係わる会計処理では，回収可能額が正味売却価額と使用価値のいずれか高い方の金額となる（IAS 36, par. B 7）。固定資産は，その保有目的によって分類される。少なくとも有形固定資産のように長期使用目的で保有される固定資産に関して，その回収可能額は，正味売却価額よりも使用価値の方が妥当であるといえる。キャッシュ創出単位によりグルーピングされた資産群について，次期以降の使用価値が将来キャッシュ・フローの割引現在価値として算定される。算定される額は，(A$_k$)，(A$_\ell$) および (A$_m$) の帳簿価額

に基づき比例按分され，各小資産群の将来キャッシュ・フローが決められる。さらに，決められた額は，小資産群の構成資産である個別資産の帳簿価額に基づき比例按分される。

ところが，キャッシュ創出単位によりグルーピングされた資産群には，現実に個別資産の市場がある小資産群（A_k），類似資産の市場がある小資産群（A_ℓ）および市場がなく見積計算せざるを得ない小資産群（A_m）が混在している場合が多い。このときは，回収可能額を段階的に適用することになる。見積計算による将来の不確実性を排除するという視点から，個別資産の市場がある小資産群（A_k）については正味売却価額を優先適用し，類似資産の市場がある小資産群（A_ℓ）も同様に正味売却価額を優先適用する。但し，市場がない小資産群（A_m）については，使用価値を適用する。すなわち，資産群（A）の割引現在価値から小資産群（A_k）と小資産群（A_ℓ）の正味売却価額を差引いた残額が小資産群（A_m）の使用価値となる。

13-3　フランス固定資産再評価への適用

個々の固定資産の受入可能価額は，これらの市場が存在しないこともあって，把握できない場合が多い。したがって，企業は，個々の固定資産の使用価値を考慮して，これらの受入可能額を見積もる。この見積額は主観的であるから，公表する計算書の数値としては適切であるとはいえない。そこで，より客観的な算定方法が求められる。本章では，この主観的に決められる見積額について，できるだけ客観的に決められる算定方法を提案していく。この提案の基礎となるのが国際会計基準の見積損基準である。

13-3-1　キャッシュ・フロー基準による固定資産再評価

国際会計基準において定められる「資産の見積損」の会計思考をフランス制度会計において定められる資産再評価に援用すると，資産群（A）がキャッシュ・インフローを産出す最小資産群になると判断される。当該群（A）の再評

価差額について「グラフ13-1」を用いて説明すると，次のとおりになる。COFが資産群（A）の減価償却累計額である。CIFが資産群（A）の将来キャッシュ・インフローを貨幣の時間価値（i）と資産固有の利得（s）により現在価値に割増される回収可能額である。（y_j）は，当該群の消滅時である。再評価日（y_g）にCOF上の（T_g）とCIF上の（T_k'）との差額が再評価差額となる。回収可能額に帳簿価額を加えたのが再評価額となる。なお，「グラフ13-1」は，フランス制度会計による再評価差額を示す。

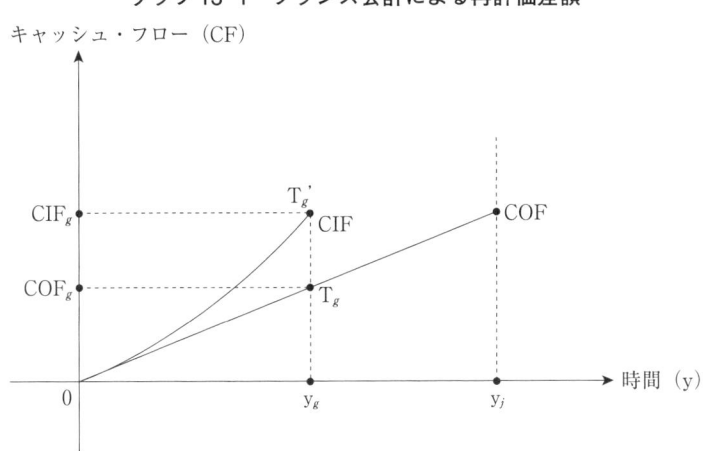

グラフ 13-1　フランス会計による再評価差額

キャッシュ・フロー（CF）

CIF_g ── T_g' CIF
　　　　　　　　　　　　　　　　● COF
COF_g ── T_g

　　　0　　　　　y_g　　　　　y_j　　時間（y）

13-3-2 数 値 例

具体的な数値を活用して，より詳細にキャッシュ・フロー基準による固定資産再評価の算定過程を説明していく。

y_n 年度1月1日に，（株）葛飾は，固定資産Aを€1,000，固定資産Bを€1,500および固定資産Cを€2,000で取得する。各資産は，定額法で減価償却し，耐用年数を固定資産Aに対して10年，固定資産Bに対して20年，および固定資産Cに対して20年とする。なお，残存価額をゼロとする。当社は，（A，BおよびC）の全資産がキャッシュ・インフローを産出す最小資産群に

216 第Ⅲ編 資産の公正価値基準

表13-1 全資産のキャッシュ・フロー

会計年度	簿　　価	過去CIF
y_n	4,225	370
y_{n+1}	3,950	670
y_{n+2}	3,675	950
y_{n+3}	3,400	1,150
y_{n+4}	3,125	1,300

表13-2 割増率

会計年度	割増率（18％）
y_n	1.00000000
y_{n+1}	1.18000000
y_{n+2}	1.39240000
y_{n+3}	1.64303200
y_{n+4}	1.93877776

なると判断した。なお，A，BおよびCの資産には市場価格が存在せず，使用価値をもってして回収可能額とする。また，割増率は，貨幣の時間価値（13％）と資産固有の利得（5％）とする。再評価日を5年度末（y_{n+4}）とし，この日までの当該資産群に係わるキャッシュ・インフローは，「表13-1」のとおりである。

本数値例では，全資産の過去キャッシュ・インフローを割増現在価値に換算し，各資産の簿価に応じて比例按分し，各資産の使用価値を算定する。計算手順は，次のとおりである。

(1) 全資産の割増過去キャッシュ・インフロー累計額に係わる算定

1年度から5年度までの過去キャッシュ・インフローを再評価日（y_{n+4}年度末）の割増現在価値に換算する際に，割増率は，貨幣の時間価値（13％）と固定資産固有の利得（5％）に基づき計算すると，「式③」のとおりになる。なお，初年度末にキャッシュ・インフローされるので，第1年度の割引率は1と

表13-3 全資産の過去キャッシュ・インフロー割増現在価値

会計年度	過去CIF	割増額	過去CIF	割増額	過去CIF	割増額	過去CIF	割増額	過去CIF	割増額
y_n	370	370								
y_{n+1}		437	670	670						
y_{n+2}		515		791	950	950				
y_{n+3}		608		933		1,121	1,150	1,150		
y_{n+4}		717		1,101		1,323		1,357	1,300	1,300

なる。

$$\{1+(i+s)\}^{n+h} = \{1+(0.13+0.05)\}^{n+h} \quad \cdots\cdots\cdots ③$$

(2) 各資産の過去キャッシュ・インフロー割増累計額

各年度別に過去キャッシュ・インフローを割増現在価値に換算すると，「式④」のとおりになる。

$$\begin{aligned} 現在 CIF &= 過去 CIF \times \{1+(i+s)\}^{n+h} \\ &= 過去 CIF \times \{1+(0.13+0.05)\}^{n+h} \quad \cdots\cdots\cdots ④ \end{aligned}$$

各年度の過去キャッシュ・インフローを割増現在価値に換算計上する。なお，「表13-4」は，全資産の過去キャッシュ・インフロー割増累計額を表す。

表13-4 全資産の過去キャッシュ・インフロー割増累計額

会計年度	過去 CIF 割増累計額
y_n	370
y_{n+1}	1,107
y_{n+2}	2,256
y_{n+3}	3,812
y_{n+4}	5,798

表13-5-1 資産Aの過去キャッシュ・インフロー割増累計額

会計年度	過去 COF	過去 CIF 割増累計額
y_n	100	135
y_{n+1}	100	402
y_{n+2}	100	820
y_{n+3}	100	1,386
y_{n+4}	100	2,108

表13-5-2 資産Bの過去キャッシュ・インフロー割増累計額

会計年度	過去 COF	過去 CIF 割増累計額
y_n	75	101
y_{n+1}	75	302
y_{n+2}	75	615
y_{n+3}	75	1,040
y_{n+4}	75	1,581

表13-5-3 資産Cの過去キャッシュ・インフロー割増累計額

会計年度	過去COF	過去CIF割増累計額
y_n	100	135
y_{n+1}	100	402
y_{n+2}	100	820
y_{n+3}	100	1,386
y_{n+4}	100	2,108

表13-6-1 資産Aの過去キャッシュ・アウトフロー累計額

会計年度	過去COF累計額
y_n	100
y_{n+1}	200
y_{n+2}	300
y_{n+3}	400
y_{n+4}	500

表13-6-2 資産Bの過去キャッシュ・アウトフロー累計額

会計年度	過去COF累計額
y_n	75
y_{n+1}	150
y_{n+2}	225
y_{n+3}	300
y_{n+4}	375

表13-6-3 資産Cの過去キャッシュ・アウトフロー累計額

会計年度	過去COF累計額
y_n	100
y_{n+1}	200
y_{n+2}	300
y_{n+3}	400
y_{n+4}	500

　さらに，全資産の過去キャッシュ・インフロー割増累計額を各資産の減価償却費に応じて比例按分し，各資産の過去キャッシュ・インフロー割増累計額を算定する。なお，「表13-5-1，-2，-3」は，各資産の過去キャッシュ・インフロー割増累計額を示す。

(3) 各資産の減価償却累計額に係わる算定

　定額法に基づき計算される各資産の減価償却費を集計する。なお，「表13-6-1，-2，-3」は，各資産の過去キャッシュ・アウトフロー累計額を表す。

(4) 各資産の再評価差異累計額に係わる算定

　各資産の過去キャッシュ・インフロー割増累計額から各資産の過去キャッシュ・アウトフロー累計額を差引いて再評価差異累計額を算定する。なお，「表13-7-1，2，3」は，各資産の再評価差異累計額を表す。

表13-7-1　資産Aの再評価差異累計額

会計年度	過去COF累計額	過去CIF割増累計額	再評価差異累計額
y_n	100	135	35
y_{n+1}	200	402	202
y_{n+2}	300	820	520
y_{n+3}	400	1,386	986
y_{n+4}	500	2,108	1,608

表13-7-2　資産Bの再評価差異累計額

会計年度	過去COF累計額	過去CIF割増累計額	再評価差異累計額
y_n	75	101	26
y_{n+1}	150	302	152
y_{n+2}	225	615	390
y_{n+3}	300	1,040	740
y_{n+4}	375	1,581	1,206

表13-7-3　資産Cの再評価差異累計額

会計年度	過去COF累計額	過去CIF割増累計額	再評価差異累計額
y_n	100	135	35
y_{n+1}	200	402	202
y_{n+2}	300	820	520
y_{n+3}	400	1,386	986
y_{n+4}	500	2,108	1,608

(5)　**各資産の再評価額に係わる算定**

　各資産の過去CIF割増累計額に簿価を加えたものが再評価額となる。なお，「表13-8-1, -2, -3」は，各資産の再評価差額を表す。

表13-8-1 資産Aの再評価差額

会計年度	簿価	過去CIF割増累計額	再評価額
y_n	900	135	1,035
y_{n+1}	800	402	1,202
y_{n+2}	700	820	1,520
y_{n+3}	600	1,386	1,986
y_{n+4}	500	2,108	2,608

表13-8-2 資産Bの再評価差額

会計年度	簿価	過去CIF割増累計額	再評価額
y_n	1,425	101	1,526
y_{n+1}	1,350	302	1,652
y_{n+2}	1,275	615	1,890
y_{n+3}	1,200	1,040	2,240
y_{n+4}	1,125	1,581	2,706

表13-8-3 資産Cの再評価差額

会計年度	簿価	過去CIF割増累計額	再評価額
y_n	1,900	135	2,035
y_{n+1}	1,800	402	2,202
y_{n+2}	1,700	820	2,520
y_{n+3}	1,600	1,386	2,986
y_{n+4}	1,500	2,108	3,608

む　す　び

　以上，フランス固定資産再評価について，IAS 36で取上げた将来キャッシュ・インフローに基づく使用価値の算定手段を援用することを試みてきた。本章は，フランス制度会計が定めたところの固定資産再評価額を算定するにあた

り，個々の固定資産をキャッシュ創出単位として識別可能な最小単位ごとにグルーピングし，キャッシュ・フロー基準による再評価額の算定過程を解明してきた。

　キャッシュ・フロー基準による資産性は，固定資産の使用により生じる回収可能額である。この額はキャッシュ・フロー基準で算定される。また，固定資産の再評価額は，将来の使用を考慮した，経営者が受入可能な支出額である。したがって，固定資産の使用価値は，キャッシュ・フロー基準によって把握することができる。ところが，現実には，個々の固定資産は，有機的に結合して稼働し，生産性をあげている。そこで，先ず個々の固定資産をキャッシュ創出単位でグルーピングし，次にグルーピングされた資産群を1単位として，再評価日に過去キャッシュ・インフロー累計額を算定する。算定された過去キャッシュ・インフロー累計額は，再評価日の現在価値に換算するために，貨幣の時間価値（i）と資産固有の利得（s）に基づき割増されることになる。この割増累計額と再評価日までの減価償却累計額との差異が資産群の再評価差異累計額となる。この累計額は，資産群内にある個々の固定資産に配分される。この配分手続は，先ず個別資産の市場価格がある資産，次に類似資産の市場価格がある資産，さらに個別市場もなければ類似資産の市場もない資産に按分する。つまり，按分された再評価差額を再評価日の簿価に加えると，再評価額となる。この額は，過去情報の修正による再評価日の現在価値となる。したがって，企業の経営参加の意思決定に際して有益な情報となる。

略字一覧表

AGF：Anterior Cash Flow　前期以前の現金流出入
BV 　：Book Value　簿価
CF 　：Cash Flow　現金流出入
CIF 　：Cash Inflow　現金流入
COF：Cash Outflow　現金流出
PCF：Present Cash Flow　当期の現金流出入
UCF：Ulterior Cash Flow　次期以降の現金流出入
$n+h$：年数（$n, n+1, ..., n+4 = 1, 2, ..., 5$）
y_{n+h}：会計年度（$y_n, y_{n+1}, ..., y_{n+4} = y_1, y_2, ..., y_5$）

第14章

企業活動の持続可能性に係る情報開示
―キャッシュ・フロー情報の開示システム―

はじめに

　日本の会計は，国際化の波に呑込まれようとしている。第二次世界大戦以後，日本の制度会計は費用動態論を基盤として構築されていた。これに対し，1970年代以後，国際的な会計基準は資産動態論を基盤として構築されてきた。理論的体系からみると，両者の会計には相容れないものがある。それにも拘わらず，日本の制度会計は，貸借対照表における評価の基準を多元化することによって制度的整合性を保ってきた。すなわち，対象となる経営事実に応じて，取得原価基準，時価基準ないしは公正価値基準を使分けている。これらの使分けによって，損益計算書の最終数値が処分可能性を示しているものなのか，あるいは業績指標性を示しているものなのか分からなくなってきた。それとも，単なる情報開示の一項目に過ぎなくなってきたのか，混沌とした状況に陥っている。

　企業が営業活動を持続可能なものにするためには，資金的裏づけのある利益を確保しなければならない。すなわち，企業には，投下資金の確実な回収能力を維持することが求められる。このことは，財貨・用役を継続的に仕入れかつ売上げるという経常的な営業活動を前提とする。そして，利益の特質が処分可能性にあるのか業績指標性にあるのかではなく，資金的な裏づけを伴った投資の回収可能性にあることを意味する。

　本章の研究目的は，企業の回収可能資金が営業活動の持続可能性を判断する上で重要な情報であることを解明することである。本章では，次のことが論点

となる。

① キャッシュ・フロー精算書を作成する。
② キャッシュ・フロー精算書によって，企業活動から生じる回収可能資金の流れが概観的に把握できる。
③ 時間軸の違いを超えて，企業の回収可能の資金比較が可能になり，企業活動の持続可能性を判断できる。

そのための解決手段として，先ず財務報告書の数値から資金回収の流れを把握できる会計情報を作成する。次に，現在キャッシュ・フローと将来キャッシュ・フローを比較可能にする会計情報を作成することである。その具体的な方法は，以下に示すとおりである。

① キャッシュ・フロー計算書の試算表であるキャッシュ・フロー精算表を作成する。
② 現在キャッシュ・フローを計算する。
③ 現在キャッシュ・フローの割増将来価値を計算する。
④ 事業計画に基づく将来キャッシュ・フローの予測値を計算する。
⑤ 事業計画に基づく将来キャッシュ・フローの割引現在価値を計算する。

14-1　会計の計算構造

会計の計算構造は，費用動態論から資産動態論へと移行している。本節では，資産動態論において，利益よりもキャッシュ・フローの方が企業活動の持続可能性を判断する際に有用な説明変数であることを明らかにしていく。

14-1-1　計算構造の変容

「企業会計原則」が設定された当初，日本の制度会計には費用動態論の特徴がみられた（嶋村［1991］p. 34）。すなわち，損益計算の原型は収支計算であり，

貸借対照表は，収支の未解決項目の集計表であると把握されていた。これに対し，国際的な会計基準は，費用動態論に資産・負債観を取入れてきたものであると解する。ここでは，この計算構造を資産動態論と称することにする。

日本は，国際的な会計基準の動向を斟酌し，従来の費用動態論に資産・負債観を部分的に取込んできた。例えば，「金融資産に係る会計基準」(1999年公表)，「税効果会計に係る会計基準」(1998年公表)，「固定資産の減損に係る会計基準」(2002年公表)，「株主資本等変動計算書に関する会計基準」(2005年公表)，「ストック・オプション等に関する会計基準」(2005年公表)，「研究開発費等に係る会計基準の一部改正」(2008年公表)，「会計上の変更及び誤謬の訂正に関する会計基準」(2009年公表) などは，新会計基準と称され，資産・負債観に基づく計算構造を有している。すなわち，計算構造上，第1に資産・負債を認識し，第2に各項目別に将来キャッシュ・フローを見積もり，第3に見積額を対費用効果の視点から期間配分することになる。だから，未実現利益を当期収益の部に計上することになり，処分可能利益とキャッシュ・フローとの乖離がますます著しくなってきた。

上述のとおり，現行の計算構造は，支出額の上限を超えて見積数値を貸借対照表ならびに損益計算書に反映させる仕組みを取入れている。仮に，取得原価，時価ないしは公正価値のいずれの評価値を計上するにせよ，資産・負債の価値増減額を貸借対照表および損益計算書の情報開示に留めるのみで，処分可能利益に含めないのであれば，実質的な影響はあらわれない (杉山 [2003] p. 61)。したがって，このケースでは，経営者の受託責任は解除されるとともに，処分可能利益の計算構造は保たれることになる。

ところが，現行の日本の制度会計は，資産・負債の価値増減額を部分的にせよ実質的に処分可能利益に組込んでいる。だから，資金の回収可能性が求められるようになる。すなわち，処分可能利益の計算構造から回収可能資金の計算構造へとその転換が求められ，それによって会計数値それ自体の信頼性よりも会計数値の算出過程にその信頼性を求めるようになった。

回収可能資金は，当期の実現利益に将来の実現可能利益となる未解決項目を

加味して算出する。過去の実績に基づき算出される処分可能利益との比較によって，将来における収益性が明らかになる。

14-1-2 キャッシュ・フロー精算表の作成

「財務報告書等規則」(2002年改正)は，貸借対照表，損益計算書，キャッシュ・フロー計算書，利益処分計算書（または損失処理計算書）および附属明細表をもって一組の財務報告書を構成することになる。また，発生主義会計が取入れられている。したがって，会計数値には，会計責任者による判断が介入する余地を残すことになる。そこで，この余地をできるだけ排除し，狭めていくことが求められた。これを支援するのがキャッシュ・フロー計算書である。

キャッシュ・フロー計算書の作成方法には，直接法と間接法がある（キャッシュ基準［1998］p.173）。直接法には，営業活動に係るキャッシュ・フローが総額で表示されるところに利点がある。これに対し，間接法には，純利益と営業活動に係るキャッシュ・フローとの関係が明示されるところに利点がある。本章は，直接法による事務手続きの煩雑さという欠点を排除しながらもその利点を生かし，かつ間接法の利点をも生かすための，キャッシュ・フロー計算書を作成することにする（新田他［2001］p.245）。

キャッシュ・フロー計算書の試算表がキャッシュ・フロー精算書となる。すなわち，キャッシュ・フロー精算書は，y_{n-1}期（前期）とy_n期（当期）の連続した貸借対照表（「表14-1 y_{n-1}期・y_n期貸借対照表」参照），y_n期の損益計算書（「表14-2 y_n期損益計算書」参照）およびy_n期の利益処分計算書（「表14-3 y_n期利益処分計算書」参照）の数値を用いて作成することができる。「表14-4」は，y_n期キャッシュ・フロー精算表を表す。

キャッシュ・フロー精算表は，縦軸に財務報告書の項目を並べ，横軸に財務報告書の残高から算出されるキャッシュ・フローの額を表す。すなわち，縦軸には，①貸借対照表の項目，②損益計算書の項目および③利益処分計算書の項目が順次記載される。横軸には，①y_{n-1}期とy_n期の残高，②y_{n-1}とy_n期の残高差額，③y_n期のキャッシュ・フロー変動額，④キャッシュ・フロー計算

226　第Ⅲ編　資産の公正価値基準

表 14-1　y_{n-1} 期・y_n 期貸借対照表

y_{n-1} 期 12 月 31 日および y_n 期 12 月 31 日

資　産	借　方 y_{n-1} 期	y_n 期	差額	負債・資本	貸　方 y_{n-1} 期	y_n 期	差額
現金・預金	22,000	23,500	1,500	買掛金	19,000	50,000	31,000
売掛金	20,000	32,500	12,500	短期借入金	10,000	21,000	11,000
貸倒引当金	-2,875	-5,750	-2,875	未払利息	4,000	5,000	1,000
有価証券	25,500	23,000	-2,500	未払法人税等	1,500	2,500	1,000
棚卸資産	16,000	22,000	6,000	長期借入金	34,000	20,500	-13,500
前払保険料	1,000	3,000	2,000	資本金	40,000	40,000	0
備品	30,000	50,000	20,000	利益準備金	13,000	13,000	0
減価償却累計額	-10,125	-15,750	-5,625	当期未処分利益	11,000	11,500	500
土地	31,000	31,000	0				
	132,500	163,500	31,000		132,500	163,500	31,000

表 14-2　y_n 期損益計算書

自 y_n 期 1 月 1 日至同期 12 月 31 日

費　用	借　方	収　益	貸　方
仕入	60,000	売上	92,000
給料	15,000	受取利息	5,000
減価償却費	5,625	受取配当金	3,000
貸倒引当金繰入額	2,875	有価証券売却益	4,000
支払利息	5,500		
法人税	6,000		
当期純利益	9,000		
	104,000		104,000

表 14-3　y_n 期利益処分計算書

y_{n-1} 期 6 月 25 日

Ⅰ 当期未処分利益　　　　　　11,000
Ⅱ 利益処分額
　　配当金　　　　3,000
　　役員賞与金　　5,500　　8,500
Ⅲ 次期繰越利益　　　　　　　2,500

表14-4 y_n期キャッシュ・フロー精算表

科目	残高 y_{n-1}期 借方	残高 y_{n-1}期 貸方	残高 y_n期 借方	残高 y_n期 貸方	差額 y_{n-1}期とy_n期 借方	差額 y_{n-1}期とy_n期 貸方	変動額 y_n期 支出	変動額 y_n期 収入	キャッシュ・フロー計算書 y_n期 支出	キャッシュ・フロー計算書 y_n期 収入	備考	活動区分
現金・預金	22,000		23,500		1,500		1,500		1,500		現金及び現金同等物の増減額	
売掛金	20,000		32,500		12,500							
貸倒引当金	-2,875		-5,750		-2,875							
有価証券	25,500		23,000		-2,500							
棚卸資産	16,000		22,000		6,000							
前払保険料	1,000		3,000		2,000		2,000		2,000		保険料の支払額	営業活動
備品	30,000		50,000		20,000		20,000		20,000		有形固定資産の取得による支出	投資活動
減価償却累計額	-10,125		-15,750		-5,625							
土地	31,000		31,000		0							投資活動
買掛金		19,000		50,000		31,000						
短期借入金		10,000		21,000		11,000		11,000		11,000	短期借入金による収入	財務活動
未払利息		4,000		5,000		1,000						
未払法人税等		1,500		2,500		1,000						
長期借入金		34,000		20,500	-13,500		13,500		13,500		長期借入金の返済による支出	財務活動
資本金		40,000		40,000		0						
利益準備金		13,000		13,000		0						
当期未処分利益		11,000		11,500		500						
売上				92,000			12,500	92,000		79,500	営業の収入	営業活動
受取利息				5,000				5,000				
								3,000		8,000	利息及び配当金の受取額	営業活動
受取配当金				3,000								
有価証券売却益				4,000				4,000				
									2,500	6,500	有価証券の売却による収入	投資活動
仕入			60,000				60,000	31,000	35,000		商品の仕入による支出	営業活動
							6,000					
給料			15,000				15,000					
							5,500		20,500		人件費の支出	営業活動
減価償却費			5,625									
貸倒引当金繰入額			2,875									
支払利息			5,500				5,500	1,000	4,500		利息の支払額	営業活動
法人税			6,000				6,000	1,000	5,000		法人税法の支払額	営業活動
前期繰越利益				2,500								
当期未処分利益			11,500									
配当金	3,000						3,000		3,000		配当金の支払額	財務活動
役員賞与金	5,500											
利益処分額			8,500									
	141,000	141,000	270,000	270,000	31,000	31,000	150,500	150,500	105,000	105,000		

表14-5 y_{n+1}期キャッシュ・フロー精算表

科目	残高 y_n年度 借方	残高 y_n年度 貸方	残高 y_{n+1}年度 借方	残高 y_{n+1}年度 貸方	差額 y_n年度とy_{n+1}年度 借方	差額 y_n年度とy_{n+1}年度 貸方	変動額 y_{n+1}年度 支出	変動額 y_{n+1}年度 収入	キャッシュ・フロー計算書 y_{n+1}年度 支出	キャッシュ・フロー計算書 y_{n+1}年度 収入	備考	活動区分
現金・預金	23,500		16,000		−7,500			7,500		7,500	現金及び現金同等物の増減額	
売掛金	32,500		44,000		11,500							
貸倒引当金	−5,750		−7,000		−1,250							
有価証券	23,000		11,000		−12,000							
棚卸資産	22,000		25,000		3,000							
前払保険料	3,000		5,000		2,000		2,000		2,000		保険料の支払額	営業活動
備品	50,000		70,000		20,000		20,000		20,000		有形固定資産の取得による支出	投資活動
減価償却累計額	−15,750		−21,000		−5,250							
土地	31,000		31,000									投資活動
買掛金		50,000		75,000		25,000						
短期借入金		21,000			−21,000		21,000		21,000		短期借入金による収入	財務活動
未払利息		5,000		7,000		2,000						
未払法人税等		2,500		3,000		500						
長期借入金		20,500		20,000	−500		500		500		長期借入金の返済による支出	財務活動
資本金		40,000		40,000								
利益準備金		13,000		13,000								
当期未処分利益		11,500		16,000		4,500						
売上		98,000			11,500	98,000				86,500	営業の収入	営業活動
受取利息		7,000				7,000				7,000	利息及び配当金の受取額	営業活動
受取配当金		3,000				3,000				3,000		
有価証券売却益		5,000				5,000						
							12,000			17,000	有価証券の売却による収入	投資活動
仕入	65,000				65,000	25,000					商品の仕入による支出	営業活動
							3,000		43,000			
給料	22,000				22,000							
							5,000		27,000		人件費の支出	営業活動
減価償却費	5,250											
貸倒引当金繰入額	1,250											
支払利息	2,000				2,000	2,000					利息の支払額	営業活動
法人税	5,000				5,000	500	4,500				法人税法の支払額	営業活動
前期繰越利益		3,500										
当期未処分利益	16,000											
配当金	3,000				3,000		3,000				配当金の支払額	財務活動
役員賞与金	5,000											
利益処分額		8,000										
	171,500	171,500	290,500	290,500	10,500	10,500	160,000	160,000	121,000	121,000		

書が順次記載される。とりわけ,「③ y_n 期のキャッシュ・フロー変動額」が貸借対照表,損益計算書および利益処分計算書における関連項目のつながりを示しているところに,キャッシュ・フロー精算表の特徴がある。なお,「表14-6」は, y_n 期における数値の計算過程を表す。

大多数の企業では,資金回収可能性を説明するにあたり,売上と売掛金および仕入と買掛金の関連が重要な項目となる (Dechow [1998] p. 134)。そこで,上述の関連を数値で示すことにする (佐藤 [2003] pp. 23-24 参照)。

(1)「営業の収入(営業活動)」については, y_n 期「売上」の残高¥92,000 から y_{n-1} 期と y_n 期の「売掛金」の差額¥12,500 を減算した額¥79,500 が y_n 期の収入となる。

(2)「商品の仕入による支出(営業活動)」については, y_n 期「売上原価」の残高¥60,000 に y_{n-1} 期と y_n 期「棚卸資産」の差額¥6,000 を加算した額¥66,000 から y_{n-1} 期と y_n 期「買掛金」の差額¥31,000 を減算した額¥35,000 が y_n 期の支出となる。

表 14-6　y_n 期における数値の計算過程

Ⅰ営業活動によるキャッシュ・フロー		
営業収入	売上高－売掛金増減額	79,500 = 92,000 − 12,500
仕入による支出	商品仕入販売可能高－買掛金	35,000 = (60,000 + 6,000) − 31,000
前払保険料の支払額	当期支払額－次期繰延費用	2,000 = 3,000 − 1,000
人件費の支出	給料＋役員賞与	20,500 = 15,000 + 5,500
利息及び配当金の受取額	受取利息＋受取配当金	8,000 = 5,000 + 3,000
利息の支払額	支払利息－未払利息	4,500 = 5,500 − 1,000
法人税等の支払額	法人税－未払法人税等	5,000 = 6,000 − 1,000
Ⅱ投資活動によるキャッシュ・フロー		
有価証券の売却による収入	有価証券売却益＋有価証券減少額	6,500 = 4,000 + 2,500
有形固定資産の取得による支出	備品増加額	20,000
Ⅲ財務活動によるキャッシュ・フロー		
短期借入金の借入による収入	短期借入金増加額	11,000 = 21,000 − 10,000
長期借入金の返済による支出	長期借入金減少額	13,500
配当金の支払額	配当金	3,000

(新田他 [2001] p. 251 参照)

上述のことから，キャッシュ・フローは，次のとおり計算される (Dechow [1998] p. 138)。

キャッシュ・フロー（収入 − 支出）
＝売上利益 − 未解決項目
＝｛売上 −（仕入 + 棚卸資産）｝ −（売掛金 − 買掛金）　　……①
(79,500 − 35,000) ＝ ｛92,000 −（60,000 + 6,000)｝ −（12,500 − 31,000)
44,500 ＝ 26,000 + 18,500　　　　　　　　　　　　　　　……①′

したがって，キャッシュ・フロー精算表は，仕入・売上というフロー勘定と棚卸資産・買掛金・売掛金というストック勘定の組合せにより，企業活動から得られる回収可能資金であるキャッシュ・フローを明らかにすることができる。すなわち，営業活動の持続可能性を判断する拠り所となる資金循環について，仕入・売上による収支額および棚卸資産・買掛金・売掛金による滞留額によって円滑におこなわれているのか否かが明らかになる。

14-2　時間の計算構造

当期の回収可能資金と事業計画に基づく将来の回収可能資金は，時間差のある回収可能額として比較できる。ところが，同時期における回収可能額としては比較できない。本節では，回収可能額を時間価値で割引きないしは割増しすることによって，同時期による比較が可能となることを明らかにしていく。

14-2-1　キャッシュの定義

「連結キャッシュ・フロー計算書等の作成基準」によると，資金の範囲は「現金及び現金同等物」となる (キャッシュ基準 [1998] p. 174)。現金とは，手元現金および要求払預金をいう。要求払預金には，当座預金，普通預金，通知預金が含まれる (キャッシュ基準 [1998] p. 177)。また，現金同等物とは，容易に換金可能であり，かつ価値の変動についての僅少なリスクしか負わない短期投資

である。現金同等物には，取得日から満期日または償還日までに3か月以内の短期投資である当座預金，譲渡性預金，コマーシャル・ペーパー，売戻し条件付現先，公社債投資信託が含まれる（キャッシュ基準 [1998] p. 177）。

上述のとおり，「現金同等物」に売掛金および買掛金が含まれないのは，「現金同等物」の範囲を厳格に限定したという解釈によるものである。他方，売掛金および買掛金は，主たる営業活動から生じる「現金同等物」との関りが強く，かつその属性からも「現金同等物」に含めるべきであるとの見解もある。財貨・用役の仕入・売上は，主たる営業活動から生じる「現金及び現金同等物」の流出入である。この流出入に対し，売掛金および買掛金は「現金同等物」の一時的な滞留となる。この滞留期間は，一般的には3か月以内という短期間である。企業活動の持続可能性を判断する情報として，売掛金および買掛金は，リスクの度合という点において上記基準に抵触するものの，資金回収可能性という視点からは重要性が高い（須田 [2001] pp. 17-18）。したがって，これらの項目は「現金同等物」に含められるべきである。

14-2-2 キャッシュ・フローの修正

y_n 期の現在キャッシュ・フロー（$PCFy_n$）は，資本市場で算出される資本コスト率（i）に企業固有の信頼性から算出される安全率（s）を用いて，将来のキャッシュ・フロー（$PCFy_{n+h}$）に割増される。その換算式は，次のとおりである。

$$PCFy_{n+h} = PCFy_n \{1 + (i+s)\}^{n+h} \qquad \cdots\cdots ②$$

$n+h$：年数（$n, n+1, \ldots = 1, 2, 3, \ldots$）

y_{n+h}：会計年度（$y_n, y_{n+1}, y_{n+2}, \ldots = y_1, y_2, y_3, \ldots$）

企業は，長期事業計画を立て，将来におけるキャッシュ・フロー（$FCFy_{n+h}$）を予測する。この将来キャッシュ・フローは，資本市場で算出される資本コスト率（i）に企業固有の信頼性から算出される危険率（r）を用いて，現在のキャッシュ・フロー（$FCFy_n$）に割引かれる。その割引の計算式は，次のとおり

である。

$$FCFy_n = FCFy_{n+h} \times \frac{1}{\{1+(i+r)\}^{n+h}} \quad \cdots\cdots ③$$

　企業は，将来の同時期（y_{n+h}）における現在キャッシュ・フローの割増価値（$PCFy_{n+h}$）と事業計画に基づく将来キャッシュ・フローの予測値（$FCFy_{n+h}$）を比較することにより，y_{n+h}期という同時期にキャッシュ・フロー・ベースによる資金回収可能性を把握できる。また，当期（y_n）における現在キャッシュ・フロー（$PCFy_n$）と現在における将来キャッシュ・フローの割引価値（$FCFy_n$）を比較することにより，y_n期という同時期にキャッシュ・フロー・ベースによる資金回収可能性を把握できる。

　上述のとおり，時間の計算構造は，異次元のキャッシュ・フローを修正し，同次元のキャッシュ・フローとして比較可能にする。だから，将来の資金回収可能性を当期に生じる回収可能性として把握できるようになる。

14-2-3　異次元キャッシュ・フロー計算書の比較可能性

　企業は，5か年事業計画において売上（30％増加），売上原価（5％改善），短期借入金（20％削減），長期借入金（10％削減），備品（78％増加）支払利息（20％削減）および法人税（20％増加）の増減率を立て，将来におけるキャッシュ・フロー（$FCFy_{n+4}$）を予測する。上述の増減率に基づき，将来キャッシュ・フローは，資本市場で算出される資本コスト率（$i=3\%$）に企業固有の信頼性から算出される危険率（$r=1.5\%$）を用いて，将来キャッシュ・フロー（$FCFy_{n+4}$）に割引かれる。なお，「表14-7」は，y_{n+4}期キャッシュ・フロー予測計算書を表す。

　y_{n+4}期における現在キャッシュ・フローの割増将来価値と将来キャッシュ・フローの予測値を比較すると，（営業収入）－（商品の仕入による支出）＝（回収可能資金）は，¥57,951から¥60,000へと変動し，¥2,049が増加する。また，「現金及び現金同等物」の期末残高は，¥26,697から¥28,200へと変動し，

表14-7 y_{n+4}期キャッシュ・フロー予測計算書

	支出 (y_{n+4}期)	収入 (y_{n+4}期)	備考
現金・預金			
売掛金			
貸倒引当金			
有価証券			
棚卸資産			
前払保険料	2,000		
備品	35,650		78％増加
減価償却累計額			
土地			
買掛金			
短期借入金		8,800	20％削減
未払利息			
未払法人税等			
長期借入金	12,150		10％削減
資本金			
利益準備金			
当期未処分利益			
売上		103,350	30％増加
受取利息		8,000	
受取配当金			
有価証券売却益		6,500	
売上原価	43,750		5％改善
給料	20,500		
減価償却費			
貸倒引当金繰入額			
支払利息	3,600		20％削減
法人税	6,000		20％増加
前期繰越利益			
当期未処分利益			
配当金	3,000		
役員賞与金			
利益処分額			
	126,650	126,650	

¥1,503が増加する。すなわち，5か年事業計画が予定どおり実現されるならば，営業活動では順調な伸びを示すことになる。したがって，期末の「現金及び現金同等物」も増額となる。なお，「表14-8」は，y_n期・y_{n+4}期キャッシュ・フロー計算書の比較を表す。

表14-8 y_n期・y_{n+4}期キャッシュ・フロー計算書の比較

区分	(y_n)期 CF	割引CF	(y_{n+4})期 割増CF	将来CF
I 営業活動によるキャッシュ・フロー				
営業収入	79,500	79,362	103,530	103,350
商品の仕入による支出	−35,000	−33,595	−45,579	−43,750
人件費の支出	−20,500	−15,742	−26,696	−20,500
小計	24,000	30,025	31,254	39,100
利息及び配当金の受領額	8,000	6,143	10,418	8,000
利息の支払額	−4,500	−2,764	−5,860	−3,600
保険料の支払額	−2,000	−1,536	−2,605	−2,000
法人税法等の支払額	−5,000	−4,607	−6,511	−6,000
営業活動によるキャッシュ・フロー	20,500	27,260	26,696	35,500
II 投資活動によるキャッシュ・フロー				
有価証券の売却による収入	6,500	4,991	8,465	6,500
有形固定資産費の取得による支出	−20,000	−27,375	−26,045	−35,650
投資活動によるキャッシュ・フロー	−13,500	−22,384	−17,581	−29,150
III 財務活動によるキャッシュ・フロー				
短期借入金による収入	11,000	6,757	14,325	8,800
長期借入金の返済による支出	−13,500	−9,330	−17,581	−12,150
配当金の支払額	−3,000	−2,304	−3,907	−3,000
財務活動によるキャッシュ・フロー	−5,500	−4,876	−7,162	−6,350
IV 現金及び現金同等物の増加額	−1,500	0	−1,953	0
V 現金及び現金同等物の期首残高	22,000	21,655	28,650	28,200
VI 現金及び現金同等物の期末残高	20,500	21,655	26,697	28,200

(注) 終価係数　1.302260125
　　　現価係数　0.767895738

y_n 期における現在キャッシュ・フローと将来キャッシュ・フローの割引現在価値を比較すると，(営業収入)−(商品の仕入による支出)＝(回収可能資金) は，¥44,500 から ¥45,767 へと変動し，¥1,267 が増加する。また，「現金及び現金同等物」の期末残高は，¥20,500 から ¥21,655 へと変動し，¥1,155 が増加する。すなわち，5 か年事業計画の予測値を当期のキャッシュ・フローに換算すると，主たる営業活動では，順調な伸びを示すことになる。したがって，期末の「現金及び現金同等物」も増額となる。

むすび

以上，資金回収の流れを把握できるキャッシュ・フロー精算書を作成し，かつ異次元のキャッシュ・フローを同次元のキャッシュ・フローへと修正し，時間軸を超えたキャッシュ・フロー計算書の比較表を作成してきた。キャッシュ・フロー精算書は，貸借対照表，損益計算書および利益処分計算書（または損失処分計算書）の諸項目を加減して作成されたにも拘わらず，主要な取引ごとの収入総額と支出総額を表示することが可能となる。したがって，当期における企業活動から生じる回収可能資金の流れを概観的に把握することができた。これによって，回収可能資金が算定されることになった。

次に，現在キャッシュ・フローの割増将来価値と事業計画に基づく将来キャッシュ・フローの予測値を比較することによって，将来期における両者の回収可能資金を比較することができた。さらに，現在キャッシュ・フローと事業計画に基づく将来キャッシュ・フローの割引現在価値を比較することによって，当期における両者の回収可能資金を比較することができた。これによって，時間軸を超えた回収可能資金の比較が可能になった。

第15章

仮説検証型アプローチによる公正価値の合理性
―土地に係わる再評価価値と公正価値の相関関係―

は　じ　め　に

　日本においては，土地神話というものがあった。第2次世界大戦後，地価は，右上がりに上昇する傾向にあった。土地の再評価に関する法律（以下，土地再評価法と略する）は，1998年3月31日に金融機関を救済するという目的で施行された。そして，「税効果会計に係る会計基準」（以下，税効果会計基準と略する）が1998年10月30日に設定されたのを受けて，翌年の1999年3月31日に土地再評価法（以下，改正再評価法と略する）は，税効果会計を採入れるかたちで一部改訂され，土地再評価の会計処理を定めた。

　土地の価額は，売買取引によってその価格が成立していく。ここで成立する価格が時価となる。国土交通省は，市場で成立する取引価格を参照し「公示地価年度別変動率」を公表している。本章では，当該変動率に基づき算出する地価を「実際値」と称することにする。

　他方，国際的な会計基準は，地価がその使用価値によって算定されることを定めている。すなわち，土地の使用価値は，将来のキャッシュ・フローの割引現在価値という公正価値によって算定される「理論値」となる。ところが，この理論値は，これから先の20年間にわたる将来キャッシュ・フローを見積もることによって算出され，かつ資本コスト率によって大きく依存する割引現在価値となる。そこで，本章は，上述で指摘される弊害を是正するために，過去のキャッシュ・フローの割増現在価値という公正価値によって算定される「制度値」を提唱する。なお，「図15-1」は，再評価価値と公正価値の関連を示す。

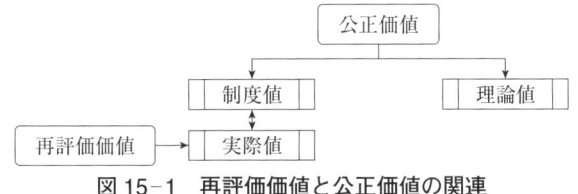

```
                        公正価値
                    ┌──────┴──────┐
                  制度値          理論値
           ┌────────┤
        再評価価値  実際値
```
図 15-1　再評価価値と公正価値の関連

　本章の研究目的は，土地に係わる「実際値」と「制度値」の間に相関関係があることを解明することである。本章では，次のことが論点となる。

① 土地の再評価価値は，公示地価年度別変動率に基づいて算定される「実際値」である。
② 公正価値には，「理論値」と「制度値」がある。
③ 土地の「制度値」は，財形住宅融資金利に基づいて算出される。
④ 土地に係わる「実際値」と「制度値」には相関関係がある。

　上述の目的を解決するための手段として，先ず，(株)葛飾は，土地に係わる「実際値」と「制度値」の間に相関関係があるという仮説を構築する。次に，監査人の花村英駿は，当該仮説をデータに基づいて検証する。更に，株主総会は，監査人にとって検証された仮説を判定する。

15-1　公正価値の規範理論

15-1-1　資産の定義

　FASB は，資産を「将来において確実性の高い純キャッシュ・フローをもたらす経済的便益 (economic benefit) である。」と定めている (SFAC No. 6)。この定義から，資産には，次の 3 つの特質があるといえる。

① 資産は，単独でまたは他の資産と結合して，将来のキャッシュ・フローに直接的または間接的に寄与する能力をもつ確実性の高い将来の便益を体

現化したものである。
② 特定の企業が，その便益を手に入れることができ，当該便益に対する他者からのアプローチを支配できる。
③ 当該便益に対する特定企業の権利または当該便益をもたらす取引ないしはその他事実が，すでに生起している。

上述のとおり，資産は，将来のキャッシュ・インフローを産出す経済的便益であり，当該便益を独占的に支配できる。但し，当該便益に係る取引事実がすでに生じていなければならない。

つまり，土地は，FASBの定義を満たしているので，資産として計上することになる。なお，土地は，減価償却の対象外の資産として取扱われている。

15-1-2　公正価値の定義

FASBは，公正価値を「十分な知識があり，かつ取引意思のある独立した当事者間の現在取引において資産または負債が交換される価格である。」(FASB [2004] par. 4) と定めている。また，「取引意思のある当事者」については，次の3つの要件を満たさなければならない。

① 資産・負債の取引について同一水準の理解力がある。
② 同一の市場で取引をおこなう。
③ 法的・経済的に独立した買い手と売り手が存在する。

上述の要件は，取引が成立するための完全市場を想定しているものであり，理想的な取引要件となっている。

SFAS157号は，公正価値を「評価日現在において市場参加者の間の秩序ある取引により資産を売却して受取り，または負債を移転するために支払うであろう金額である。」と定めている。資産を取得するための「入口価格」ではなく，資産を売却するための「出口価格」となる。公正価値は，資産・負債の主要な市場における「出口価格」によることを基本としている。

土地の「出口価格」は，売却時の取引価格となる。したがって，土地を再評価するときは，所有している土地の「出口価格」を推定しなければならない。

15-1-3 公正価値の評価

　公正価値は，完全な市場のもとで成立する価格である。企業は，資産の経済寿命が終わるまで使い，その使用によって得られる将来キャッシュ・フローを見積もる。そして，当該資産の見積額を現在価値に割引いたものが公正価値となる。この算定は，公正価値の「理論値」という性質を有することになり，インカム・アプローチといえる。但し，この理論値は，資本コスト率によって大きく異なる見積額となる。よって，会計数値としての信頼性が乏しくもなる。
　これに対し，会計数値の信頼性を確保するために，土地の価額は，確定額でなければならない。そのために，市場で既に成立した財形住宅融資金利という資本コスト率は，取込まれなければならなくなる。この算定は，公正価値の「制度値」という性質を有することになり，マーケット・アプローチといわれる。すなわち，「制度値」は，土地を取得するための資金調達コストである。そして，当該コストが，土地の売り手に引渡されることから「出口価格」となる。
　なお，土地の実際値を算定する方法として次の方法が挙げられる。

① 近隣の地価公示価格を基準とする合理的な調整による算定
② 近隣の都道府県基準価格を基準とする合理的な調整による算定
③ 固定資産税評価額を基準とする合理的な調整による算定
④ 路線価を基準とする合理的な調整による算定
⑤ 不動産鑑定士などによる鑑定評価

15-2 公正価値の実証理論

15-2-1 仮説の構築

　国土交通省が公表した「公示地価年度別変動率」に基づき，本章は y_{n-30} 年

の地価を基準値¥1,000 とする。y_{n-30} 年から y_n 年までの再評価価値の式は，次のとおりである。

　　　当年度の再評価価値＝前年度の再評価価値×(1＋年度別変動率)　……①

例えば，y_{n-29} 年，y_{n-28} 年，y_n 年の再評価価値は，次のとおり計算する。

$$y_{n-29} \text{年の再評価価値} = 1{,}000 \times (1 + 0.0215)$$
$$= 1{,}022$$
$$y_{n-28} \text{年の再評価価値} = 1{,}022 \times (1 + 0.0562)$$
$$= 1{,}079$$
$$\vdots$$
$$y_n \text{年の再評価価値} = 1{,}444 \times (1 + 0.0354)$$
$$= 1{,}495$$

国土交通省が公示している地価について，y_{n-30} 年から y_n 年までの変動をみると，次の特徴がみえてくる。

① 地価は，y_{n-30} 年から上昇し続け，y_{n-16} 年にピークに達した。
② 地価は，y_{n-15} 年から下落し始め，y_{n-1} 年まで続いている。
③ y_n の地価は，y_{n-22} 年の地価と同水準となる。

y_{n-30} 年の地価を基準値とすると，y_n 年の地価は，基準値の1.5倍になっている。このことから，地価は，長期的にみると上昇傾向にあるといえる。したがって，土地を再評価するとき，その再評価差額金は，実現したものと看做すことができる。

住宅金融支援機構が公表した「財形住宅融資金利」に基づき，(株)葛飾は，y_{n-30} 年の融資額を基準値¥1,000 とする。財形住宅融資金利が１年間の間に数回にわたって変わることがある。変わった年度の金利は平均値を取ることにした。y_{n-30} 年から y_n 年までの公正価値の式は，次のとおりである。

当年度の公正価値＝前年度の公正価値×(1＋財形住宅融資金利)　……②

例えば，y_{n-29} 年，y_{n-28} 年，y_n 年の再評価価値は，次のとおり計算する。

y_{n-29} 年の公正価値 = 1,000 × (1 + 0.0653) = 1,065
y_{n-28} 年の再評価価値 = 1,065 × (1 + 0.0707)
　　　　　　　　　　　 = 1,140
　　　　⋮
y_n 年の再評価価値 = 3,550 × (1 + 0.0211)
　　　　　　　　　 = 3,625

なお，「表15-1」は，土地の再評価価値と公正価値を表す。

「図15-2」は，土地の再評価価値を横軸，その公正価値を縦軸とし，両者の関係を散布図として示す。土地に係わる再評価価値と公正価値は，2つの集団に分かれて集まっている。すなわち，右上がりの集団は，y_{n-30} 年から y_{n-16} 年までの集団である。これに対し，右下がりの集団は，y_{n-15} 年から y_{n-1} 年までの集団となる。したがって，(株)葛飾は，先ず「右上がり集団」の仮説を構築し，次に「右下がり集団」の仮説を構築する。

先ず，(株)葛飾は，「右上がり集団」に対し，土地に係わる公正価値の「制度値」を採択することで，必然的に土地に係わる再評価価値の「実際値」を示すことになる。したがって，帰無仮説 H_{1-0} と対立仮説 H_{1-1} は，次のとおりになる。

　　帰無仮説 H_{1-0}：y_{n-30} 年から y_{n-16} 年までの土地に係わる実際値と制度値の間
　　　　　　　　　 には，相関関係がない。
　　対立仮説 H_{1-1}：y_{n-30} 年から y_{n-16} 年までの土地に係わる実際値と制度値の間
　　　　　　　　　 には，相関関係がある。

次に，(株)葛飾は，「右下がり集団」に対して，土地に係わる公正価値の「制度値」を採択することで，必然的に土地に係わる再評価価値の「実際値」

242　第Ⅲ編　資産の公正価値基準

表15-1　土地の再評価価値と公正価値

年度	取得原価	年度別変動率（％）	再評価差額	再評価価値	財形住宅融資金利（％）	財形住宅融資利息	公正価値
y_{n-30}	1,000	0.00	0	1,000	0.00	0	1,000
y_{n-29}	1,000	2.15	22	1,022	6.53	65	1,065
y_{n-28}	1,000	5.62	57	1,079	7.07	75	1,140
y_{n-27}	1,000	12.08	130	1,209	8.47	97	1,237
y_{n-26}	1,000	9.38	113	1,322	8.27	102	1,339
y_{n-25}	1,000	5.23	69	1,391	8.05	108	1,447
y_{n-24}	1,000	3.08	43	1,434	7.88	114	1,561
y_{n-23}	1,000	2.08	30	1,464	7.49	117	1,678
y_{n-22}	1,000	1.85	27	1,491	6.74	113	1,791
y_{n-21}	1,000	3.15	47	1,538	6.02	108	1,899
y_{n-20}	1,000	18.31	282	1,820	4.75	90	1,989
y_{n-19}	1,000	50.23	914	2,734	4.52	90	2,079
y_{n-18}	1,000	1.38	38	2,772	4.48	93	2,172
y_{n-17}	1,000	5.54	154	2,926	5.68	123	2,295
y_{n-16}	1,000	5.38	157	3,083	6.07	139	2,434
y_{n-15}	1,000	−6.46	−199	2,884	5.06	123	2,557
y_{n-14}	1,000	−11.46	−331	2,553	4.23	108	2,665
y_{n-13}	1,000	−7.23	−185	2,368	3.95	105	2,770
y_{n-12}	1,000	−3.85	−91	2,277	3.38	94	2,864
y_{n-11}	1,000	−5.38	−123	2,154	3.22	92	2,956
y_{n-10}	1,000	−3.92	−84	2,070	3.03	90	3,046
y_{n-9}	1,000	−3.00	−62	2,008	2.25	69	3,115
y_{n-8}	1,000	−5.46	−110	1,898	1.87	58	3,173
y_{n-7}	1,000	−5.69	−108	1,790	1.95	62	3,235
y_{n-6}	1,000	−4.92	−88	1,702	1.59	51	3,286
y_{n-5}	1,000	−4.92	−84	1,618	1.43	47	3,333
y_{n-4}	1,000	−4.54	−73	1,546	1.34	45	3,378
y_{n-3}	1,000	−3.77	−58	1,488	1.58	53	3,431
y_{n-2}	1,000	−2.46	−37	1,451	1.50	51	3,482
y_{n-1}	1,000	−0.05	−7	1,444	1.94	68	3,550
y_n	1,000	3.54	51	1,495	2.11	75	3,625

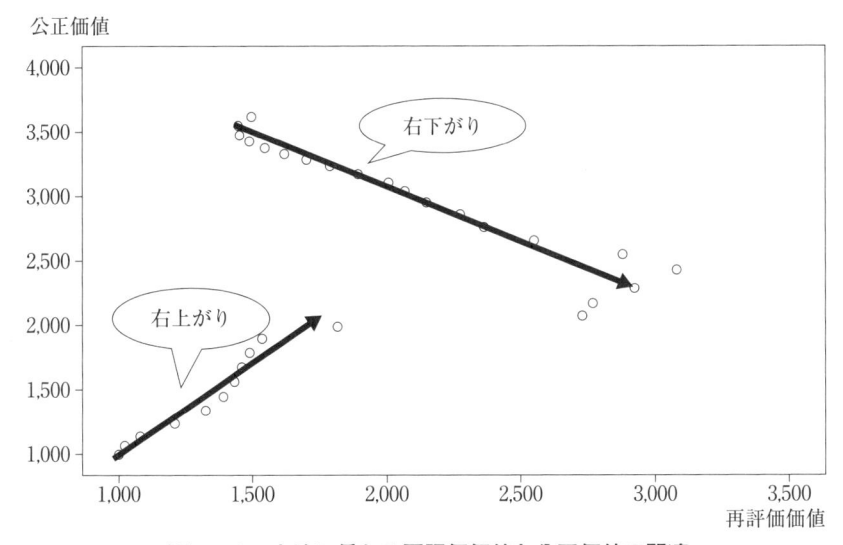

第15章　仮説検証型アプローチによる公正価値の合理性　243

図 15-2　土地に係わる再評価価値と公正価値の関連

を示すことになる。したがって，帰無仮説 H_{2-0} と対立仮説 H_{2-1} は，次のとおりになる。

　　帰無仮説 H_{2-0}：y_{n-15} 年から y_n 年までの土地に係わる実際値と制度値の間には，相関関係が・な・い。
　　対立仮説 H_{2-1}：y_{n-15} 年から y_n 年までの土地に係わる実際値と制度値の間には，相関関係が・あ・る。

15-2-2　仮説の検証

　会計の領域では，会計監査が仮説の検証という役割を担うことになる。(株)葛飾の会計監査人である花村英駿は，被監査人である（株）葛飾が土地に係わる公正価値の制度値を採択することで，当該土地に係わる再評価価値の実際値を示すことになることを検証する。

表 15-2　y_{n-30} 年から y_{n-16} 年までの土地に係る再評価価値と公正価値の相関係数

		再評価価値	公正価値
再評価価値	Pearson の相関係数	1	.917**
	有意確率（両側）		.000
	N	15	15
公正価値	Pearson の相関係数	.917**	1
	有意確率（両側）	.000	
	N	15	15

**相関係数は1％水準で有意（両側）です。

表 15-3　y_{n-30} 年から y_{n-16} 年までの土地に係る再評価価値と公正価値の共通性

	初期	因子抽出後
再評価価値	1.000	.959
公正価値	1.000	.959

因子抽出法：主成分分析

(1)　第1の仮説検証

　統計ソフト SPSS の主成分分析によると，y_{n-30} 年から y_{n-16} 年までの土地に係わる実際値と制度値の間の相関関係は，1％の有意水準（両側）で 0.917 となる。したがって，対立仮説 H_{1-1} が支持されることになる。なお，「表15-2」は，y_{n-30} 年から y_{n-16} 年までの土地に係る実際値と制度値の相関係数を表す。

　また，y_{n-30} 年から y_{n-16} 年までの土地に係る実際値と制度値の間には，0.959 の共通因子があり，独立性は 0.041（＝1.000－0.959）に過ぎない。したがって，年度別変動率と財形住宅融資金利は，共通の要因によって変動することがわかる。なお，「表15-3」は，y_{n-30} 年から y_{n-16} 年までの土地に係わる再評価価値と公正価値の共通因子を表す。

(2)　第2の仮説検証

　y_{n-15} 年から y_n 年までの土地に係る実際値と制度値の間の相関関係は，1％の有意水準（両側）で－0.983 となる。年度別変動率は，y_{n-15} 年度以後，前年度の年度別変動率よりも下落し，負の変動率になる。これに対し，財形住

表 15-4　y_{n-15} 年から y_n 年までの土地に係る再評価価値と公正価値の相関係数

		再評価価値	公正価値
再評価価値	Pearson の相関係数 有意確率（両側） N	1 16	-.983** .000 16
公正価値	Pearson の相関係数 有意確率（両側） N	-.983** .000 16	1 16

**相関係数は 1％水準で有意（両側）です。

表 15-5　y_{n-15} 年から y_n 年までの土地に係る再評価価値と公正価値の共通性

	初期	因子抽出後
再評価価値	1.000	.991
公正価値	1.000	.991

因子抽出法：主成分分析

宅融資金利は，下落するものの負の金利にはならない。そこで，y_{n-15} 年から y_n 年までの土地に係わる実際値と制度値の間には負の相関関係があるといえる。したがって，対立仮説 H_{2-1} が支持されることになる。なお，「表15-4」は，y_{n-15} 年から y_n 年までの土地に係る実際値と制度値の相関係数を表す。

また，y_{n-15} 年から y_n 年までの土地に係る実際値と制度値の間には，0.999 の共通因子があり，独立性は 0.009（＝1.000－0.991）に過ぎない。したがって，年度別変動率と財形住宅融資金利は，共通の要因によって変動することがわかる。なお，「表15-5」は，y_{n-15} 年から y_n 年までの土地に係わる再評価価値と公正価値の共通因子を表す。

15-2-3　仮説の判定

（株）葛飾の株主総会は，次のとおり仮説を判定する。

① （株）葛飾は，土地に係る公正価値の「制度値」を採択することで，

当該土地に係わる再評価価値の「実際値」を表した。
② 監査人の花村英駿は，SPSS という統計ソフトの主成分分析を使い（株）葛飾が構築した仮説を検証し，その検証結果を意見表明した。
③ 株主総会は，監査人の意見書を参照し（株）葛飾の仮説を承認する。なお，承認できない場合には，監査結果に対する反証を示さなければならない。

む　す　び

　以上，仮説検証型アプローチによる公正価値の合理性について検討してきた。土地の公正価値について，理論値は，その使用価値を将来のキャッシュ・インフローの割引現在価値で表したものである。一方，制度値は，財形住宅融資金利に基づき，その使用価値を過去のキャッシュ・インフローの割増現在価値で示したものである。
　そこで，（株）葛飾は，土地の制度値を採択することで，その実際値を表すことになると解した。すなわち，y_{n-30} 年から y_n 年までの土地に係わる実際値と制度値の間には相関関係があると仮定した。「図15-2」をみると，地価は，y_{n-30} 年から上昇し続け，y_{n-16} 年にピークに達し，y_{n-15} 年から下落し始め，y_{n-1} 年まで続いた。したがって，監査人の花村英駿は，y_{n-30} 年から y_n 年までの母集団を前者の「右上がり集団」と後者の「右下がり集団」に分けて，土地に係わる実際値と制度値の間には相関関係を検証した。その結果，前者は正の相関があり，後者は負の相関があることが検証された。
　上述のことから，y_{n-30} 年から y_n 年までの土地に係わる実際値と制度値の間には相関関係があり，（株）葛飾が構築した仮説は検証されたことになる。したがって，土地の制度値は，市場で成立する取引価格を写像した会計数値となることが解明された。

終　章

資産評価基準の歴史的変遷
―取得原価基準から公正価値基準への展開―

　本書の研究目的は，取得原価基準から再評価基準への展開理論，そして再評価基準から公正価値基準への展開理論を明らかにしていくことであった。なお，次頁の「ロジカル・チャート 16-1」は，取得原価基準から公正価値基準への展開図を示す。

16-1　取得原価基準による資産計上

16-1-1　正規性の役割

　1807 年フランス商法は，商人に財産の真実な状態を表示する財産目録の作成を義務づけた。作成される商業帳簿が裁判所で商行為としての事実の証拠として採用されるためには，正規性を満たすことが条件づけられた。商人は，たとえ詐欺破産者として起訴されたとしても，会計基準に準拠して財産目録を作成していれば，それが商行為としての事実を証明する証拠となった。したがって，商人は，この起訴に対する抗弁ができた。

　1966 年フランス会社法は，会計監査人の職務との係わりで正規性を定めた。すなわち，正規性は，1966 年フランス会社法の会計基準への準拠である。同法の誠実性は，その会計基準の信義に基づく適用のことである。

　1982 年一般会計プランは，正規性を会計原則の準拠性であると定めた。そのなかには，現行の会計基準とその手続の適用に関する会計責任者の判断基準が含まれていない。1983 年フランス商法（同法第 12 条第 1 項），1982 年一般会計プラン（PCG [1982] p. 97）およびフランス租税一般法（Lefebvre [1990] p. 128）によると，評価の一般原則に関する規定は取得原価基準であり，この評価の基

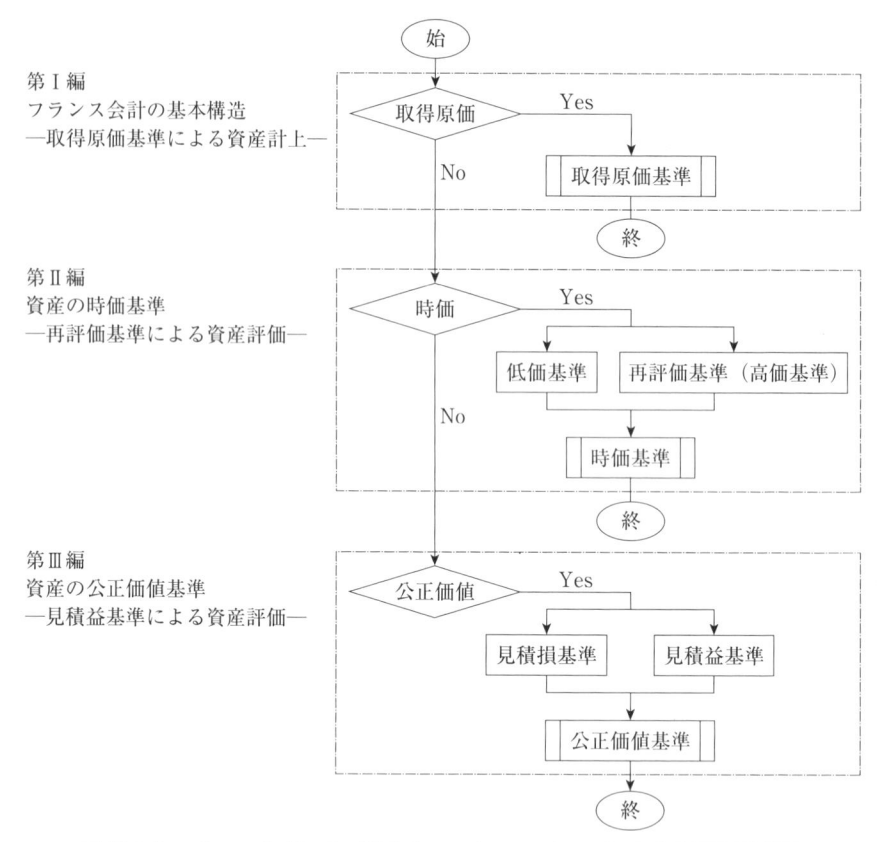

248 第Ⅲ編 資産の公正価値基準

```
第Ⅰ編                    始
フランス会計の基本構造        │
―取得原価基準による資産計上―  取得原価 ─Yes─→ 取得原価基準
                        │No              │
                                         終

第Ⅱ編                    │
資産の時価基準              │
―再評価基準による資産評価―  時価 ─Yes─→ 低価基準  再評価基準(高価基準)
                        │No              │
                                       時価基準
                                         │
                                         終

第Ⅲ編                    │
資産の公正価値基準          │
―見積益基準による資産評価―  公正価値 ─Yes─→ 見積損基準  見積益基準
                                         │
                                       公正価値基準
                                         │
                                         終
```

ロジカル・チャート16-1　過去キャッシュ・フローによる公正価値基準

準に準拠することが正規性となる。

16-1-2　取得時の資産価値

　固定資産の法的認識規準には，①企業への流入価値の適格性，②企業への流入価値事実の確実性，および③企業からの流入価値評価の信頼性という3つの側面をもつ。

　第1の企業への流入価値の適格性については，企業への流入価値が法的財産価値をもつことにある。ここでの価値とは，個別的な換金性または譲渡性を意

味する。逆に，個別的な換金性がないまたは譲渡性のない固定資産は，貸借対照表に計上できない。無形固定資産の範疇に属する組織費，研究開発費などは，法的財産価値がないので，貸借対照表に計上することができない。

第2の企業への流入価値事実の確実性については，固定資産の所有権移転が完了しているのか，それとも未完了であるのかで判断される。所有権移転条項付き信用販売では，固定資産の全額支払いが終わらない限り，所有権は移転されない。未払いの段階で法的財産性の原則を厳格に適用すると，借り手側の貸借対照表には所有権移転条項付き固定資産を計上することができない（Colasse [1996] p. 81）。このことは，貸借対照表の内容と経済的実態との間に重大な歪みを引起こすことになる。また，売買契約の締結時には，経済的価値の変動がないけれども，企業への流入価値事実は法的に確実である。フランス制度会計では，売買契約の締結時に固定資産の計上が容認されていない。ところが，法的財産性の原則を厳格に適用すると，むしろ売買契約の締結時に資産計上すべきである。

第3の企業からの流入価値評価の信頼性は，認識規準の補充として位置づけられる。従来の研究では，最初に経済的価値の計上時期が決定されてから，次にその計上額が決定される。すなわち，認識という会計行為と評価という会計行為は相互に独立している。本書では，企業からの流入価値事実の確実性が高くないが実現する可能性が高いときには，確実性を補充する意味で流入価値評価の信頼性が求められる。所有権移転の完了時には流入価値の事実が確実であるから，評価の信頼性を求める必要がない。但し，フランス制度会計で資産計上が禁止されている売買契約の締結時での固定資産は，計上が認められるならば，評価の信頼性が求められる。これは，契約上の取引価額となる。

16-1-3 取得原価基準の合理性

1983年フランス商法は，固定資産の取得日における評価として，次の3通りの場合を定める（同法第12条第2項）。すなわち，有償取得による固定資産については取得原価，無償取得による固定資産については市場価値，そして製造

による固定資産については製造原価で評価される。

　固定資産の減価については，その原因が不可逆的であるか否かにより会計処理が異なる。前者は，償却により費用計上する。これに対し，後者は，引当金により費用計上する。

　減価原因が不可逆的である場合に，「償却計画に従って計上」という文言は，減価の原因などを分析調査したうえで会計的に予測された使用蓋然期間にわたって，一般に認められた会計慣行に従って会計処理する。すなわち，直線償却，逓減償却および逓増償却といった減価償却処理方法によって計算される規則的な償却計算が挙げられる。フランス租税一般法は，企業が一般に認められる償却処理方法を適用しているならば，それを斟酌する（同法第39条第1項）。他方，「財貨の使用状態について有意な修正」とは，予測できなかった技術革新の急速な進行などによって，すなわち，急激な経済的減価が生じることにより，陳腐化や適応化が生じた場合である。その場合の「有意な修正」（EC第4号指令調和化施行令第8条第1項）は，予測しなかった陳腐化や不適応化に基づく臨時償却額と解される。なお，災害などによって有形固定資産の一部もしくは全部が減失ないし損傷を受けた場合にも，「有意な修正」がなされるべきである。その場合の「有意な修正」は，減失ないし損傷に基づく特別償却額と解される。

　減価原因が可逆的である場合に，減価引当金の設定により費用計上される（EC第4号指令調和化施行令第8条第3項）。「危険・費用の対象が明確に限定され，その事象が生起したかまたは生起中であり，しかもその実現可能性が高い場合」には，費用・危険引当金の設定により費用計上される（同条第4項）。

　つまり，固定資産に関する減価償却費の計上および減価引当金の計上について，期中において評価替えをすることなく，取得原価基準の枠内で費用計上することができる。取得原価基準は，過去の支出額に基づき貸借対照表に資産として計上する。取得時から処分時までの間，資産の評価替えによる評価益は計上されない。したがって，フランスは，一般会計プランへの準拠性を優先し，取得原価基準に従って財務報告書を作成することになる。このことは，財務報

告書の同質性を確保し，同一企業の期間比較および同種企業間の比較を可能にする (Vienne [1983] p. 5)。また，財務報告書の利用者が多種・多様な状況下では，取得原価基準への準拠性が，その利用者による財務報告書の解釈の食い違いを減少させる効果をもたらす。これは，財務報告書によって得られる判断の共通分母を構築する働きをもっている (Vienne [1983] p. 5)。

16-2　再評価基準による資産計上

16-2-1　誠実性の役割

1966年フランス会社法は，会計監査人の職務との係わりで誠実性を定めた。すなわち，誠実性は，会計基準の信義に基づく適用のことである。したがって，企業は，同法の会計基準に準拠して，財務報告書を作成したとしても同社の経営状態を結果的に不忠実な写像となったならば，その会計基準から離脱して新たな財務報告書を作成することができた。この離脱は，広義の誠実性を根拠に正当化された。

1982年一般会計プランの誠実性によると，会計責任者は，会計基準を適用するにあたって，会計専門家としての充分な会計知識の修得を義務づけられた。その充分な会計知識の修得を前提条件として，会計基準の注意深い適用が要請される。

16-2-2　再調達時の資産価値

固定資産の財務的認識規準には，①企業への流入価値の適格性，②企業への流入価値事実の確実性，および③企業への流入価値評価の信頼性という3つの側面をもつ。

第1の企業への流入価値の適格性については，企業への流入価値が財務的財産価値をもつことである。ここでの価値には，法的財産価値をもつ固定資産の大部分が含まれる。但し，法的財産価値がない固定資産も含まれる。個別的な換金性または譲渡性の存在が確認できない財務的財産価値をもつ具体例とし

て，組織費，研究開発費，認許権・特許権・許諾実施権などが挙げられる。

固定資産再評価は，その純簿価に替わって「現在価値」を取ることである（Colasse [1996] p.100）。固定資産の純簿価と現在価値との差額である再評価差額には，法的財産性はないが財務的財産性がある。企業が将来において支出する資金を先取りしたかたちで，企業の支払能力が示される。

第2の企業への流入価値事実の確実性については，再調達時における固定資産を取得するために支出されるのか，または固定資産の現在価値に基づき支出が予定されるのかで判断される。過去または現在の支出については，支出という事実に照らして，企業への流入価値事実が確実となる。しかし，将来の支出については，支出という事実が未だに実現していない状況下で，企業への流入価値事実が確実であるとはいえない。そこで，確実性を補充する意味で，評価の信頼性が求められる。

第3の企業への流入価値評価の信頼性については，将来の支出額が，客観的事実に基づいて評価されるのか否かで判断される。固定資産再評価額は，再評価時での支出の見積額である。この見積支出額について，「思慮深い経営者が企業目的を実現させるために，所有している固定資産の使用価値を考慮して，当該資産を取得するために受入可能な支出額である。」（フランス租税一般法附属書Ⅱ第171-D条）と定められた。この規定によって，固定資産の使用価値に基づく支出額が，一般的に受入れられた。具体的には，(a) 市場原理による価格の動向，(b) 政府が公表する固定資産の特殊価格指数，(c) 貨幣価値の下落，という事実に基づいて見積支出額が計上される。

16-2-3 再評価基準の合理性

1983年フランス商法は，「財貨の棚卸価値と流入価値との差として確認される価値増加は計上されない。」（同法第8条第4項）と定めた。この規定によって，原則として再評価差益の計上が禁止された。しかし，「現在価値と純簿価との差である再評価価値は，損失を塡補するために利用され得ない。」（同条第4項）という条件のもとで，有形・金融固定資産については，再評価差益の計

上を容認した。そして，1983年フランス商事会社法は「貸借対照表消極側に区分して記載」と定めた。この規定によって，再評価差益は，貸借対照表の資本の部に記載されなければならない。しかし，同法は，「再評価差額は，その全部または一部を資本金組入できる。」(同法第346条第4項) と定めた。この規定によって，再評価差額の資本金組入れが容認された。

　誠実性は，評価の基準を適用するにあたっての妥当性ないし合理性の判断基準となる。ある資産の簿価とその現在価値が乖離しているときに，誠実性が一般会計プランで許容された任意再評価基準を適用するかどうかの判断基準となる。しかも，誠実性は，任意再評価基準から離脱して，新たな評価の基準を適用するかどうかの判断基準ともなる。このことから，誠実性が，会計責任者の判断の質を保証する機能を果たすといわれるようになった。

　ここで誠実性の概念を広義に解すると，誠実性は，ある資産の簿価とその現在価値とが乖離するときに，取得原価基準の代替的基準として，任意再評価基準を適用するための判断基準の拠り所となる。

16-3　公正価値基準による資産計上

16-3-1　忠実性の役割

　フランス制度会計に新たに導入された忠実性は，正規性および誠実性を包括する概念である。したがって，現行の会計基準に準拠して会計処理をしても，取引の経営実態を忠実に写像できないときには，現行の会計基準からの離脱が強制される。ところが，フランス制度会計は，現実に生起可能な経営事実をも想定し制定された。結果的には，現行の会計基準への準拠性が強化されたことになる。

　1983年フランス商法における会計基本原則には，正規性，誠実性，慎重性および忠実性がある。正規性は，1966年フランス会社法と1983年フランス商法とでは，準拠すべき規定内容が異なるが定義それ自体は同じである。現行の会計基準の信義に基づいた適用である誠実性は，1966年フランス会社法と

1983年フランス商法とでは，定義それ自体は同じである。但し，機能としては異なる。1966年フランス会社法の誠実性は，広義に解される。これに対し，1983年フランス商法の誠実性は，狭義に解される。慎重性は，現実に生起している事実が将来において危険を引起こす可能性が高いときに，その危険に対処するための合理的な見積もりである。慎重性の枠内で，正規性および誠実性の要請を満たした財務報告書が，企業の経営実態を忠実に写像しているか否かの判断をしなければならない。この判断は，忠実性に基づいておこなわれる。

1983年フランス商法第9条第6項によると，会計責任者が現行の会計基準に準拠し，この基準を的確に適用して財務報告書を作成しても，企業の財産，財政状態および諸成果の忠実性を充分に確保できない。このときに，附属明細書に補足情報を記載することによって，忠実性が確保できると定められた。また，同条第7号によると，会計責任者が現行の会計基準に準拠し，この基準を的確に適用して財務報告書を作成しても，企業の財産，財政状態および諸成果の忠実性が確保できない。このときには，現行の会計基準から離脱すべきであると定められた。この状況下では，現行の会計基準から離脱しなければ，商法規定からの離脱となる。

16-3-2 現在価値割引時の資産価値

国際的な会計基準は，資産それ自体を定義せずに，資産の属性を将来の経済的便益であると定めた。すなわち，将来の経済的便益は，資産によって具現化され，企業への現金および現金同等物を流入させるために直接的または間接的に貢献する潜在能力である (Framework, par. 53)。この便益が，将来キャッシュ・インフローの創出力である。したがって，資産性は，将来キャッシュ・インフローの割引現在価値となる。

これに対し，一般会計プランは，固定資産の再評価に係る規定を設けている。この規定によると，固定資産の取替時価を見積もり，再評価益を計上することになる。すなわち，資産性は，その取得するための受入可能額と定めたのである。この可能額を資産の使用によって創出される過去キャッシュ・インフ

ローと見做すと，資産性は，過去キャッシュ・インフローの割増現在価値となる。すなわち，受入可能額は支出系である。これに対し，回収可能額は収入系である。そこで，支出系の額を収入系の額に置換えると，資産価値の総額は，取得時から消滅時までの過去キャッシュ・インフローの割増現在価値となる。

再評価基準は，過去支出額を修正した額に基づき貸借対照表に資産として計上することである。取得時から処分前の間に計上される再評価差益は，貸借対照表の資本の部に計上される。なぜなら，蓋然収益を利益処分の対象から外すことで，慎重性の枠内で正規性および誠実性を満たすからである。一方，評価損は，成果計算書の費用の部に計上する。なぜなら，評価損を利益処分の対象とすることで，慎重性の枠内で正規性および誠実性を満たすからである。

16-3-3 公正価値基準の合理性

国際的な会計基準による公正価値は，完全な市場のもとで成立する価格である。企業は，資産の経済寿命が終わるまで使用し，その使用によって生じる将来キャッシュ・フローを見積もる。そして，当該資産の見積額を現在価値に割引いた額が公正価値となる。この算定は，公正価値の理論値という性質を有することになり，インカム・アプローチといえる。但し，この理論値は資本コスト率によって大きく異なり，会計数値としての信頼性が乏しくなるという欠点がある。

これに対し，本書で提案する資産の公正価値は，当該資産の経済寿命が終わるまで使用し，その使用によって生じた過去キャッシュ・インフローを見積もり，そして，その見積額を現在価値に割増した額である。この算定は，公正価値の制度値という性質を有することになり，マーケット・アプローチといえる。したがって，本書で提案する制度値は，国際的な会計基準による理論値よりも会計数値それ自体に信頼性が高くなり，公正価値の制度値という性質を有することになる。

(1) 会計技術に基づく相対性

1983年フランス商法第12条によると，取得原価基準の適用が原則として強

制された。例外として，再評価基準の適用が任意とされた。ここでは，再評価基準を公正価値基準に置換えて考察した。すなわち，再評価基準と公正価値基準とのいずれかを選択し適用するときに，先ず再評価基準を適用してから，その妥当性が否まれたときに公正価値基準を適用することを示す。両基準の関係は，階層的な選択可能な順位であるといえる。したがって，会計責任者は，自らの判断によって個々の経済状況に適した評価の基準を階層的に選択し適用することができる。選択し適用された評価の基準により算出された会計数値は，固定資産の現在価値を忠実に表示するとはいえず，むしろ，一定の幅をもって表示される。そこで，その幅に社会的合理性があると判断されるならば，評価の基準を選択し適用に関する判断が妥当であるといえる。例えば，固定資産の簿価とその現在価値との間が乖離したときに，現在価値を新たな簿価として採用する。公正価値基準を適用して算出された簿価は，その乖離幅に社会的合理性があるならば，忠実性を満たしているといえる。このことから，忠実性が会計技術に基づき相対的であるといわれる。

(2) 1983年フランス商法第9条による解釈

1983年フランス商法第9条第4項によると，会計責任者は，現行法の取得原価基準に準拠し，その適用にあたっては信義に基づいておこない，正規かつ誠実な財務報告書を作成する。このことは，会計責任者による取得原価基準への準拠および恣意的な会計操作の排除を要請することによって，企業財産の経済的実態を忠実に写像した財務報告書が作成できることを明らかにした。同条第7項によると，会計責任者が取得原価基準に準拠して財務報告書を作成しても忠実性を充分に確保できないとき，再評価基準を選択し適用することができる。しかも，再評価基準から離脱して，新たな評価の基準を適用することができる。このことから，忠実性が財務報告書の質を保証する機能を果たすといえる。但し，この基準の適用によって算出された数値のみを貸借対照表に記載するだけでは，忠実性が確保されたとはいえない。この基準に関する補足情報を附属明細書に記載することによって，初めて忠実性が確保される。

公正価値基準の適用は，現行法からの離脱ではなく，むしろ現行法への準拠

表 16-1　資産評価基準の内容

評価の内容 \ 評価の基準	取得原価基準	再評価基準	公正価値基準
形式（表示）	過去支出額	過去支出額の修正 評価益：B／S計上 評価損：P／L計上	過去収入額の修正 見積益：B／S計上 見積損：P／L計上
実質（処分可能利益）	なし	評価益：含めない 評価損：含める	見積益：含めない 見積損：含める

性を強化したものと解される。なぜなら，フランスでは，現行法の制定時に簿価と現在価値の間に乖離が生起する経営事実を予測し，その会計基準を規定することで，その規定への準拠を確保し，結果的に財務報告書の同質性が確保されるからである。

　公正価値基準は，過去支出額の修正ではなく過去収入額を修正した額に基づき貸借対照表に資産として計上することである。取得時から処分前の間に計上される見積益は，貸借対照表の資本の部に計上される。なぜなら，蓋然収益を利益処分の対象から外すことで，慎重性の枠内で誠実性を満たすからである。一方，見積損は，成果計算書の費用の部に計上する。なぜなら，見積損を利益処分の対象とすることで，慎重性の枠内で誠実性を満たすからである。なお，「表16-1」は，資産評価基準の内容を表す。

　一般会計プランによると，会計責任者が再評価基準を適用し，再評価益を計上したとしても，資産の経済的実態を表していない場合には，再評価基準から離脱した見積益を計上することになる。この状況下では，見積益を計上しなければ，一般会計プランから離脱することになる。

引　用　文　献

(1) Arbulu et Gallais-Hamonno [2003]: Pedro ARBULU et Georges GALLAIS-HAMONNO, 'Valeurs Extraites à la Bourse de Paris de 1802 à 2000', "Problèmes Economiques" No. 2-813, La Documentation Française.
(2) Bull [1993]: Compagnie Nationale des Commissaires aux Comptes, Bulletin No. 89.
(3) Burlaud *et al.* [1992]: Alain BURLAUD, Georges LANGLOIS et Micheline FRIEDERICH, "Comptabilité Approfondie", Les Editions Foucher.
(4) BCOP [1977]: Bulletin de la Commission des Opérations de Bourse No. 93.
(5) Cibert [1984]: Andre CIBERT, "Comptabilité Générale", Dunod.
(6) CNCompta [1998]: http://www.finances.gouv.fr/CNCompta/missions.htm.
(7) CNCompta [2002]: http://www.finances.gouv.fr/CNCompta/activité/rapport-activité-2002.htm.
(8) CNC: Conseil National de la Comptabilité, "Commentaires Précités", No. 32.
(9) CNC [2003]: Conseil National de la Comptabilité, 'Le Sort de l'Ecart de Evaluation', "Revue Fançaise Comptable" No. 298.
(10) Colasse [1996]: Bernard COLASSE, "Comptabilité Générale" 5e Edition, Economica.
(11) Compt [2001]: 'Mémento Pratique Francis Lefebvre Comptable 2001', Pierre DUFILS et Claude LOPATER Editions Francis L.
(12) Dandon et Didelot [2006]; Odile DANDON et Laurent DIDELOT, 'La Convergence du Plan Comptable Général avec le Référenciel IFRS', "Revue Française de Comptabilité" No. 384, Editions Comptables Malesherbes.
(13) Dechow [1998]: Dechow P. M., Kothari S. P., Watts R. L., 'The Relation between Earnings and Cash Flow', "Journal Accounting & Ecomonics" No. 25.
(14) Dict [1993]: "Dictionnaire de la Comptabilité" 4e Edition, Monique HENRARD, José HEIM, Marie-Hèléne AGUILAR, Jean-Claude LAVONER et Françoise VERDIER, La Villeguérin Edition.
(15) Doc [1987]: 'Sur les Sociétés de Portefeuille', Documentation de CNC No. 63.
(16) Esnault et Hoarau [1994]: Bernard Esnault et Christian Hoarau, "Comptabilité Financière", Presses Universitaires de France.
(17) Framework: InternationalAccounting Standards Committee, "Framework for the Preparation and Presentation of Financial Statements"；日本公認会計士協会委員会訳，『財務報告書の作成表示に関する枠組』。

(18) FASB [2004]: "Exposure Draft; Proposed Statement of Financial Accounting Standards: Fair Value Measurements".
(19) Gambier [1989]: Claude GAMBIER, "Les impôts en France" 18ème Edition, Francis LEFEBVRE.
(20) Goré [1973]: François GORE, 'Les Notions de Régularité et Sincérité des Comptes', "Revue Française de Comptabilité" No. 25, Editions Comptables Malesherbes.
(21) Groupe [1996]: Jean-Cloude CAILLIAU, 'GROUPE Cadre Conceputal', "Revue Française de Comptabilité" No. 278, Editions Comptables Malesherbes.
(22) IAS 7 [1992]: International Accounting Standards Committee, "Cash Flow Statements"; 日本公認会計士協会委員会訳, 『キャッシュ・フロー計算書』。
(23) IAS 16 [1998]: International Accounting Standards Committee, "Propertn, Plant and Equipment"; 日本公認会計士協会委員会訳, 『有形固定資産』。
(24) IAS 36 [1998]: International Accounting Standards Committee, "Impairment of Assets"; 日本公認会計士協会国際委員会訳, 『資産の見積損』。
(25) Kerviler [1986]: Isabelle de KERVILER, "Droit Comptable" 1ère Edition, Economica.
(26) Kerviler I.=KervilerL. [1986]: Isabelle de KERVILER et Loic de KERVILER, "La Comptabilité Générale", Economica.
(27) Lefebvre [1990]: "Memento Pratique Francis LEFEBVRE Fiscal 1990", Francis LEFEBVRE.
(28) Mémento [2000]: Mémento Pratique Francis LEFEBVRE, Pierre DUFILS et Claude LOPATER, Edition Francis Lefebvre.
(29) Nobes [1992]: Christopher NOBES, "International Classification of Financial Reporting" Second Edition, Routledge.
(30) OEC: Ordre des Experts-Comptables, "Travaux du 35e Congrés".
(31) PCG1957 [1965]: Conseil National de la Comptabilité, "Plan Comptable Général".
(32) PCG1982 [1983]: Conseil National de la Comptabilité, "Plan Comptable Général".
(33) PCG1982 [1986]: Conseil National de la Comptabilité, "Plan Comptable National".
(34) PCG2007 [2007]: Plan Comptable Général, Comité de la Règlementation Comptable.
(35) Pilverdier-Latrente [2002]: Juiliette PILVERDIER-LATRENETE, "Finance d' Entreprise" 8e Edition, Economica.
(36) Pérochon [1983]: Claude PEROCHON, "Présentation du Plan Comptable Français", Foucher.
(37) Petitjean [2005]: Maurice PETITJEAN, "Dictionnaire de la Nouvelle

Comptablilité Française", Economica.
(38) Raffegeau *et al.* [1984]: Jean RAFFEGEAU, PirreDUFILS, JeanCORRE et Claude LOPATER, "Memento Pratique Francis LEFEBVRE Comptable 1985" Ed Francis LEFEBVRE.
(39) Raffegeau *et. al.* [1987]: Jean RAFFEGEAU, Pierre DUFLIS, Jean CORRE et Claude LOPATER, "Memento Pratique Francis LEFEBVRE Comptable 1988", Francis LEFEBVRE.
(40) Raffegeau *et. al.* [1988]: Jean RAFFEGEAU, Pierre DUFLIS, Jean CORRE et Claude LOPATER, "Memento pratique Francis LEFEBVRE Comptable 1988", Ed Francis LEFEBVRE.
(41) Raffegeau *et al.* [1989]: Jean RAFFEGEAU, Pierre DUFILS, Jean CORRE et Didier de MENOVILLE, "Comptes Consolidés", Francis LEFEBVRE.
(42) Raffegeau *et al.* [1990]: Jean RAFFEGEAU, Jean CORRE et Claude LOPATER, "Memento Pratique Francis LEFEBVRE Comptable 1990", Francis LEFEBVRE.
(43) SFAS 121 [1995]: Financial Accounting Standards Board, "Accounting for the Impairment of Long-Lived Assets for Long-Lived to be Disposed of"；日本公認会計士協会国際委員会訳,『長期性資産の見積損及び処分予定の長期性資産の会計処理』。
(44) SFAS 157: "Fair Value Measurements", FASB.
(45) Vienne [1983]: Dominique VIENNE, 'Image fidèle', "Seminaire Franco-Britanique du 11 au 13 Mai 1983".
(46) Viandier et Lauzainghein [1993]: Alain VIANDIER et Christian de LAUZAINGHEIN, "Droit comptable" 2 ^{ème} Edition, Precis Dalloz.
(47) Villeguérin [1983]: Sous la direction d' Erik VILLEGUERIN, "Dictionnaire de la Comptabilité", Publications Fiduciaires.
(48) Villeguérin [1984]: Erik de la VILLEGUERIN, "Dictionnaire de la Comptabilité" 2ème Edition, Les Publications Fiduciaires.
(49) 海老原 [2005]：海老原諭,「FASB概念フレームワークにおける評価属性と公正価値との関係について整理」『産業経営』第37号 早稲田大学産業経営研究所。
(50) 勝山 [1999]：勝山進,「土地の再評価の実態と課題—金融機関を中心として」『企業会計』第51巻第11号, 中央経済社。
(51) 菊池 [1999]：菊池誠一,『時価主義会計が経営を変える』中央経済社。
(52) キャッシュ基準 [1998]：「連結キャッシュ・フロー計算書等の作成基準」, 中央経済社, 2003年。
(53) 国土交通 [2007]：国土交通省土地鑑定委員会, 財務印刷局。

(54)　黒田 [1989]：黒田全紀,『EC 会計制度調和化論』, 有斐閣.
(55)　溝上 [2005]：溝上達也,「キャッシュ・フロー会計論の方向性」,『會計』第 168 巻第 1 号, 森山書店.
(56)　森川 [1985]：森川八洲男,「フランスにおける自由再評価問題―特に国家会計審議会の『貸借対照表自由再評価に関する意見書』をめぐって―」,『明大商学論叢』第 59 巻第 5・6 号, 明治大学商学研究所.
(57)　森川 [1988]：森川八洲男,『財務会計論』, 税務経理協会.
(58)　中村 [1987]：中村勲,『会計学大辞典』第三版, 編集代表者番場嘉一郎, 中央経済社.
(59)　中村他監訳 [1996]：中村紘一・新倉修・今関源成監訳,『フランス法律用語辞典』, 三省堂.
(60)　野村 [1990]：野村健太郎,『フランス企業会計』, 中央経済社.
(61)　新田他 [2001]：新田忠誓他,『新会計学・簿記入門』, 白桃書房.
(62)　佐藤 [2003]：佐藤靖,「財務分析情報の提供媒体としてのキャッシュ・フロー計算書」,『會計』第 164 巻第 5 号, 森山書店.
(63)　嶌村 [1991]：嶌村剛雄,『会計学一般原理』, 白桃書房.
(64)　須田 [2001]：須田一幸,「キャッシュ・フロー情報と利益情報の有用性」,『會計』第 160 巻第 2 号, 森山書店.
(65)　杉山 [2003]：杉山晶子,「法人税等調整額の配当可能性―税効果会計の適用における配当規制―」,『産業経理』第 63 巻第 1 号, 産業経理協会.
(66)　鈴木 [2008]：鈴木一功（監訳）手嶋宣之, 原郁, 原田喜美枝（訳）,『ビジネス統計学（上）』, ダイヤモンド社；Amir D. Aczel and Jayavel Sounderpandian "Complete Business Statistics".
(67)　竹内他 [1988]：竹内昭夫・松尾浩也・塩野宏編集代表,『新法律学辞典』第 3 版, 有斐閣.
(68)　田澤 [2001]：田澤宗裕,「会計利益とキャッシュ・フローの関係―発生項目の役割を通して―」,『産業経理』第 61 巻第 1 号, 産業経理協会.
(69)　山口編 [1984]：山口幸五郎編,『EC 会社法指令』, 同文舘.
(70)　山浦 [1993]：山浦久司,『イギリス国株式会社会計制度論』, 白桃書房.
(71)　吉岡 [2008]：『会社法の計算規定』主査吉岡正道, 他 15 名, 日本会計研究学会スタディ・グループ「会社法の計算規定」.
(72)　吉岡 [2005]：吉岡正道,『フランス会計原則の史的展開―基本原則の確立と変遷―』森山書店.
(73)　吉岡 [2005]：吉岡正道,『各国プラン・コンタブルの比較研究』野村健太郎編著, 日本会計研究学会スタディ・グループ, 中央経済社.
(74)　吉岡 [1998]：吉岡正道,『会計基準の国際的調和化』(森川八洲男先生還暦記念論文集) 白桃書房.

(75) 吉岡 [1998]：吉岡正道,『EU における会計・監査制度の調和化』(日本監査研究学会研究シリーズ) 日本監査研究学会 EU 会計・監査制度研究会, 中央経済社。
(76) 吉岡 [1994]：吉岡正道,『国際会計基準精説』, 嶌村剛雄監修, 白桃書房。
(77) 吉岡 [1993]：吉岡正道,『比較会社法会計論』, 嶌村剛雄編著, 白桃書房。

索　引

〔あ行〕

| 一般会計プラン | 3 |
| 営業権 | 75, 180 |

〔か行〕

会計概念フレーム・ワーク	201
会計規準	3
会計基準	3
会計基準の階層化	20
会計基準の国際的収斂	199
会計規定委員会	25, 198
会計基本原則	2
会計公準	2
蓋然基準による費用認識	89
過去現金流出額の割増現在価値	182
仮説の検証	11
仮説の判定	13
危険・損失引当金	65
危険・費用引当金	65
擬制資産	64
機能的運転資金	170
機能的貸借対照表	45
帰無仮説 H_0	10
客観的誠実性	33, 131
キャッシュ創出単位	212
キャッシュ・フロー	209, 210
キャッシュ・フロー精算書	225
旧強制再評価基準	117
狭義検証アプローチ	12
狭義の正規性	32
強制再評価基準	118, 181
強制適用の企業	120
行政特許権	180
業績利益の計算式	95
経済的財産性	105
経済的貸借対照表	105
経常使途	172
決算時の時価	188
研究開発	179
現金	230
現金同等物	209, 230
現在価値	146
現在価値の割引率	210
現在価値への転化	196
現在キャッシュ・フロー	231
現在キャッシュ・フローの割増価値	232
広義検証アプローチ	12
広義の正規性	32
恒久源泉	171
工事完成割合基準	86
国家会計審議会	22, 197
固定資産再評価額	109
固定資産の経済的認識規準	106
固定資産の財務的認識規準	108
固定資産の法的認識規準	103

〔さ行〕

債権	103
財産状態を表示する貸借対照表等式	60
財産・非財産等式	60
財産・非財産分離表示法	161
再評価額	182
再評価特別積立金	120
再評価特別引当金	120
再評価日	146
財務的財産性	107
財務的貸借対照表	108
資金使途・源泉表	52
資金調達表	53, 54
資産	205
資産の属性	212
資産の見積損	214
資産評価規準	69
実現基準による費用認識	89
資本参加証券	168
写像理論	9
収益の認識	85
従物権	103
主観的誠実性	33, 130
主物権	103
純資産	206
使用価値	146
償却可能固定資産の強制再評価基準	122
償却可能固定資産の再評価額	123
償却不能固定資産の強制再評価基準	122
償却不能固定資産の再評価額	122
消極側の調整勘定項目	67
商標権	180

将来キャッシュ・フロー	231
将来キャッシュ・フローの割引価値	232
将来現金流入額の割引現在価値	182
将来の経済的便益	211
慎重性の原則	39
慎重な会計処理	150
成果計算書	50
成果計算書の様式	95
正規かつ誠実な財務報告書	151
正規性	31
正規性の原則	32
誠実性	149
誠実性の概念	149
誠実性の原則	33
積極側の調整勘定項目	66
相対的に忠実な写像	35
組織費	179
その他固定証券	168
その他積極側勘定項目	67

〔た行〕

対応比率 (α)	181
貸借対照表	44, 48, 59
貸借対照表等式	60
対立仮説 H_1	11
棚卸資産評価規準	73
忠実性	151, 203
賃貸借権	180
適用対象となる資産	121
当期利益の計算式	93

〔な行〕

| 任意再評価基準 | 181 |

任意再評価の対象資産	145	フランス制度会計	4
任意適用の企業	120	分配可能利益の計算	93
		分配可能利益の計算式	94
〔は行〕		法的財産性の原則	103
売買目的有価証券	169	ポートフォリオ固定証券	168
非財産状態を表示する		〔ま行〕	
貸借対照表等式	60		
費用蓋然の要件	89	未実現利益の資本金組入	147
費用実現の要件	89	無形固定資産	179
費用の認識	88	〔ら行〕	
負債	205		
物権	103	連携原則	195
フランス貨幣の購買力	173		

著者紹介

吉岡正道（よしおか・まさみち）東京理科大学経営学部　教授
1950 年　千葉県に生まれる
1977 年　Diplôme Supérieur d' Etudes Française（3ᵉ Degré）（フランス Caen 大学）
1991 年　明治大学大学院　経営学研究科　博士後期課程満期退学
1991 年　東京理科大学勤務（現在に至る）
2003 年　博士（学術）（東亜大学）
〔研究テーマ〕資産の評価会計
〔主な研究業績〕
『会計学』共著　森山書店（2010 年 7 月）
『簿記システム論』共著　税務経理協会（2009 年 11 月）
『税効果会計適用の変遷―導入期から定着期, そして成熟期に至る実務状況―』共著　産業経理・別冊　調査研究シリーズⅢ　産業経理協会（2009 年 3 月）
『新会計基準への企業の対応（1998～2003 年）―導入時における意識と行動―』共著　産業経理・別冊　調査研究シリーズⅡ　産業経理協会（2005 年 6 月）
『フランス会計原則の史的展開―基本原則の確立と変遷―』単著　森山書店（2005 年 4 月）

固定資産 評 価論―フランス資産 評 価基準を基軸として―
2010 年 8 月 31 日　初版第 1 刷発行

著者　Ⓒ　吉　岡　正　道

発行者　菅　田　直　文

発行所　有限会社　森山書店　〒101-0054　東京都千代田区神田錦町 1-10 林ビル
TEL 03-3293-7061　FAX 03-3293-7063　振替口座 00180-9-32919

落丁・乱丁本はお取りかえします　　　　　印刷／製本・シナノ

本書の内容の一部あるいは全部を無断で複写複製することは, 著作権および出版社の権利の侵害となりますので, その場合は予め小社あて許諾を求めて下さい。

ISBN 978-4-8394-2102-1